学校では教えてくれない日本史の授業

井沢元彦

PHP文庫

○本表紙図柄＝ロゼッタ・ストーン（大英博物館蔵）
○本表紙デザイン＋紋章＝上田晃郷

「驚くべき真実」――まえがきに代えて

今、この文章を読み始めた「あなた」、良かったですね。「あなた」がもし知的なものに少しでも関心のある人だったら、これからわずかの時間で、おそらくこれまでの人生の中でも最も価値ある情報を知ることができるからです。

まず、その情報の結論から言いましょう。

それは――。

「日本史の専門学者こそ日本史を知らない」という事実です。「そんなことは到底信じられない」「あるわけない」と、思うかもしれません。

それは当然の反応ですね。

世の中には、専門家と呼ばれる人たちがいます。専門家はその道について何年も専門的に勉強してこられたのだから、シロウトよりその道には詳しいはずです。

たとえば、経済学を大学で学んだ人の方が文学部で日本文学を学んだ人より経済には詳しいはずですし、大学院で生物学を研究し、修士となったり博士となった人は、商学部で経理を学んだ人より生物学には詳しいはずです。

となると、私のように大学の法学部で法律しか学んでいない人間は、大学でも大学院でも日本史を研究し、専門の論文発表をし、博士となったり専任教授となった人に比べたら、当然、「日本史を知らない」ということになるはずですね？

ところが、真相はまったく逆で、実際は、「日本史の専門学者の方が日本史を知らない」のですよ。

これは嘘でも冗談でも誇張でもありません。しかし、どう考えたって理屈に合わないと思う人がほとんどでしょう。

では、これからこれが真実であることを、中学生でもわかるように説明しますから、よく聞いてください。

語学にたとえると、わかりやすいと思います。おそらくこの本の読者のほとんどが日本人で、日本語を母国語として生まれ、途中から外国語を習ったという経験をお持ちでしょう。

では、たとえば英語を初めて習った時、そうでない方は逆に日本語を初めて習った時のことを思い出してください。

どんなことに、とまどいましたか？

単数とか複数とか先生にうるさく言われましたね。「a pen」なのか「pens」なのか、英語というのは、そういうことにこだわる言語なのです。

日本語は違いますね。今でこそ、「八百万《やおよろず》の神々」などと言いますが、日本語では「八百万の神」と言っても間違いではありませんね。日本語は単数形とか複数形にあまりこだわらない言語なのです。

ここで、あらためて考えてください。「あなた」はなぜ「日本語は単数、複数にこだわらない言葉だ」とわかったのですか？

それは英語をやったからでしょう。英語という日本語とまったく異なる言語と比較したからこそ、日本語の特徴が見えてきたのです。日本語だけやっていたのでは、実は日本語の特徴はわかりません。比較するものがないからです。ですからドイツの文豪ゲーテは「一つの外国語を知らざる者は母国語を知らず」と言ったのです。

同じことなんです。

朝から晩まで、大学から大学院まで、ずっと日本史しかやっていない専門学者は、日本史の特徴は見えないんです。

「語学と歴史は違うだろう」って？

違いませんよ、両方とも人間の文化の根幹なのですから。

では、日本史で実例を挙げましょう。

馬車というものをご存じですね。

近代以前には最も速い乗り物でした。

だから、馬のいない国はともかく、馬のいる国は、古代ローマ帝国でも中国でも、エジプトでもメソポタミアでも、朝鮮半島でもタイでも、特に上流階級は馬車を愛用しました。

では、ここで思い出してください。

近代以前の日本の偉い人、たとえば天皇、関白、将軍、大名といった人々が、都大路や東海道を馬車で移動しているのを、再現映像や画像で見たことがありますか？　念のためですが、平安京で使われていたのは馬車ではなく、牛車《ぎっしゃ》ですよ。

日本は、近代以前、馬がいるにもかかわらず、王侯貴族が馬車を使わなかったという世界でも極めて珍しい国なのです。唯一と言ってもいいと思います。

当然、これは「日本史の持つ一大特徴」ですよね。では、あなたは今までこれに気づいていましたか？

気づくはずはありませんよね。なぜなら日本史の専門学者の監修した「日本の歴史」や「教科書」には、そういう話は載っていません。つまり、この特徴に「気づいていない」

のです。

なぜ気づかないのかは、もう説明しなくていいですね。そして、おわかりでしょう。「日本史の専門学者ほど日本史を知らない」ということが、まさに真実であることを。

そもそも気づいていれば、それを「教科書」に書くはずです。理由の説明とともに。ところが実際にはこのことに気づいてさえいないのだから、理由の説明どころではありません。

では、「日本が馬車を使わなかった理由」は？

それは第一章に書いてあります。歴史に関して、もっと詳しく知りたい方は筆者の『逆説の日本史』シリーズ（小学館刊）をお読みください。ただ、筆者の私としては、それ以前に、もっともっと日本史の基本的事実、いや真実を知ってもらいたいのです。「知らない」人間が書いた「教科書」をいくら読んでも日本史はわかりません。この本でまず、本当の日本史の基本知識を身につけてください。

二〇一三年正月

井沢元彦

学校では教えてくれない日本史の授業◆目次

第二章 「大和朝廷」と「和の精神」の謎
——日本人は「みんな仲良く」が好きなのはなぜか

キーポイント⑤ 「国譲り神話」が明かす〝日本人らしさ〟の原点　194

第三章　桓武天皇と藤原氏は怨霊を恐れていた！

――なぜ日本では敗者がこんなにも称えられるのか

第四章　武士が天皇家を滅ぼせなかった本当の理由
――なぜ日本人は軍隊が嫌いなのか

第五章　なぜ、日本人は無謀な戦争に反対できなかったのか
――危機管理ができない日本人の大欠陥

キーポイント⑪ 言霊信仰が太平洋戦争へと導いた 392

序章

日本史理解のキーポイント

なぜ学校の教科書では歴史は理解できないのか

◇「可楽」「平文」は何と読む?

最近の落語界は名跡《みょうせき》の襲名が相次ぎなかなか賑《にぎ》やかです。二〇〇五年に林家こぶ平さんが九代目正蔵を、二〇〇九年には正蔵の弟の林家いっ平さんが三平を、また二〇一〇年には三遊亭楽太郎さんも六代目円楽を襲名し、二〇一二年には桂三枝さんが六代目文枝を襲名されました。

落語家さんの名前というと、当て字や変わった読み方をするものも多く、知らないと間違えて読んでしまうこともあるので注意が必要です。

漢字の読み方のお話をしたところで、皆さんに問題です。

次の漢字をどのように読みますか?

「可楽」

多くの方が「からく」と読んだのではないかと思います。というのは、三笑亭可楽さんという落語芸術協会の理事を務めるベテランの落語家さんがいるからです。

もしもあなたが、この三笑亭可楽さんを思いだして「からく」と読んだとしたら、とても失礼な言い方ですが、あなたは私がしかけた「罠《わな》」にまんまとはまってしまったと言えます。

なぜなら、私が最初に落語家の名前の話をしたのは、あなたに先入観を植えつけるためだったからです。つまり、「からく」と読んでしまった方は、私が植えつけた先入観によって無意識に、「可楽」という字を落語家の名前として読んでしまったのです。

その証拠に、同じ「可楽」を次のように書いたらあなたはどう読みますか。

「可口可楽」

あっ、と思った人も多いことでしょう。

そうです、これは中国語表記で「コカコーラ」と読みます。つまり「可楽」は「からく」と「コーラ」の二つの読みを持っていて、日本では「からく」でも中国に行くと「コーラ」と読み、意味もまったく違うものになるということです。

なぜ本書の冒頭でこんな話をしたのかというと、**こうした漢字の読み方の違いをきちんと理解できていないがために日本の歴史が歪《ゆが》んでしまっている、という見過ごせない問題が起きているからです。**

具体的にどのような問題が起きているのかをお話しする前に、もう一つ漢字を読んでみてください。

「平文」

さて、あなたは何と読みましたか？

平清盛のような一族の名だと思って「たいらのふみ」と読んだ人もいるかもしれませんが、これは日本人の名前ではありません。外国人、それも中国や韓国のように漢字を使う国の人のものではなく、アメリカ人の名前なのです。

実は、これは「ヘボン」と読みます。

ご存じの方も多いと思いますが、ヘボンは幕末に来日したアメリカ人の宣教師で、明治学院の創始者です。日本では「ヘボン式」というローマ字の綴《つづ》り方でも有名な方です。

ところが、矛盾することを言うようで恐縮なのですが、ヘボンさんは実はヘボンさんではありません。彼の名は正しくはヘボンではなく、ヘッバンなのです。

では、なぜ「ヘッバン」が「ヘボン」になってしまったのでしょう。どういうことかというと、外国語の聞き取り能力の問題です。

ヘボンさんの名前をアルファベットで綴ると、(James Curtis) Hepburn です。

このHepburnを、現地の人はヘボンとは発音しません。彼らの発音を正確に写すと「ヘッバン」となります。「ヘボン」は、この「ヘッバン」を明治時代の日本人が耳で聞き取ったとき、そう聞こえたということなのです。

ちなみに、私たち日本人は、オードリー・ヘップバーンやキャサリン・ヘップバーンなど他にもHepburnを知っていますが、この「ヘップバーン」という発音もまた、日本式の発音なのです。

◇当時の発音で「邪馬台国」は何と読む？

さて、ここまでの話で「可楽」はコーラであり、「平文」はヘッバンだということがおわかりいただけたと思います。

では、それがわかった皆さんは、次の字をどのように読みますか？

「邪馬台国」

やまたいこく？

もし、そう読んだとしたら、なぜ自分はそう読んだのか考えてみてください。

恐らく答えは、「学校でそう教わったから」でしょう。

でも、本当にこの「やまたいこく」という読みは正しいのでしょうか？

邪馬台国の記録が残っているのは、中国の『魏志《ぎし》』倭人《わじん》伝という文献です。

中国はとても長い歴史を持っている国なので、日本ではあまり知られていませんが、実は時代によって漢字の発音が違うのです。日本では、「漢字」という言葉からもわかるように、基本的に漢王朝の時代の発音がベースになっています。

でも、日本に伝わってきた時代が異なる言葉のなかには、漢王朝ではない時代の発音のものもあります。

たとえば、「行動」という字の読みは普通「こうどう」ですが、「行灯」は「あんどん」と読みます。同じ「行」という字ですが、行動では「こう」と読み、行灯では「あん」と読む。

実はこの違いが、時代による発音の違いによるものなのです。「行」は、漢時代は「こう」と発音しますが、宋時代は「あん」と発音しました。

ということは、「邪馬台国」の正しい読みも、出典文献である『魏志』倭人伝が書かれた時代の発音で読まなければならないということです。

『魏志』倭人伝が書かれたのは、『三国志』で有名な三国時代の少し後、三世紀の末頃です。

三国時代については、先年『レッドクリフ』という映画がヒットしたこともあり、多くの方がご存じだと思いますが、魏《ぎ》・呉《ご》・蜀《しょく》という三つの国が覇権を争った時代です。最終的にこの三国は、魏の曹操に仕《つか》えていた司馬懿《しばい》の孫、司馬炎《えん》が興《おこ》した王朝「晋《しん》（西晋）」によって統一されます。この西晋時代に書かれた歴史書が『魏志』であり、その一部に「東夷伝倭人条」、つまり私たちが『魏志』倭人伝と呼んでいる文献が含まれているのです。

『魏志』が書かれた当時の中国人は、日本のことを「倭《わ》」、日本人のことを「倭人」と呼んでいました。その倭人の住む国についての記述の中に、「卑弥呼《ひみこ》」という字を書く女王がいたこと、その国が「邪馬台国」という字を書く国であったと記されているわけです。

『魏志』倭人伝を書いたのは、陳寿《ちんじゅ》という中国人です。

でも、恐らくこの人は直接倭人の国に行ったわけではなく、行った人間から聞いたことを書いたのだと思います。いわゆる「聞き書き」です。

だったらなおさら、これは三世紀の中国の発音で読まなければならないはずです。

ところが、日本の研究者は誰もそれをしていないのです。

おかしいと思いませんか？

私はおかしいと思い、調べました。

中国は、日本のひらがなやカタカナのような表音文字を持ちませんが、この時代の発音はどういうものだったのか、きちんと研究する人がいてわかっています。中国に行って、どういう専門家に〈邪馬台〉という字を見せて、「この字を三世紀の発音で読むと、どういう発音になりますか？」と聞いたのです。

中国語は日本語より母音《ぼいん》の数が多いので、その音をカタカナで正確に書くことはできませんが、私が耳で聞いた音をできるだけ日本語に近い音で表記すると、それは「ヤマド」

となります。

「ヤマド」

これはどう考えても「大和（ヤマト）」のことでしょう。

大和朝廷の始祖、つまり天皇家の祖先はアマテラスという女神です。これは、邪馬台国の統治者が女王であるという内容とも一致します。さらにアマテラスは太陽神です。

実は、太陽神が女神というのは世界的に見ても珍しいケースなのです。一般的には、ギリシャ神話の太陽神アポロンのように太陽は男で女性は月または大地です。

ではなぜ、日本では太陽神が女神とされたのでしょう。

私は、それは実際の大和朝廷の創始者が女王だったからではないかと考えています。

このように、原典史料が書かれた時代の発音から見ていくと、邪馬台国と大和朝廷は関係があるのかないのかという議論自体が無駄な議論だということがおわかりいただけると思います。発音が同じなのですから、両者は同じものと考えるのが普通でしょう。それなのに、日本の史学界では、もう何十年にもわたってこうした無駄な議論を繰り返してきているのです。

◇間違いを正すことができない日本史の問題点

問題は、なぜそんなことをやっているのか、ということです。〈邪馬台〉を最初「ヤマタイ」と読んでしまったのは、ある意味仕方のないことです。恐らく、最初に『魏志』倭人伝を研究した人が、そう錯覚してしまったのでしょう。そして後続の学者が、それを無批判に踏襲してしまったのです。問題は、この「無批判な踏襲」にあります。

そして、**さらに問題なのは、こうした「無批判な踏襲」が行われているものが日本史にはたくさんあるということなのです。**

たとえば歴史区分の言い方もその一つです。

日本の歴史区分は、その時代の政権の所在地にちなむかたちで「飛鳥→奈良→平安→鎌倉→室町→安土桃山→江戸」とつけられています。江戸時代に続く明治時代からは元号で区別されますが、それまではどれも政権の所在地です。

たしかに、奈良時代の政権所在地は奈良の平城京です。平安時代は、現在の京都に当たる平安京、室町時代も京都ですが、京都の一角にある室町という場所に幕府がありました。

でも、安土桃山っておかしくないですか？

安土桃山時代というのは、織田信長と豊臣秀吉が政権を握っていた時代のこと、別名・

織豊《しょくほう》時代ですね。この時代、織田信長の居城は安土城なので「安土」はいいのですが、豊臣秀吉は「桃山」でしょうか？

恐らく、関西圏以外の人は桃山と言われても、それがどこかわからないのではないでしょうか。桃山というのは現在の京都市伏見区、秀吉の晩年の居城・伏見城のあったところです。ところが、この桃山という地名は江戸時代になってからつけられた地名です。

それに、秀吉が伏見城にいたのは、晩年の一時期です。

豊臣政権の中心地は、皆さんもご存じの通り大坂（現在は大阪）なのですから、本来は「安土大坂時代」と呼ぶべきでしょう。

でも、誰もこれをおかしいと言わないのです。

では、なぜ「大坂」ではなく「桃山」と言ったのでしょう。

はっきりした根拠はないので、これはあくまでも私の想像ですが、まず考えられるのは、徳川政権が、大坂に豊臣の政権があったということをできるだけ隠そうとしたということです。そして、明治になってもこうした言い方が踏襲されたのは、日本史学の中心が東京大学と京都大学であったため、大阪が無視されてしまったのではないでしょうか。

こうした「無批判の踏襲」を生み出してしまった原因の一つは、かつて山崎豊子さんが『白い巨塔』という作品で描いた、師匠の言を否定も批判もできない医学界の因習《いんしゅう》と同じものが、日本史学界の中にもあったことが挙げられます。

そしてもう一つの原因が（実はこちらの方が私は大きいと思っているのですが）、歴史を専門に学ぶ人の勉強範囲が、ものすごく狭い範囲に限られてしまっているということです。

通常、将来歴史学者になりたい、あるいは歴史の研究者になりたいという人は、文学部歴史学科のある大学に進学します。でも、今の日本の大学システムは、一、二年は教養課程なので歴史学の勉強はほとんどしません。本格的な勉強は三年になってから始まりますが、その時に教授にまず何を言われるのかというと、「卒論のテーマを決めなさい」と言われます。つまり、学士としての学位を取るための論文のテーマを勉強を始める段階で決めろと言われるのです。

しかも、そのテーマたるや、ものすごく狭いものが求められます。

具体的な例を挙げると、「私は織田信長が大好きなので織田信長について書きたいと思います」と言ったのではダメなのです。「織田信長の政治をやりたいのか、経済をやりたいのか、軍事をやりたいのか、それとも宗教政策をやりたいのか。それだって前期と後期ではまるで違うぞ」と教授に言われてしまうからです。

そうしたことを言われて、結局どうなるのかというと、「じゃあ、織田信長の安土城下における楽市《らくいち》政策に関する一考察をやります」というように、非常に狭い範囲の論文を書くことになるのです。

そういう人間がさらに勉強したいと大学院に進学し、修士課程、博士課程と進んでいくと、研究内容はますます狭いことをやることになります。その結果どういう人間ができあがるのかというと、「あの先生は、戦国時代後期、それも一五八〇年から一六〇〇年までの徳川家の経済政策の専門家(だけど他の時代は専門外)」ということになってしまうのです。

◇日本通史学が必要だ

実際の歴史というのは川の流れのようなものです。もし上流で赤インクを捨てれば、薄まってはいきますが、その影響は下流のすべてに及びます。

冗談のような話ですが、まさに「風が吹けば桶屋《おけや》が儲かる」というのが歴史なのです。「風が吹けば桶屋が儲かる」の流れを覚えていらっしゃいますか?

まず風が吹く。すると、砂塵が巻き上がる。それが多くの人の目に入り、目の病気を患《わずら》う人が増える(ここまではわりと論理的なのですが、ここから先はちょっと飛躍していきます)。目を患う人が増えると、その結果失明する人が増える。失明した人は転職を余儀なくされ、目が見えなくてもできる当時の職業ということで、按摩《あんま》さん、または三味線弾《ひ》きが増える。

三味線弾きが増えると、三味線の需要が増える。昔は三味線は猫の皮でつくったので、三味線の需要が増えると猫がたくさん殺され、天敵である猫がいなくなるのでネズミが増える。

ネズミは天敵の猫がいなくなったのをいいことに、昼日中《ひるひなか》からいろいろなところで悪さをするようになる。その結果、台所や風呂場の桶がかじられ、桶の需要が高まり、だから桶屋が儲かる、というわけです。

ものごとにはすべて因果《いんが》関係があります。私はこの「因果関係」こそ、歴史をやるうえでもっとも意識すべきものだと思っています。

何かが起こった場合、そこには何かしら原因があります。ただ、歴史における因果関係は、原因と結果の間がものすごく長いためわかりにくいのです。そのうえ、ぶつ切りで歴史を研究してしまうため、そこに因果関係があることに気がつかないのです。

「風が吹く」と「桶屋が儲かる」の間には、長い物語があります。今の日本史学は、たとえるなら「風が吹く」という原因の結果が「目を患う人が増える」というところまでしか見えていないようなものです。そのため、なぜ桶屋が儲かったのかがわからなくなってしまうのです。

歴史の因果関係を正しく知るためには、歴史の全体像を見ることが必要です。

ところが、今の日本の歴史学の中には、日本史全体を見る「日本通史学」という学問は存在しません。

経済学にはマクロな経済学もミクロな経済学もあり、生物学にしても、たとえばウイルスのような極小の問題から、太陽熱が地球環境に与える影響といった極大の問題まで、研究対象の幅は広く、いろいろな人がさまざまなことを研究しています。ところが、日本史学は、細かい時代の細かいことを、まさに重箱の隅をつつくように研究している人ばかりで、通史をやっている学者がいないのです。

その証拠に、いろいろな出版社が『日本の歴史』という本を出していますが、どこの出版社のものも、一人の学者が通して書いたものはありません。どれも第一巻は古代史の専門家が、第二巻は中世史の専門家が、第三巻は近世史の専門家が、というように分担執筆されています。

たしかに歴史というのは膨大で、学問として通史を行うのは非常に難しいことですが、今は、それこそ大学教授のような偉い人でも通史は高校の日本史の授業でやっただけです。これは問題でしょう。やはり歴史を専門に学ぶ人は、大学で一回はきちんと通史をやるべきだと思います。

ある一部分の歴史についてはとても詳しいけれど、通史に関しては高校生レベルの知識しかない。それが現在の専門家の実態なので、結果的に、専門家の書くものはあまり読まれず、司馬遼太郎さんのように、あらゆる時代の歴史ものを書くために通史を学んだような人の書いたものの方が説得力があるし、わかりやすい、ということになるのです。

◇歴史認識の間違いは徳川綱吉でわかる

そうは言っても、専門家なのだから歴史学者の言うことの方が正しいはずだと思っている方も多いことでしょう。そこで、そうではないことを示す事例を一つご紹介しましょう。

皆さんは「生類憐《しょうるいあわれ》みの令」をご存じでしょう。徳川五代将軍・綱吉が出した法令で、一般的には動物の命より人間の命を軽《かろ》んじた悪法として知られています。

犬を殺したら死刑というのは有名ですが、実際にはもっと過酷な例がありました。それは、綱吉に仕える、ある小姓《こしょう》の話です。

数えで十三歳ほどのまだ年若い小姓が御殿で殿居《とのい》、つまり宿直をしていたとき、頬に蚊がとまったので、パシッと叩いて殺しました。まあ、私たちもよくやる何気ない行為です。問題は、翌朝その小姓が蚊の死骸を頬につけたまま綱吉のもとに挨拶《あいさつ》に行ってしまったことでした。

綱吉はその小姓の姿を見て怒りました。「俺が生類憐みの令を出して、たとえ蚊のようなものでも命を大切にしろと言っているのに、お前のその姿はなんだ、俺への当てつけか」というわけです。結果、その小姓は、さすがに死罪にはなりませんでしたが、島流しになってしまったという話さえ伝えられています。

こうしたことから、誰もが「徳川綱吉は悪将軍だ」と言います。恐らく皆さんもそう思っていると思いますが、それは東大の文学部歴史学科のようなところを出て大学院に進学し、徳川綱吉を専門に研究したような人でも同じです。

ところが、はっきり申し上げますが、この認識は間違いなのです。

私のような専門家ではない人間がこのようなことを言うと、彼らは決まって「何を言ってるんだ、徳川綱吉が生きていた頃の人たちが書いた日記や手紙を見てみろ、綱吉を褒《ほ》めてるやつなんて一人もいないぞ」と、反論します。

実際、同時代の文書に書かれているのは、綱吉に対する恨《うら》みつらみばかり。さらに「蚊と小姓」のような怪しげな話まで付け加えられます。さらにきわめつけなのが、同時代の学者・新井白石《あらいはくせき》（彼は日本を代表する学者です）が綱吉を「悪い将軍だ」と書いているため、歴史学では、やはり徳川綱吉というのは悪い将軍であるというのが「通説」になっているのです。

でも、新井白石が何と言おうと、間違いは間違いなのです。

なぜそこまで言い切れるのかというと、同時代の人間には、綱吉が行ったことが歴史という長いスパンの中でどのような結果をもたらしたのか見ることができないからです。そして、私が自信を持って間違いだと言い切れるのは、綱吉以前と以後で劇的に変化したことがあるのを知っているからです。

綱吉の前後で大きく変化したこと、それは、人が人を簡単に殺さなくなった、ということです。

綱吉以前の時代は、まだ戦国時代の空気が残っていました。戦国時代というのは、戦《いくさ》において功名《こうみょう》（手柄）を上げることが求められた時代です。

では、戦国時代における功名とは具体的に言えば何でしょう。

そう、敵の首を取ってくることです。ということは、言い換えれば、殺人が求められていたということなのです。でも、それはあくまでも戦場においてのことじゃないか、と思われるかも知れませんが、普段から虫一匹も殺さずにいて、いざ戦争になったら人を殺すなんていうことはなかなかできないものです。そのため戦国時代というのは、必ずしも合戦時においてだけでなくて、普段からあちこちで殺人が行われていた時代でした。

こうした戦国時代の空気が綱吉以前まで残っていたことを伝えるエピソードがあります。

エピソードの主人公は、水戸黄門として知られる徳川光圀《みつくに》です。

徳川光圀が生まれたのは一六二八年（寛永五年）、徳川綱吉が生まれたのは一六四六年（正保三年）ですから、光圀の方が十八歳ほど年長です。

その光圀が、まだ青年だった頃。悪友に夜、浅草の観音様に行かないかと誘われます。夜ですから当然、お参りに行こうと言っているわけではありません。悪友は、あの辺には浮浪者がたくさんいるので斬りに行こう、と誘ったのです。

今風に言えば、「ホームレス狩り」に誘われたといったところでしょう。

なぜそんなことをするのかというと、武士たるもの、人を斬ることに躊躇《ちゅうちょ》していたのでは功名を上げることはできない、だが今は戦がないので、普段から世間の役に立たない、どうでもいい人間（これは私がそう思っているわけではないので、誤解しないでください）を斬って、訓練しておけばいいじゃないか、それが正しいことだという考え方が当時の武士にはありました。だから悪友は誘ったのです。

しかし光圀は躊躇します。気の毒な暮らしをしている人を斬るのはかわいそうだと思ったからです。ところが、そう言った光圀に対して言い放った悪友の一言が光圀の心を変えます。

悪友は何と言ったのか――。「臆病者め」と言ったのです。

武士は、臆病者と言われたらもうおしまいです。人を殺す勇気もないヤツ＝武士ではない、ということになるからです。それで仕方なく悪友と辻斬りに行き、一人斬り殺しました。

そのとき、殺されそうになった人が「頼むからやめてください」と両手を合わせて懇願したのに、彼はバサッと斬り殺します。

このエピソードは、光圀が晩年に反省の意を込めて家来に語った内容を記録したものの中に残っています。

水戸黄門と言えば、徳のある善人の塊《かたまり》のような人です。そういう人でも、しかも、もう戦国時代は終わっていたにもかかわらず、江戸時代初期には、まだそういう流行に流されていたということです。

当時、たしかに戦国時代は終わっていました。でも、人の心というのはすぐには変わりません。そのため、武士に対して無礼なことをした者を斬り捨てる行為、いわゆる「斬り捨て御免」や荒木又右衛門の仇討《あだう》ち、他にも旗本奴《やっこ》と町奴の喧嘩のような殺伐《さつばつ》とした事件が、江戸時代の初期は数多く起きていました。

◇「生類憐みの令」は世の中を平和にした

ところが、時代がくだり、十一代将軍・徳川家斉《いえなり》の頃になると、だいぶ様子が違ってきます。

その頃は、ちょうど池波正太郎の小説『鬼平犯科帳』の世界です。あの小説の主人公である鬼平こと長谷川平蔵は実在の人物で、正しくは長谷川平蔵宣以《のぶため》と言います。

その平蔵がよく言う台詞《せりふ》が「最近の武士というのはなまくらになって、刀の使い方一つも知らない」というものです。

実際、火付《ひつけ》盗賊改《あらため》という荒っぽい役職が設けられたのも、町奉行所の人間が凶悪犯に対して対応できなくなったから、わかりやすく言えば、悪いやつらを斬り殺せなくなったからでした。

江戸初期は、些細《ささい》なことでも人を斬り捨てるのが当たり前だったのが、悪人すら殺せなくなる。この劇的な変化は何によって起こったのかというと、「生類憐みの令」なのです。

人を殺したら褒められる世界から、虫一匹殺しても犯罪の世界へ。この劇的な変化は、当時の人たちにとっては、それまでの価値観を否定されるに等しいので大きな反発を持ちます。だから、同時代の人が書いた史料に綱吉を褒めるものなどないのです。

最初は劇的なことも、その後に生まれた人は、それを当たり前と思って育ちます。恐らく、綱吉の治世後に生まれた子供たちは、侍というのは滅多に刀を抜かないし、たとえ奉公人が粗相《そそう》をしたとしてもむやみやたらに斬り殺すのはいけないことだと思って育ったことでしょう。

そうした子供たちが大人になれば、もう社会全体にとって、それが当たり前になり、それを初めて変えた人間の功績は忘れられていきます。

「生類憐みの令」というのは、単に動物を殺すなというだけでなく、馬が病気になったからといって捨ててはいけないという条文や、旅籠《はたご》では旅先で病気になった客を追い出してはいけないという条文もありました。

これはどういうことを表しているかというと、当時は馬は病気になったら看病なんかせず捨てられていた、同じように旅先で病気になった人は旅籠から追い出されていた、ということです。それだけ「命」が軽視されていた時代だったのです。

徳川綱吉はなぜ「生類憐みの令」を出したのか。

それは、**当時の日本に蔓延《まんえん》していた、戦国時代以来の、人の命を軽視する殺伐とした空気を変えようとしたからでした。**

しかし、どれほど劇的な変化も、時間が経《た》つと当たり前になります。これはある意味

「歴史の法則」です。だからこそ、歴史上の出来事をある程度長いスパンで見るということは、歴史をやるうえで時にとても大切な発見に結びつくのです。それなのに、多くの歴史学者の先生はそのことを忘れてしまっている。いいえ、もしかしたら、そもそもその大切さに気づいていないのかもしれません。

綱吉がやったことの意味を、同時代の文献だけで測ることはできません。その本当の意味は、綱吉がそれをやった結果、世の中がどのように変化したかを長いスパンで見ることによって、初めて見えてくるからです。

象牙《ぞうげ》の塔と呼ばれる大学の中だけで、世間を知らず、ただ黙々と自分の狭い専門分野のことだけを勉強している学者先生には、こういう「長いスパンの中で歴史的出来事の意味を考える」ということができません。

実はこれこそが、本来、歴史の専門家ではない私が歴史について語っている理由です。

残念ながら、今の日本の高校や大学で行われている近視眼的教え方の歴史授業では、歴史は身につかないし、学校の歴史教科書からでは、歴史の本当の意味に迫ることもできません。

本書では、学校で歴史を専門的に教わらなかった私だからできる大胆さで、そして、かつてTBSという報道機関の社会部記者として世の中を見てきた私だからできる視点と語り口で、日本の歴史の中に埋もれている「歴史的出来事の本当の意味」を、現在学校で使われている教科書を例にとって語っていきたいと思っています。

序章のまとめ

・「邪馬台国」の当時の発音を日本語に近い音で表記すると、それは「ヤマド」となります。これはどう考えても「大和（ヤマト）」のことでしょう。このように発音が同じなのですから、両者は同じものと考えるのが普通でしょう。

・「安土桃山時代」は、本来、「安土大坂時代」と呼ぶべきでしょう。しかし、日本史学の中心が東京大学と京都大学であったため、大阪（坂）が無視されてしまった。

・「風が吹けば桶屋が儲かる」。この諺《ことわざ》のように、ものごとにはすべて因果関係があり、この「因果関係」の考え方こそ、歴史を学ぶうえでもっとも意識すべきものです。

・今の日本の歴史学の中には、日本史全体を見る「日本通史学」という学問は存在しません。日本史学は、細かい時代の細かいことを、研究しています。だから全体像がわからなくなり、説得力がなくなるのです。

・徳川綱吉はなぜ「生類憐みの令」を出したのか。それは、当時の蔓延していた、戦国時代以来の、人の命を軽視する殺伐とした空気を変えようとしたからでした。長いスパンで見ることで、こういった変化もわかってくるのです。

第一章

なぜ、徳川幕府は滅亡したのか

貴穀賤金と鎖国から脱却できなかったトップリーダー

キーポイント①

「江戸の三大改革」は〝改革〟ではない

享保・寛政・天保は「三大改革」と呼ばれ、田沼の政策はなぜ〝改革〟と呼ばれないのか？　その謎を解くキーワードは「貴穀賤金《きこくせんきん》」にある。

◇なぜ田沼意次の政策は「改革」と呼ばれないのか？

皆さんは日本史の授業で、「江戸の三大改革」というものを習ったと思います。まず一つめは八代将軍・徳川吉宗が中心となって進めた「享保《きょうほう》の改革」。二つめは、老中松平定信の「寛政《かんせい》の改革」、そして三つめが老中水野忠邦の行った「天保《てんぽう》の改革」です。

この三大改革を学ぶとき、これらと対比する形で必ず習うのが、享保の改革と寛政の改革の間に位置する「田沼時代（田沼意次の政治）」です。田沼時代とは老中田沼意次《たぬまおきつぐ》の主導した政策が行われた時代のことです。

実は、先の三大改革が目指したのも、田沼意次が目指したのも、同じ「幕府財政の安定」でした。同じ目標を掲げて努力したのですから、田沼時代も同じように「○○の改革」と名づけられてもよさそうなものなのですが、なぜかそうはなっていません。

なぜ田沼の行った政策は「改革」と言わないのでしょうか。

それは、**田沼意次の政策が「改革」と評価されていないからです。**

改革とは、従来の制度などを改めてよりよいものにする、という意味の言葉です。つまり、教科書を読む限り、徳川吉宗、松平定信、水野忠邦の行った政策はよりよくする政策で、田沼意次が行った政策はよりよくする政策ではなかった、ということになります。

でも、本当にそうなのでしょうか？

私は三大改革が本当の意味での「改革」になっていなかったと考えています。そして、**むしろ教科書では評価の低い田沼意次の政策のほうが優れていたと思っています。**なぜなら、**三大改革はどれも改革と言いながら成果が上がっていないからです。**

もしも三大改革できちんとした成果が上がっていれば、薩摩と長州が力を合わせたとしても幕府を倒すことはできなかったはずです。

ここで、そもそも幕府はなぜ倒れてしまったのか考えてみたいと思います。

徳川幕府が倒れた直接のきっかけは、黒船が来たことです。黒船が来たことによって、幕府には諸外国に対抗できる力がないということがわかってしまった。そこで、坂本龍馬や中岡慎太郎が薩摩と長州を結びつけ、両藩が力を合わせることで幕府を倒したのです。

私たちは歴史の結果を知っているので、薩長が幕府を倒したことに疑問を感じませんが、実はこれはとても不思議なことなのです。

なぜなら、石高《こくだか》で考えると、薩摩と長州を合わせても、徳川家には遠く及ばないからです。

「石高」というのは、その土地で生産できるお米の量を表したものです。江戸時代は武士の給与も国に納める税金も、すべてお米に換算されたので、石高はその藩の経済力を示す指標となります。

戦国末期の日本の総石高は一八五〇万石、徳川将軍家はなんと、そのうちの四〇〇万石を所有していました。大名で一番石高が多いのは、加賀前田家の一〇〇万石です。これでも充分な大差ですが、実は将軍家の経済力はこれだけではありません。将軍家直属の家来である旗本と譜代《ふだい》大名の石高の合計が、もう三〇〇万石あるからです。

これに対し、薩摩の石高は七七万石、長州は三六万九〇〇〇石しかありません。薩摩と長州を足しても約一一四万石にしかならないのです。

将軍家は四〇〇万プラス三〇〇万で合計七〇〇万石。どうして一一四万石しかない薩長が、七〇〇万石の将軍家に勝てたのか。不思議だと思いませんか？

◇失敗した政策を改革としてしまっている教科書

なぜ、一一四万石しかない薩長が、七〇〇万石の幕府を倒すことができたのか。

実はこの問いの答えは、社会人向けに書かれた教科書『もういちど読む山川日本史』（山川出版社）に明記されています。

財政を建て直し、政治権力を強化することは、幕府にかぎらず、どこの藩でも目標とするところであった。なかでも西南《せいなん》の大藩は、はやくから長崎などをつうじて海外の事情を知り、新しい文化をとりいれていたので、藩政の改革も東国の諸藩よりすすんでいた。

薩摩藩は深刻な財政難になやんでいたが、調所広郷《ずしよひろさと》が中心となって藩の多額の借金をほとんど帳消しにし、琉球貿易や特産の砂糖の専売制度などによって、天保年間には財政を建て直し、つづいて下級武士の登用・洋式砲術の採用・機械工場の設立などをすすめて藩の力を強めた。

長州藩でも村田清風《せいふう》が中心となって負債の整理や紙・蠟《ろう》の専売などで財政を建て直すとともに、洋式の軍備をとりいれ、下級武士を登用するなどして藩の力を強化した。

（『もういちど読む山川日本史』196ページ）

この記述からは、次の二つのことが読み取れます。
まず、幕府も諸藩も財政が破綻《はたん》しており、立て直すために改革が行われていたこと。次に、薩摩や長州に代表される「西南の大藩」は、財政の立て直しに成功したが、幕府と幕府の影響の強い東国の諸藩は財政を立て直すことができなかった、つまり、改革に失敗したということです。

おわかりでしょうか。**薩長が幕府を倒すことができたのは、薩長は財政を立て直すことができたけれど、幕府はできなかったから、なのです。**

ちなみに、この記述は、天保の改革のすぐ後にあります。つまり、「幕府の行った三大改革では財政の立て直しはできなかった」と言っているのと同じことなのです。思いだしてください。改革とは、従来の制度などを改めてよりよいものにすることでした。それができなかったのに「改革」と呼ぶのはおかしくはないでしょうか。

では、立て直しに成功した薩長の改革と、失敗した幕府の改革では何が違っていたのでしょう。

先ほど引用した教科書の記述の中にこの答えもあります。薩摩と長州が行ったのは、商業と工業に力を入れることでした。それに対し、幕府の三大改革は「農業」に力を入れることでした。

〈享保の改革〉

吉宗はさらに積極的に収入の増加をはかり、大商人の出資をもとめて新田開発を奨励した。

（『もういちど読む山川日本史』１８４ページ）

〈寛政の改革〉

農村の復興を急務と考えた定信は、農村から都市に出稼ぎにきている農民たちを出身地にかえすことをすすめ、貧困なものには農具代や食料をあたえて自立できるようにつとめた。

（『もういちど読む山川日本史』１９０ページ）

〈天保の改革〉
農村の再建のために、人返しの法をだして農民の出稼《でかせ》ぎを禁じ、江戸に住む貧民を農村にかえらせた。

（『もういちど読む山川日本史』195ページ）

先ほども少し触れましたが、江戸時代、武士の給与も農民が納める税金も「お米」でした。つまり、お米がお金と同じ役割をしていたのです。農業に力を入れるということは、ごく簡単に言えば、お米の穫《と》れる量を増やす努力をするということです。

新田開発をし、働き手を都市から農村へ戻し、たしかにこの三大改革によって、米の生産量は飛躍的に高まりました。実は、戦国末期に一八五〇万石だった日本の総石高は、三大改革を経て天保年間には三〇五五万石にまで増えているのです。

お米の生産量が増えたと聞くと、その分だけ国は豊かになるような気がしますが、実はこれが大きな間違いだったのです。実際には、米の生産量が増えれば増えるほど財政は逼《ひっ》迫《ぱく》していきました。

なぜだかおわかりでしょうか？

幕府は武士の給与をお米で支払っていました。そういう意味ではお米がお金と同じ役割をしていたのですが、市場にお金が無かったわけではありません。ものを売り買いするのはすべてお金でした。つまり、武士は幕府から給与としてお米をもらい、そのお米を換金して生活していたのです。ということは、これも一種の商売なのです。そう考えると、なぜ米の増産が幕府の財政を悪化させることになってしまったのかが見えてきます。

三大改革によってお米の生産量は飛躍的に増加しました。これは市場に出回る米の量が増えるということでもあります。市場で商品が増えたらどうなりますか？　そうです、物余りの状態は「価格の下落」を生じさせてしまうのです。

武士がもらう給与、つまりもらえるお米の量は変化しないのに、市場の米価格が低下したらどうなるでしょう。実質的に武士の給与が減るのと同じなのです。

そして、このことは石高制をとっている幕府の財政でも同じ結果を招きました。

つまり幕府が「改革」を行い、米の生産量を増やせば増やすほど米の価格は下がり、幕

Point

三大改革は市場の米価格を暴落させた！

府の財政は困窮していったのです。

自らの財政を圧迫する政策をなぜ「改革」と言えるのでしょう。私が三大改革は改革ではないと述べたのはこのためです。

◇田沼意次は本当に悪徳政治家なのか？

薩長の財政改革と幕府の財政改革は、ほぼ同時期に行われています。

そして、薩長は商業と工業を振興させることで財政の立て直しに成功し、幕府は農業を重視することで自ら財政を悪化させていきました。

では、幕府はあのとき、どうすべきだったのでしょう。

二〇一〇年のNHK大河ドラマ『龍馬伝』で、どうやったら日本を救うことができるのかと坂本龍馬が勝海舟に問うシーンがありました。そのとき勝海舟は海軍を持つことだと答えます。しかしそれと同時に、そのためには開国をして外国と貿易を行って、お金を儲けることが必要だとも言います。

まずは貿易でお金を儲けて、そのお金で外国から蒸気船を買い、最終的には蒸気船を日本でつくれるようにして「日本海軍」をつくろうということです。

実はこの、まずは商売をして儲けよう、というのが大事なのです。

坂本龍馬（国立国会図書館蔵）

なぜなら、幕府にお金がないからです。海軍を持ちたくても、お金がなければ始まらない。だから、まずは商売を盛んにして儲け、その儲けたお金で軍備を整える。薩摩・長州はまさにそれをやったのです。

ところが幕府は、最後の最後までそれができませんでした。だから、つぶれてしまったのです。

では、幕府の人間には、誰もこの方法で幕府の財政を立て直そうとする人はいなかったのでしょうか？

実は一人いました。それが、三大改革の狭間《はざま》で酷評される田沼意次なのです。田沼意次は商工業を重視し、そこから税金をお金で取るということをしました。

意次は幕府の財政を救うため、大商人たちの経済力を利用してそれまでにない積極的な政策をとった。幕府直営の座《ざ》を設けて銅や鉄などを専売にしたり、一般商工業者の株仲間を積極的に公認して運上・冥加金を徴収したり、俵物《たわらもの》とよばれる海産物の増産につとめて中国に輸出するなど、幕府の収入の増大をはかった。

（『もういちど読む山川日本史』186ページ）

商工業を重視して、米ではなくお金としての税収を増やすことで財政の立て直しを図る。現在の感覚からすると、健全な財政改革案と言えます。

ところが、田沼意次の政策は、まったく評価されませんでした。事実、田沼が失脚した後に幕政を担った松平定信が最初に行ったのは、田沼政治の一掃でした。

定信はまず田沼政治の一掃《いっそう》にとりかかり、意次らがはじめた営利事業の大部分をとりやめ、株仲間の税の一部も廃止し、商業資本とむすびついたこれまでの政策をたちきることにつとめるとともに、旗本・御家人を救済するために、彼らに対する札差の貸金を帳消しにする棄捐令《きえんれい》をだした。

（『もういちど読む山川日本史』190ページ）

さらに、田沼の政治は、その後も長く悪徳政治の代表のように言われ続け、今に至っても、歴史教科書のほとんどでは、田沼時代は賄賂《わいろ》が横行し、政治は乱れ、新事業も健全な発展をしなかったと、酷《ひど》い書かれようをしています。

でもこうした悪評は、実は松平定信の時代、寛政の改革のときに書かれた記録、つまり田沼の悪口を言えば褒《ほ》められた時代に書かれたものをもとにしているのです。ですから、こうした評価には多分に嘘が含まれていると考えられます。

田沼意次は「賄賂の帝王」と言われています。そんな意次がどれほどの賄賂をもらったかを伝えるエピソードが残っています。

ある日、意次が家に帰ると、大きな桐箱が届けられており、その箱には「京人形一体」と書いてある。そこで箱を開けてみると、中には生きた本物の舞妓《まいこ》さんが入っていた。

こんなウソっぽいことを、彼は他にもさんざん言われてきたのですが、今はもうそうした話の半分以上が嘘だということは、同時代の史料を一級資料としてやみくもに信じる傾向の強い学者さんたちでさえ認めています。

吉宗も田沼も定信も水野もみんな、幕府の財政再建を目指していたというところは同じ

田沼意次（牧之原市史料館蔵）

です。ただ、そのための政策が違っていたというだけのことなのです。

ならば、その中の農業重視政策（重農主義）だけを「改革」として、商工業重視政策（重商主義）を「時代」と、区別して書く現在の教科書のやり方は間違っていると思います。

ところで、なぜ、「三大改革」ということが言われるようになったのかご存じでしょうか。

実はこれは、江戸時代にすでにそうした言葉が使われていたからなのです。

江戸時代末期に、「享保の治《ち》」「寛政の治」「天保の治」という言葉がありました。ここで使われている「治」というのは、よく治まったいい政治という意味です。その「治」を明治の歴史学者が「改革」と翻訳したのです。

このとき、田沼意次の政治は「○○の治」とは呼ばれませんでした。だから彼の政治は「田沼時代」なのです。つまり、**明治時代の歴史学者が江戸時代の評価を丸呑みにし、それがいまだに教科書で用いられているということなのです。**

でも、これがあくまでも江戸時代の古い価値観に基づく評価であって、必ずしも正しい評価ではないことは、先の説明でおわかりいただけたと思います。

教科書で「三大改革」と「田沼時代」という言葉の使い分けをしてしまうと、最初から

●江戸の三大改革と田沼改革

享保の改革（1716～45年）

8代将軍吉宗の改革⇨将軍自ら財政再建を図る

主な改革

・新田開発の奨励　・足高《たしだか》の制（人材登用と経費節減）
・倹約令　・目安箱の設置　・小石川養生所をつくる

田沼の改革（1772～86年）

老中田沼意次の改革⇨商業・産業の活性化

主な改革

・専売制度の拡張　・株仲間の積極的公認
・長崎貿易の制限を緩和する　・蝦夷地の開発を計画する

寛政の改革（1787～93年）

老中松平定信の改革⇨農業を主とする政策に転換

主な改革

・旧里帰農令（出稼ぎ制限）　・人足寄場を石川島に設置
・出版統制令　・倹約令

天保の改革（1841～43年）

水野忠邦の改革⇨封建制再編成

主な改革

・倹約令　・株仲間の解散
・人返しの法（農民を強制的に帰村させる）

三大改革の方が幕府にとっていいことで、田沼時代というのはそれをダメにした悪い時代なんだ、という先入観を与えるうえに、商工業を重視した薩長が財政を立て直せた理由を理解できなくなってしまいます。

ですからここは、たとえば、それぞれをすべて「政治」という言葉にして、享保にはこういう政治が行われた、寛政にはこういう政治が行われた、その中で田沼政治だけはこれとは逆の方向性を持つものであった、というふうに書くべきではないでしょうか。そういうやり方の方が、歴史の正しい理解につながると私は思います。

◇田沼時代を卑しい時代とした理由

でも、田沼意次は、なぜこれほどまでに嫌われたのでしょう。

この理由を知ることは、なぜ幕府が農業重視政策に固執したのか、という疑問を解くことにもつながります。

田沼が嫌われた理由、それは、田沼の時代が巷《ちまた》にお金が溢れたバブルの時代だったからなのです。田沼政権ではお金が非常に重視されたので、市場は今で言うインフレ状態になりました。インフレということは、あたりにお金が溢れているということですから、金銀の流通が盛んで、結果としては賄賂のようなこともあったと思います。

しかし、お金があるので、芝居や浮世絵といった市民の娯楽文化や、かんざしや織物などの工芸品も盛んに発展しました。一言で言えば、田沼時代はバブルの時代だったのです。

ここまで言うともうおわかりだと思いますが、享保・寛政・天保の三大改革の時代はデフレ状態で、江戸を代表するような文化もほとんど発展しませんでした。

徳川吉宗の質素倹約は有名ですが、彼は芝居が大嫌いで、江戸の芝居小屋を弾圧しています。なかでも特に嫌ったのが心中物《しんじゅうもの》で、「公序良俗に反する」として上演を厳しく禁じました。

天保の改革の水野忠邦は、たまたま火災で焼けたのをいいことに芝居小屋を全部取りつぶそうとしています。実はこれに待ったをかけたのが「遠山の金さん」で有名な北町奉行遠山景元《とおやまかげもと》だったという話があります。景元は、芝居は庶民の娯楽として必要なものだからと水野を説得し、郊外に移転させることで収めたといいます。これは実は本当の話ではありませんが、水野が芝居小屋を全廃しようとしたことは事実です。

とにかく、はっきり言えるのは、三大改革の時代というのは、経済的にも文化的にも低迷した時代だったということです。

でも、巷にお金が豊富に回り、文化も豊かに発展した田沼時代が悪い時代とされ、文化も経済も低迷した三大改革の時代がよい時代と評価されたなんて、不思議だと思いませんか？

実は、この謎を解くキーワードがあります。それは「貴穀賤金《きこくせんきん》」という言葉です。江戸時代を理解するうえでこれは非常に重要な言葉なのですが、残念ながら教科書には載っていません。ですから是非この機会に憶《おぼ》えてください。

「貴穀賤金」とは、江戸幕府が重んじた朱子学という学問の、商業を賤《いや》しいものと考える思想が発展して、日本で生まれた言葉のようですが、「穀物は貴《とおと》く、お金は賤しい」という意味です。江戸時代、武士の給料がお金ではなくお米で支払われていたのも、武士たちの間にこの「貴穀賤金」という考え方が浸透していたからでした。

将軍家には、大きく分けて二種類の家来がいます。格の高い家来が「旗本」、それよりも格下の家来を「御家人《ごけにん》」と言います。

旗本と御家人では格が違うので、そこには差別にも近い区別がありました。

旗本は御目見得《おめみえ》以上と言い、儀式のときなどに江戸城に上がって将軍様の姿を直接拝見することができました。しかし、御家人には登城《とじょう》して御目見得する資格はありません。他にも就《つ》ける役職の違いなどいろいろな区別があるのですが、両者の格の違いをもっとも端的に表していたのが、実は給与のもらい方でした。

皆さんも時代劇などで、「三両二人扶持《ぶち》」といった言葉を聞いたことがあると思います。これは下級の侍の給与金額を表すときに使われる言い方なのですが、「両」という字が使われていることからわかるように、彼らはお金で給与をもらっていました。

これに対し旗本は、どんな貧乏旗本でも「石」、つまりお米で給与をもらっていました。なぜなら、貴穀賤金（お米が貴く、お金は賤しい）だからです。

穀物であるお米は貴く、お金は賤しいものである。だからこそ幕府はあくまでも農業重視政策に固執し、商工業を重視し、お金を集めた田沼時代を賤しい時代として嫌ったのです。

◇家康も予見できなかった幕府の結末

先ほど私は、貴穀賤金は「日本」ではなく、「江戸時代」を理解するうえで重要な言葉だ、と言いました。なぜならこれは日本がもともと持っていた考え方ではなく、江戸時代に輸入され浸透した、江戸時代ならではの考え方だからです。

事実、信長・秀吉時代の日本にお金が賤しいという考え方はありません。その証拠に、当時の武士の給与は「貫高制《かんだかせい》」と言って基本的にお金で支払われていました。土地を与える場合も、田地の面積から、その田地で収穫することのできるお米の平均的な量を通貨に換算し、当時の通貨単位である「貫」を用いて、「銭何貫」として表していましたし、本来はお米で納めるべき税金を、お金で納めることも認められていました。

それが、徳川政権になったときに、なぜか「石高制」になってしまったのです。

でも、実を言うと、なぜ石高制に変えたのかよくわからないのです。

貴穀賤金は、中国の儒学の一派である朱子学の思想です。江戸幕府を開いた徳川家康が学問を奨励したときに、朱子学を重んじたのは事実ですが、家康が石高制を導入したとき、貴穀賤金の思想はまだ日本に入ってきていませんでした。

ですから、これはあくまでも私の推論なのですが、**家康が石高制にしたのは、信長・秀吉の政治に対する反動だったのではないかと思っています。**

どういうことかというと、信長と秀吉は尾張《おわり》の出身、家康は三河の出身、尾張と三河は隣同士ですが、これが昔から仲が悪いのです。尾張は三河に対してケチでずるくて自分の土地を守ることしか考えていない百姓根性の強いやつらだと言い、三河は尾張に対して、堅実さのかけらもなく朝から酒を飲んで遊び回っている博打《ばくち》好きなやつらだと言う。

さすがにこれはお互いに言い過ぎですが、たしかに尾張は商売が中心で三河は農業が中心という違いがありました。

その尾張出身の信長・秀吉の時代、商売でさんざん儲けたのはよかったけれど、その挙げ句に朝鮮半島にまで侵略の手を伸ばすというのはやり過ぎだった。だから、あまり商売っ気が強いのはよくない、やはり人間は農業に帰るべきだ、というふうに、家康はいかにも三河人らしく考えたのではないでしょうか。

理由はともかく、**家康が石高制を採用し、その後、中国から朱子学を輸入して奨励したことによって「貴穀賤金」の思想が武家社会に深く浸透していくことになったのです。**

ちなみに、**家康が儒学の数ある派閥のなかでも特に朱子学を奨励したのは、第二の明智光秀を出さないようにするためだと思います。**

戦国の覇者《はしゃ》で徳川家康の兄貴分でもあった織田信長は、本能寺で明智光秀の裏切りによって殺されてしまいます。そして、その織田家の天下はもともと信長の忠実な家来であったはずの豊臣秀吉に乗っ取られてしまいました。このように、強い者、ずるいヤツが勝つというのが戦国時代です。

でも徳川家康は、自分が天下を取った以上、みんながこのような考え方でいてはマズイと考え、主君に対し絶対的な忠誠を説く学問を探します。そうして見つけたのが、十二世紀の中国で生まれた「朱子学」だったのです。

こうして徳川政権の安定を願って輸入した朱子学ですが、これが当たり前の武士の教養になっていったとき、あまりにも貴穀賤金の思想が定着してしまったがために、お金を賤しみ、財政の立て直しをできないまま薩長に倒されてしまうという皮肉な結末を招いてしまったのです。

◇幕府が開国できなかったのはなぜか？

今、日本に身分制度はありませんが、江戸時代には「士農工商」という朱子学の価値観に基づく身分制度がありました。ここで注目していただきたいのが、なぜ商人の身分が一番低いのかということです。

士農工商の「士」は、日本では武士のことだとしていますが、本来は違います。**朱子学における「士」とは、学者や官僚など朱子学を身につけた優れた人間を意味します。**中国では、古くから基本的に人間には優秀な人とそうではない人がいるという考えがあります。そのため、優秀な人間のなかでも特に道徳を身につけた人間が一番偉く、他の人々を治めるべきだと考えました。この道徳を身につけた優秀な人間、これが本来の「士」なのです。

では、その人が優秀かどうか、道徳を身につけているかどうかはどのようにして見極めるのかというと、試験です。この試験が有名な「科挙《かきょ》」です。

「科挙」は誰でも受けることができました。ですから機会均等という意味では平等なのですが、それは、そもそもが人間は平等ではない、優秀な人間とそうではない人がいるという不平等の上に成り立っている平等でした。

科挙に受かった人は「士」と認められるので、基本的には、人々を治める職である官僚になります。このため、中国には「官尊民卑《かんそんみんぴ》」という言葉があります。これは官は尊く、民は卑《いや》しいということです。つまり、朱子学の思想では、「士」とそれ以下の「農工商」の間には一線が画されているのです。

それでも、優秀ではない人間のなかにもランクはあります。まず「農」と「工」はどちらもものをつくる人です。ものをつくるということは、人間世界においてとても大切なことですが、そのなかでも「農」は、人が生きていく上でもっとも大切な米をつくる人々なので、「工」よりも上に位置づけられました。

では、「商」はなぜダメなのでしょう。

それは、商人が自分では何ものをつくらないからです。彼らは人が汗水たらしてつくったものを右から左に動かすだけでお金を稼いでいる、そんな卑しい行為を仕事にしている商人は卑しい人間である、というわけです。

商売は卑しい行為なので、国が商売をしてはいけないし、商行為を奨励してもいけない。ましてや商行為からさらに税金を徴収するようなことは絶対にしてはいけないということになります。田沼意次があそこまで悪く言われたのもこのためでした。

こうして考えていくと、幕府がなぜ開国を渋ったのか、ということもわかってきます。**要するに開国というのは、結局は国が商売をすることにつながるからダメなのです。**もちろん幕府の中にも勝海舟のように、それをやるべきだと言った人はいました。そうしなければ海軍をつくって日本の自主独立を守ることができないことが彼にはわかっていたからです。

ところが、そういう勝海舟のような人は保守的な武士たちからすると、「武士の風上《かざかみ》にも置けぬやつ」ということになってしまうのです。

◇海外貿易をする人は犯罪者だった

朱子学が生まれた中国では、古くから商売は卑しい行為であり、商人は卑しい職業だと考えられてきました。

商行為を悪とする歴史は古く、ルーツをたどると、中国の最古の統一王朝「殷《いん》」にまで遡《さかのぼ》ります。殷というのは王朝（国名）で、またの名を「商」と言いました。殷は「周」という国に滅ぼされるのですが、このとき国を失い、耕す土地を失ってしまった商の人たちは、いろいろな地を流浪することになりました。

流浪生活をしているうちに、彼らはあることに気がつきます。それは、ある地方では非常に豊富な品物が、別の地方では不足しており、そこの地で豊富な物が、また別の場所では不足している、ということでした。

このことに気づいた商の人々は、豊富に余っている場所で安く購入した物を、それが不足している場所に持っていき、高く売るという行為を始めました。この行為が「商行為」と呼ばれるようになり、やがて商行為をする人をその人個人の民族名にかかわらず「商人」と呼ぶようになったのです。

商人はどこの国にも存在しますが、国の根幹を担うのはどこの国でも農民でした。農民は土地に定住するので、町を拡大し、都市をつくり、富や知識を蓄積していくことができます。そうして力を蓄えていくと、**農民は土地を持たない人々を「流れ者」と差別するようになります。**

こうして生まれた差別意識は、時代とともに拡大し、やがて儒教の広まりとともに「士農工商」という身分意識として定着していったのです。

中国において、商人に対する差別意識がいかに大きなものだったかを物語る事例があるのでご紹介しましょう。

それは「倭寇《わこう》」です。

「倭寇」とは、日本人の海賊だと思っている人が多いのですが、これは半分間違いです。なぜなら、倭寇には「前期倭寇」と「後期倭寇」があり、前期倭寇は十四世紀に活動した日本人を中心とする海賊ですが、後期倭寇は十六世紀に活動した中国人を中心とした海賊だからです。これは、中国の歴史書にも書かれている歴史的事実です。

では、なぜ中国人が「倭寇」、つまり日本人だと思われたのでしょう。

実は十六世紀に中国を支配していた「明《みん》」は、ガリガリの朱子学政権だったため、商行為を徹底的に弾圧したのです。なかでももっとも忌《い》むべき行為として外国との貿易を固く禁じました。そのため、それまで正規の貿易業者であった人たちは、そのまま商売を続けると、全員犯罪者にされてしまうという危機に直面することになってしまいました。

そこで、彼らは自分たちは中国人ではない、日本人だと国籍を詐称《さしょう》して貿易を行うことにしたのです。後期倭寇の八割から九割が中国人だったことがわかっていますが、それはこのためなのです。そんな後期倭寇のなかに、日本の歴史に大きな足跡を残す人がいます。

その人の本名は「王直《おうちょく》」。王直は明の国内で商売をすると犯罪者として捕まってしまうので、本拠地を日本の五島列島に移し、「五峯《ごほう》」と名乗りました。五峯という名は、五つの島からなる五島列島にちなんだものですが、どこかで聞き覚えがありませんか？

実はこの五峯という人は、鉄砲伝来の時に出てくる人なのです。

私が学生時代に習った教科書では、鉄砲伝来は、たまたま種子島に漂着したポルトガル船に乗っていたポルトガル人が持っていた鉄砲を、種子島の領主が譲ってもらったと書かれていました。このとき、言葉が通じないポルトガル人との交渉を仲介してくれたのが、たまたまその船に乗っていた「五峯」という中国人です。中国と日本は共に漢字を使うので、会話は通じなくても筆談なら充分に意思の疎通が可能でした。

でも今や、こうした記述は間違いだったことがわかっています。

実は五峯はたまたま船に乗っていたのではなく、彼こそが船のオーナーであり、ボスだったのです。種子島に来た船もポルトガル船ではなく中国船で、たまたま漂着したのではなく、日本に鉄砲を売り込むためにわざわざやってきたものだったのです。

中国人がわざわざ国籍を詐称したのも、日本に対していかにもポルトガル人が鉄砲を売ったようにパフォーマンスしたのも、本国の明が、海外貿易を悪いこととして禁じていたからです。**朱子学政権である明からすれば、海外貿易をする人間は、全員犯罪者です。**それがどれほどまっとうな貿易でも、略奪行為なんかやらない紳士的な取引きでも、朱子学では貿易をすること自体が犯罪行為なのですから許されません。この明の時代は商売差別意識が特別顕著に表れた時代ですが、実は中国は、多少の意識の強弱はあったとしても、基本的にはずっとそうだったのです。

◇徳川将軍は覇者か王者か

私は、家康が朱子学を中国から導入したのは、結果的には、幕府にとってよくなかったと思っています。

その最大の理由は、すでに述べた「貴穀賤金」と、それに基づく「商業蔑視」です。でも、もう一つ、朱子学には、幕府にもたらした大きなデメリットがあります。それは皮肉なことに、家康が朱子学を導入した最大の理由となった「主君に対する絶対的な忠誠心」でした。

家康は、第二の明智光秀を出さないために、徳川政権への絶対的な忠誠心を築くために「主君に対する絶対的な忠誠心」を説く朱子学を採用しました。

ところが、この主君に対する絶対的な忠誠心には、落とし穴が隠されていました。それは、朱子学が言う「主君」とは何か、ということです。

朱子学では絶対的な忠誠心を説く以上、当然と言えば当然なのですが、忠誠を尽くすべき主君とはどのようなものかということを厳密に探求します。

朱子学では主君には「王者」と「覇者」という二種類があり、絶対的な忠誠を尽くすべき相手は覇者ではなく王者だと説きます。なぜなら、「覇者」は、力で相手を倒して天下を取った人のことですが、「王者」は、「徳」で天下を治める人を意味するからです。実は家康は、このことを知っていたので、もともとの姓である「松平」を「徳川」に改めたのです。

真の主君は覇者ではなく王者でなければならない、となったとき、一つ問題が生じます。それは、徳川将軍家は「王者」と言えるのか、ということです。

家康は最終的には大坂夏の陣で豊臣家を滅ぼすことで天下を取っているので、朱子学の考え方からいけば「覇者」ということになります。

では、日本には「王者」はいないのかというと、いると日本人は考えました。それが天皇です。

つまり、**朱子学を厳密に学ぶと、力で天下を取った徳川将軍家ではなく、万世一系の歴史を持つ天皇こそ、忠誠を尽くすべき真の王者だ、ということになるのです。**

これを「尊王《そんのう》」と言います。そして、この思想が幕末の、将軍より天皇の方が偉いと考える「尊皇」につながっていったのです。

家康もこの問題点には気づいていました。そこで彼は考えました。実際には力で天下を奪い、天皇は京都に押し込めて、江戸を都として自分の思い通りの政治をしているのですが、あくまでも建前は、王者である天皇に、徳川家が日本を統治する権利を任されているということにしたのです。

徳川家は真の王者である天皇から日本の統治を任されている。いわば天皇の代理人なのだから、王者に仕《つか》えるのと同じように徳川家に忠誠を尽くさなければならない、ということにしたのです。少々強引な気もしますが、それでも江戸時代の中頃までは、この理論で政権の安定を保つことができました。しかし、黒船がやってきて、幕府に日本を統治する能力がないことがわかったとき、武士たちは、覇者である将軍ではなく、王者である天皇を自らの主君として立てる道を選ぶことになるのです。

将軍家は、最終的に日本の統治権を天皇に返す「大政奉還《たいせいほうかん》」を行いますが、政権をお返しするという発想が生まれたのは、そもそも将軍家が天皇から政権を預かっていたという前提があったからなのです。

つまり、家康が朱子学を導入したことが、日本の真の主君は将軍ではなく天皇であるという意識を武士たちに植え込むことにつながり、二百六十年後、家康が守りたかった徳川幕府を倒すための大義名分を、薩長を始めとする反幕府勢力に与えることになったのです。

ですから、「朱子学」というのは、実はものすごく大きな存在なのです。朱子学を知らないと、江戸時代をきちんと理解することができないと言っても過言ではありません。江戸時代に特有な貴穀賤金も商売蔑視も、尊王思想も士農工商も、すべては朱子学から来ているからです。

ところが、現在の教科書にはそうしたことが一言も書かれていません。これでは、せっかく書かれている大切な内容を正しく理解することができません。

たとえば、山川出版社の『もういちど読む山川日本史』の寛政の改革の項には次のような一文があります（191ページ）。

> 1790（寛政2）年には聖堂付属学問所では朱子学だけを教えてそれ以外の学問を禁じ（寛政異学の禁）、役人の登用試験も朱子学にかぎった。

儒学には朱子学以外にも多くの学派があります。日本でも陽明学や古学《こがく》など同じ儒学でも異なる学派を学んでいた人もいたのですが、松平定信は、公の学問は朱子学に限定し、役人になれるのも朱子学を学んだ人に限るようにしたのです。

しかし、これがどのような結果を招くかは、ここまで読んできた読者の皆さんにはもうおわかりでしょう。

そうです、さらに幕府のクビを締めることにつながっていったのです。

朱子学を学べば学ぶほど、ますます尊王こそが正しいことだ、ということになっていき、天皇と将軍の意見が対立したときには、あくまでも天皇に忠誠を尽くし、天皇の言うことを聞かない将軍家などつぶしてしまってもいい、ということになるからです。

でも、この一文からこうしたことを読み解くためには、江戸時代が、ある意味、朱子学に呪縛《じゅばく》された時代であったことを知ることが必要不可欠なのです。ですから、そのことが書かれていない今の教科書では、江戸時代を正しく理解することができないのです。

◇商売センスを持っていた日本人とは?

貴穀賤金、米が貴く銭は賤しいという考え方、それと双子のような、商売は卑しいものだという考え方、この二つの考え方が、幕府の財政立て直しの足枷《あしかせ》となり、幕府財政は破綻しました。

一時期、これらの考えに縛られない田沼意次という人が、可能性の残されている道に舵を切りましたが、松平定信という朱子学の信者が、せっかくのその試みを潰し、またもや破綻への道を突き進んでいきます。結果、幕府は財政改革に成功した薩長に倒され、政権を天皇にお返しすることになったのです。

こうして幕府の崩壊とともに朱子学の呪縛から解き放たれた日本人は、明治維新を迎えると、ものすごい勢いで近代化を推《お》し進めていきます。

よく、日本はあのときに、なぜあれほどのスピードで近代化することができたのか、と言われますが、それは、**もともとの日本に「商売は卑しい行為である」という思想がなかったからだと思います。**

すでに述べましたが、商行為は卑しいものであるという考え方は、朱子学とともに江戸時代に入ってきたものです。それまでの日本にはそうした考えはありませんでした。

事実、織田信長も豊臣秀吉も商業を重視し、貿易を盛んに行っています。

豊臣秀吉は、いわゆる朝鮮出兵を「唐入《からい》り」と言っていますが、当時彼が書いた唐入りの計画書を見ると、彼がゆくゆくは日本を捨てて、当時東アジア最大の貿易港であった寧《ニン》波《ポー》に拠点を移し、そこで大商業通商国家、大貿易国家をつくることを夢見ていたことがわかります。

Point

秀吉は日本を大貿易国家にしようとしていた！

つまり秀吉は、彼の時代に世界貿易で大国となったスペインやポルトガルのような国を築くことを夢見ていたのです。

しかし、秀吉の唐入りは失敗し、政権は徳川家康に移り、その徳川幕府が輸入した朱子学によって日本は、すっかり貴穀賤金、商業蔑視の気風が根付いてしまったのです。

日本の将来にとって救いとなったのは、そうした思想が完全に日本人に浸透したかに見えて、実は、そうではない武士たちもいたということです。

田沼意次や勝海舟、そして坂本龍馬などはその代表と言えるでしょう。

では、なぜ彼らは朱子学の呪縛を免れることができたのでしょう。それは、**彼らが由緒《ゆいしょ》正しき武士ではなかったからです。**

田沼意次という人は、一代で小身《しょうしん》旗本から老中への大出世を遂げた人物です。彼は旗本の子として生まれましたが、その父は紀州藩の足軽だったのが徳川吉宗に登用され、旗本になったという、いわばあまり格式のない家柄の出なのです。

坂本龍馬が土佐の「郷士《ごうし》」と呼ばれる下級武士の出身であることはよく知られています。

こうしたなかでも勝海舟という人は、実に面白い経歴の持ち主です。

勝家というのは男谷《おだに》家という旗本の分家ですが、この男谷という家を興《おこ》した、勝海舟の曾祖父に当たる銀一という人物は、実は越後の貧農の出身なのです。銀一はたまたま盲人だったため、江戸へ出て盲人だけに特別に許された職業・高利貸し業で巨万の富を築き、その潤沢な資金で旗本株を買い、男谷家を興したのです。

建前は貴穀賤金、商売蔑視の武家社会ですが、実は旗本株や御家人株の売買ということが結構行われていました。これが認められていたのは、養子縁組という体裁を取っていたからです。

たとえば子供に恵まれなかった老旗本夫婦がいたとしましょう。彼らはもう年だしそろそろ隠居して楽に暮らしたいと思っている。けれど子供がいないので後を継がせ、隠居することができない。そういうときに、多くの場合は親戚から子供をもらって後継ぎにしたりするのですが、旗本の給与はあまり多くないので、それでは楽隠居というわけにはいきません。

そこで、養子になる権利を事実上売ったのです。たとえ貧乏旗本の家であっても、身分はもっとも高位の「士」です。大金持ちの商人の中にはぜひ息子を「士」にしたい、というニーズがありました。こうした両者の思惑《おもわく》が一致し、金持ちの商人が、私の息子を養子にしてやってください、そうしていただけたら、お礼にあなたに隠居料として一〇〇〇両差し上げます、ということが行われたのです。

実はこれは儒教の強い中国や韓国では認められないやり方でした。なぜなら、彼らが養子を取るときには自分と同じ「姓」の人間しか認められなかったからです。ちなみに、ここで言う「姓」とは、私たちが普段使っている「苗字《みょうじ》」のことではありません。源氏、平氏、藤原氏というように、その人のＤＮＡを示すものです。

でも、日本では養子縁組に姓を限定するという決まりはありませんでした。誰でも養子にすることができたので、こうした旗本株の事実上の売買ができたのです。

つまり、勝海舟というのは、もともとは貧農出身の盲人が高利貸しで稼いだお金で旗本の地位を買った家の出なのです。

そういう出身だったからこそ、彼は朱子学の呪縛を受けることなく、開国して貿易で儲け、それを元手に日本海軍をつくろうという、当時としては極めて珍しい思考ができたのだと思います。しかし、同時に彼の出自《しゅつじ》は、三河以来の古い旗本たちから「勝家なんて、どうせあいつら、旗本株を買った成り上がりじゃないか」という差別を受ける原因にもなりました。

ここで大切なのは、**勝海舟にしても坂本龍馬にしても、貴穀賤金と言いながらも、日本には商売のセンスを持った武士がいたということです。**

そんな日本に対し、古くから朱子学国家、官僚国家であった中国や韓国では、商売のセンスを持った人がまったくいませんでした。日本のように、身分の低い人の中にはいたのかも知れませんが、姓を同じくする同族の中での養子縁組しか認めない、これらの国では、そうした人が政治の舞台に登場する機会もありませんでした。

この違いは近代化した後の、国家の発展スピードにも大きな違いをもたらしました。昔から金銭を重んじる伝統のあった日本では、明治維新を成功させてから比較的早い段階で、岩崎弥太郎や渋沢栄一に代表されるように、「国が商売をやるべきだ」という人が出てきたからです。

朱子学の呪縛を払拭《ふっしょく》できたかできなかったか、この違いが、近代化の成否を分けたと言っていいと私は思っています。

キーポイント②

なぜ、黒船はそんなにもショックだったのか

ペリー来航で、日本は世界一安全な国から世界一危険な国へと替わってしまった。海に囲まれて安全だったのが、逆に危険になってしまったのである。

◇もっと有利な条件で日本は開国できていた

《泰平の眠りをさます上喜撰《じょうきせん》 たった四杯《しはい》で夜も眠れず》

これは、幕末に黒船が浦賀に来航したときに詠《よ》まれた狂歌です。

「上喜撰」というのは、当時のブランド緑茶の名前。つまり、お茶を四杯飲んで夜眠れなくなったという歌に、浦賀に四隻の蒸気船（ジョウキセン＝黒船）が来たために、夜も眠れないほどの騒ぎになったという意味を掛けて詠んだものです。

幕末の人々のほとんどがそうであったように、今も多くの日本人が、黒船は何の前触れもなく突然日本にやってきて武力で脅して強引に開国させた、と思っています。

でも実は、これはまったくの誤解なのです。

アメリカのペリーという乱暴な男が黒船でやってきて、無理矢理日本を開国させた。たしかにこれは事実です。でも、アメリカが「突然」やってきたので、日本は何の準備もできず、アメリカにイニシアチブを握られてしまった、というのは間違いです。

なぜなら、ペリーが来る前に、アメリカは何度も日本に開国を申し入れていたからです。

つまり、そのときからきちんと準備をしていれば、**日本は交渉の主導権を握ることも、もっと有利な条件で開国することも、実は充分に可能だったのです。**

しかし、当時「そうしたことができる可能性が日本にはあった」ということは、今の教科書をいくら読んでもわかりません。なぜなら、事実をそういう脈絡でとらえた書き方がなされていないからです。

今の教科書にも「事実」は記述されています。

たとえば、桐原書店が出している日本史の教科書『新日本史B』の236ページには、一八三七年（天保八年）の出来事として「モリソン号事件」の記述があります。

1837（天保8）年、日本の漂流民を送ってきたアメリカ商船モリソン号が撃退されるという事件もおきた（モリソン号事件）。

この教科書の黒船来航（一八五三年）の記述は255ページにあります。
つまり、この二つの出来事の記述は、一九ページも離れており、両出来事の因果関係を示す記述はこの教科書にはありません。**今の教科書は、出来事がただ年代順に書かれているだけなので、そこにある「関連性」がまったく見えてこないのです。**

しかし、この二つの出来事には、とても密接な関わり合いがあるのです。なぜならモリソン号は日本に開国を求めにやってきた最初の事例（ファーストコンタクト）であり、この時日本がモリソン号を撃退したことが「原因」となって、アメリカがペリーという強引な男を送り込むという「結果」につながったからです。

モリソン号から黒船来航までの十六年間に何があったのか。今の教科書ではそのことがわからないから、当時の日本に有利な条件で開国できる可能性があったことがわからないのです。

344 THE ILLUSTRATED LONDON NEWS. [MAY 7, 1853.

THE UNITED STATES EXPEDITION TO JAPAN.

The presence of a large and powerful American fleet in the Eastern Seas possesses an unexpected interest at the present moment, in consequence of the intestine convulsions which endanger the throne of the present Emperor of China, and the probability that he may solicit on his behalf the intervention of any civilised foreign power which may be able to render him assistance against the successful rebels, who are defeating his troops and ravaging a large portion of his empire. Some account of the vessels composing the American Expedition to Japan, and of its gallant Commander-in-Chief, cannot, therefore, fail to be interesting to our readers.

COMMODORE MATTHEW C. PERRY, COMMANDER OF THE UNITED STATES EXPEDITION TO JAPAN. FROM A DAGUERREOTYPE BY MEADE, BROTHERS, NEW YORK.

THE STEAM-FRIGATE "MISSISSIPPI," UNITED STATES NAVY.

ペリーの日本遠征を伝える新聞記事
(『絵入りロンドン・ニュース』1853年５月７日号より　横浜開港資料館蔵)

◇ペリーより暴力的なのは日本だった⁉

せっかく日本の漂流民を送ってきてくれたのに、浦賀に来港したモリソン号は幕府によって撃退されてしまいました。普通だったら気分を害します。でも、アメリカはその後も辛抱強く、そして紳士的に日本に交渉を求めています。

モリソン号事件から八年が過ぎた一八四五年(弘化二年)には、アメリカの捕鯨船マンハッタン号が日本の漂流民二二人を救助し、やはり浦賀に送り届けています。

実は、このとき幕府は漂流民を受け入れ、アメリカの捕鯨船に感謝の意を伝え、薪《まき》や水、食料といった補給物資を贈り、友好的に対応しています。

このときの日本の対応がモリソン号のときと一八〇度違ったものになっているのは、やはりモリソン号への対応に日本の国内で批判が高まったからでした。モリソン号を撃退した理由は教科書にも書かれています。

> 幕府は1825(文政8)年、異国船打払令《うちはらいれい》(無二念《むにねん》打払令)を出して、中国・オランダ船以外の外国船は撃退するように諸大名に命じた。
>
> (『新日本史B』236ページ)

この異国船打払令に基づいて、モリソン号は撃退されてしまったのです。しかし、こうした幕府の一方的な態度は国内での批判を招くとともに、アヘン戦争に清《しん》が敗れるといった海外情勢から見直しを余儀なくされ、異国船打払令は一八四二年（天保十三年）に撤廃されてしまいました。そして、これに代わって出されたのが、外国船を穏やかに退去させることを目的とした「薪水給与令《しんすいきゅうよれい》」でした。つまり、燃料や水を与えることで一刻も早く帰ってもらおうというわけです。マンハッタン号への対応が変わったのはこのためです。

日本の対応が大きく変わったことを知ったアメリカは、翌一八四六年（弘化三年）に、東インド艦隊司令長官ジェームズ・ビッドルを派遣し、通商を求めました。

ビッドルは本国で、日本に対しては「辛抱強く、敵愾心《てきがいしん》やアメリカへの不信感を煽《あお》ることなく交渉するように」と言われていたので、それを遵守《じゅんしゅ》しましたが、日本は通商を拒否し、ビッドルを数日で浦賀から追い返してしまいます。

このときビッドルが乗ってきた船は蒸気船ではなく帆船です。穏やかに帆船で入ってきて正式に友好関係を築きたいと紳士的に申し入れたビッドルに対して、実は日本側はとんでもない態度を取ります。実は、私もこのことは最近知ったのですが、日本人はビッドルを殴っているのです。

ビッドルは軍人です。軍人は殴られたら殴り返さなければなりません。しかも彼は国を代表してきているのです。しかし、ビッドルは、殴りつけるという日本サイドの暴挙にも我慢して帰ったのです。この七年後に浦賀に来港したのが強引で乱暴なペリーです。

つまり、**紳士的で辛抱強く交渉するビッドルを殴って追い返した結果が、強引で乱暴なペリーを招く結果につながったのです。**

でも、残念なことに、教科書にはビッドルとの交渉がどのようなものだったかは書かれていません。

> 1846（弘化3）年には、アメリカ使節ビッドルが浦賀《うらが》に来航し、通商を求めたが、幕府はこれを拒絶した。
>
> （『新日本史B』254～255ページ）

書かれているのはこれだけです。これではこの後になぜペリーのような人が交渉役に据《す》えられることになったのかわかりません。

でも、こうして日米交渉の流れを見ていくと、一つの疑問が生じます。それは、「なぜ日本はアメリカに対してこれほど強気な態度を取ったのか」ということです。

いくら鎖国をしていたとはいえ、日本は海外の情勢を知らなかったわけではありません。大国・清がイギリスに敗れたことも知っていました。一八四四年にはオランダ国王ウィレム二世から、世界情勢の説明とともに「そろそろ開国政策に転じた方がいい」という忠告まで受けています。

それなのに、日本は鎖国政策を固守し続けます。

なぜそんな強気な態度が取れたのか、実はこの答えは、なぜ黒船があれほどの衝撃を日本人に与えたのかという疑問とつながっています。

黒船は日本の歴史を変えました。

黒船の登場によって明治維新が起こり、武士の世の中が終わり、日本はものすごいスピードで近代化へと駆け出していきます。

日本人にとって黒船は、それほどまでにショックな出来事だったのです。

では、黒船の何がそれほどまでにショックだったのでしょう。

いくら教科書を読んでも、この答えは見つからないと思います。なぜなら、教科書を書いている人たちでさえ、わかっていないからです。

実は、この答えを知るカギは、幕末の遙か前、鎌倉時代の「元寇《げんこう》」に隠されています。

一二七一年、中国に「元」という大国を築いたモンゴルは、それ以前からその手を休めることなく周囲の国々を侵略していきました。当時、この侵略の魔の手から逃《のが》れられた国はほとんどありません。そして、西は東ヨーロッパ、シリアまで、南はアフガニスタン、チベット、ミャンマーまで、東は朝鮮半島までという巨大なモンゴル帝国を築いたのです。このとき、モンゴルは日本にもその食指をのばしてきました。それが元寇です。

元寇は一二七四年（文永十一年）の「文永《ぶんえい》の役《えき》」と、一二八一年（弘安四年）の「弘安《こうあん》の役」の二度にわたって行われました。モンゴルに攻められた国のほとんどが征服されてしまったにもかかわらず、日本は二度ともこれを撃退しています。

なぜ日本のような小国が、元を撃退することができたのでしょう。

昔の人は、それは「神風が吹いたからだ」と言います。実際彼らが乗ってきた大船団を大嵐が襲って、ほとんどの人間が溺れ死んでしまったということはほぼ間違いない事実であることがわかっています。もしも「神風」が日本側だけの記録なら信頼できませんが、日本だけでなく元側の記録にも同じ内容が記されています。ですから、少なくとも大嵐が起こって元軍の多くがその犠牲になったことは間違いありません。

しかし、日本が元を撃退することができた最大の理由は神風ではありません。それとは別に、とても大きな理由があったのです。

◇日本が世界最強の元軍を退けられた理由とは？

なぜ日本は元を退けることができたのか。その理由を述べる前に、当時、元軍が世界最強と謳《うた》われた理由について述べておきましょう。

なぜ元軍は強かったのか。

実は、元軍の強さの秘密は「騎兵」にありました。

騎兵とは馬に乗った兵隊のことです。近代戦では、一般的な兵隊「歩兵」の他に、鉄砲や大砲を扱う「砲兵」や、橋をかけたり、障害物を取り除く「工兵」など、一口に兵隊と言っても種類が細分化されていきますが、この時代の兵隊は、基本的に歩兵と騎兵しか存在しません。そして、歩兵と騎兵、どちらが強いかというと、それは圧倒的に騎兵のほうが強いわけです。

かつての日本では、騎兵は「騎馬武者」と呼ばれました。有名なものでは、武田騎馬隊などがあります。

ただし、こうした日本の騎馬隊と、元軍の騎兵軍団としての「騎馬軍団」では、その実態に大きな違いがあります。

「騎馬軍団」というのは、本来は最下級の兵士を含む全員が馬に乗っています。しかし、武田騎馬隊に代表される日本の騎馬隊は、馬に乗っているのは上級と中級の武士だけ、下級の兵士（足軽など）は馬に乗っていませんでした。彼ら下級武士は、馬には乗れないけれど、馬に乗っている上級武士の動きについていかなければなりませんから、常に戦場を走ることになります。彼ら下級武士が、足が速いという意味の「足軽」という名で呼ばれたのはこのためです。

つまり、**日本の騎馬隊は、全員が騎兵ではなく、騎兵と歩兵の混成軍団だったのです。**これに対し、**元軍の騎兵は最下級の兵まで全員が馬に乗っている、真の意味での騎馬軍団でした。そして、これこそが元軍の強さの秘密だったのです。**

さて、ここで問題です。

元軍が一万人の兵士を動かす場合、馬は何頭必要でしょうか。

一万頭と答えた人は「騎兵」というものがわかっていません。馬は生き物なので、戦場で人を乗せて働けば、疲れもしますし、ケガをすることもあります。もしも一人の兵士に対して一頭の馬しかなければ、馬が疲れたら休まなければならないし、馬がケガをしたら兵士は軍団から置いてきぼりを喰らうことになってしまいます。

ですから、元軍が移動するときは、兵士一人当たり乗り換え用の馬を少なくとも三頭ぐらいは連れていました。そして、兵士はそのなかの一頭に鞍《くら》を置いて乗り、その馬が疲れ

「蒙古襲来絵詞」（宮内庁三の丸尚蔵館蔵）。肥後国御家人竹崎季長が描かせたものという。元による毒矢と「てつは（ぽ）う」などの火薬の使用が描かれている。

ると、今度は鞍を別の馬に乗せ替えて進んでいく。これが騎兵の移動の基本なのです。

したがって、先ほどの問題の答えは三万頭となるわけです。

最低でも兵士の数の三倍の馬が必要となる軍。大変そうですが、陸続きの国を侵攻する限り、ここに大きな問題は生じません。馬は自分で歩いて移動してくれるからです。

ところが、海を渡るとなると話は別です。

馬というのは実は大変にデリケートな生き物です。海を渡るためには馬を船に乗せなければなりませんが、船はどうしても揺れるのでデリケートな馬には大変な負担となります。

さらに、馬は生き物なので長距離を移動するには餌が必要となります。ユーラシア大陸を移動するのであれば、移動ルートに草原地帯を選びさえすれば、そこら辺の草を飼料とできるのでわざわざ餌を用意しなくて済みますが、船で移動するとなると船に馬だけでなく餌も積み込まなくてはなりません。

考えてみてください、兵士ならある程度ぎゅうぎゅう詰めに船に乗せても「我慢しろ」と言えますが、馬ではそうはいきません。ただでさえ人間より大きな馬が人数の三倍も必要なのです。兵士の数の三倍の馬と飼料、それをすべて船に乗せて運ぶとなると兵士を運ぶ船の五、六倍もの船が必要になってしまいます。

元軍が日本を攻めるために一万人の騎兵を使うためには、三万頭もの馬を船に乗せて連れてこなければならないが、そんなことは、木造船しかなかった当時の技術では絶対に不可能です。そのことで元軍は馬を大量に連れてくることができなかったことにより、軍団を通常の「騎兵」にすることができなかったのです。

モンゴルは「騎兵」の力で世界各国を征服したけれど、「海」に囲まれた日本では、この「騎兵」というモンゴル最大の強みを活用できなかった。実はこれこそが日本が元軍を退けることができた最大の理由だったのです。

このことは、鎌倉時代の肥後国御家人《ごけにん》・竹崎《たけざき》五郎季長《すえなが》という人が描かせた「蒙古襲来《もうこしゅうらい》絵詞《えことば》」という元軍が攻めてきたときの様子を描いた絵巻物にはっきりと見ることができます。日本の武士は馬に乗っていますが、元軍の兵士は歩兵ばかりなのです。

◇国防上、世界一危険な国になってしまった日本

日本を侵略したくても「海」がある限り、騎兵は使えない。騎兵を使えない以上、日本を侵略できない。

つまり、「海」がある限り、日本は国防上世界一安全な国家だったのです。

ところが、**その世界一安全なはずの日本が、「黒船」の登場によって、国防上世界一危**

険な国になってしまった。これが黒船ショックの正体です。

黒船がそれまでの船と大きく異なるのは、それまでの船が帆船と言って風力エネルギーで動く船だったのに対し、蒸気機関というエンジンを持った船だということです。

蒸気機関は、人類が初めて手にしたエンジンです。今では忘れられていますが、この発明によって世界は大きく変わったのです。

船も帆船と蒸気船では何もかもが違います。まず、エンジンは強大なパワーを持っているので、蒸気船は船自体のサイズが大きくなります。重くなっても動かすことができるので、船を鉄張りにすることも可能です。

帆船は風力エネルギーで進むため、できるだけ船体を軽くすることが求められていました。そのため船体は木造で、積荷の量にも自《おの》ずと限界がありました。これに対して蒸気船は、金属製にすることができるぐらいパワーがあるので、当然荷物もいっぱい積めます。

さらに、風によって動く帆船は、風がないときには進むことができなくなってしまいますが、蒸気船は風があろうがなかろうが進むことができます。しかも、スピードも帆船よりずっと速いのです。実際、帆船だと江戸・サンフランシスコ間は三カ月かかりましたが、蒸気船だと僅《わず》か一カ月しかかかりません。

つまり、蒸気船は大量の物資をスピーディに運ぶことができるのです。

これは貿易を非常にやりやすくしたと同時に、軍事的にも大きな利点をもたらしました。

なぜなら、これによって巨大な大砲が積めるようになったからです。

皆さんは「艦砲射撃《かんぽう》」という言葉をご存じでしょうか。艦砲射撃とは船を浮き砲台として、海の上から大砲を使って行う攻撃のことです。

艦砲射撃は、黒船出現以前はほとんど意味がありませんでした。先ほど蒸気船になって初めて大砲が積めるようになったと言いましたが、実は木造帆船にも大砲を積んだものはありました。しかし、重いものを積めないため、それは大砲とは言っても、非常に小さな軽い大砲に限られていたのです。大砲が小さければ、当然飛距離も威力も小さくなります。そのため、艦砲射撃をしてもほとんど効果はありませんでした。

それが蒸気船になって、これまで陸上でしか使えなかった巨大な大砲が積めるようになったのです。当然、飛距離も攻撃力も格段にアップします。これによって、船の上から陸

Point

黒船ショックとは日本が世界一危険な国に変わったことだ！

上の標的に壊滅的なダメージを与えることが可能になったのです。

この艦砲射撃が可能になったということが、日本の国防を一変させました。

それまで日本は海に囲まれているから安全だったのが、艦砲射撃が有効になったことで、海に囲まれているために、どこからでも攻められる危険が生まれてきたからです。

これは大変なショックです。何しろこれまでは一〇〇%の安全をもたらしていたものが、逆に一〇〇%の危険をもたらすものになってしまったのです。老後のために一億円出して買った株券が、一夜にして借金の証文に変わってしまったようなものです。誰だって腰を抜かします。

そして、それが起こったのが「黒船来航」だったのです。

◇日本の危険性を見抜いていた男

ショックというのは、思いがけないことであればあるほど大きなものとなります。もし予想できていれば、対策を練り、ダメージを少なくする準備ができるので、ショックを軽減させることができるからです。

黒船が大ショックをもたらしたということは、それが日本人にとって予期せぬ出来事だったからなのですが、本当に誰も予想していなかったのかというと、違うのです。日本人はそれほどボンクラではありません。ちゃんと気づいて、警鐘を鳴らしていた人もいました。

それは「林子平《はやししへい》」という人です。林子平については社会人のための教科書である『もういちど読む山川日本史』にも触れられています。

1792（寛政4）年に、林子平が『海国兵談』などを出版して海防の必要を説いたのに対し、いたずらに無用の説をたてて人心を動揺させたとして、処罰した。

（『もういちど読む山川日本史』192ページ）

林子平が書いた『海国兵談』という本は、技術的なことがもう変わってしまったので、今読んでもほとんど意味がないのですが、ただ一つ、今でも通用する言葉が、この本にはあります。

残念ながら、山川の教科書にはその言葉は記載されていません。桐原書店の教科書『新日本史B』にはその言葉が引用されていますが、囲みで記載されているだけで、本文に記述はありません。そして、皮肉なことに桐原書店の教科書では、その記事はモリソン号の記述の前のページに載っているのです。恐らくこれは、代々の先輩執筆者が引用していたので載せただけで、その意味がわかっていないからだと思います。

モリソン号が日本に来る四十年以上も前に、林子平は『海国兵談』の中で次のように述べています。

「江戸の日本橋より、唐《から》・阿蘭陀《オランダ》まで境なしの水路なり」

このままでも言っている意味はわかると思います。要するに、日本の日本橋の下を流れている海（川）は、中国やヨーロッパを流れている海（川）とつながっている、ということです。

林子平は、この時点ではまだ蒸気船のことを知りません。それでも、日本の国がなぜ安全だと考えられているのかということを突き詰めたとき、それは「海があるから」という大前提に立っていることがわかりました。そして、そのことがわかったとき、もしもこの大前提が崩れたら日本は大変なことになる、ということに気づいたのです。蒸気船のことなど知らなくても、**過去の歴史を見て考えれば、未来に生じる危険性に気づくことができる。こういう「気づき」こそ、私は歴史の効用だと思います。**

林子平は、警鐘を鳴らすために、自費出版で『海国兵談』を刷って配ろうとしました。しかし、教科書の記述にもあるように、彼はこれによって罰せられてしまいます。林子平の行為を「けしからん」として罰したのは、老中の松平定信です。彼は林子平を罰したうえにその版木《はんぎ》、つまり印刷するための活版を取り上げて焼いてしまっています。『海国兵談』はとても厚い本なので、完全に刷り上がっていたのは、この時点ではまだ数冊しかありませんでした。版木を失ったため、『海国兵談』はその後、その数冊の本をみんなが手写しで読まなければならなくなり、知る人ぞ知る本ではあったのですが、爆発的に普及することはありませんでした。もしも、この本がもう少し普及していれば、諸外国から開国を迫られたときに、そして黒船が現れたときに、日本はあれほどまで慌《あわ》てずに済んだのではないかと思います。

◇なぜお台場がつくられたのか？

ペリーが黒船に乗って浦賀に現れたのが一八五三年（嘉永六年）。このときペリーは、一年後に必ず条約を結ぶように、と言って一度本国に帰っています。

日本は、その一年間の猶予《ゆうよ》の間に何をしたでしょう。

実はこの一年の間に突貫工事でお台場をつくったのです。

お台場というのは、今フジテレビがあるところとして有名ですが、本来あそこは、江戸時代に黒船に対抗するためにつくられた砲台（大砲を設置するための台）のあるところだったのです。地図を見るとわかりますが、お台場があるのは品川沖です。なぜあの場所に慌てて人工島をつくって砲台を置いたのかというと、江戸城を黒船の艦砲射撃から守るためでした。

当時江戸城がどこにあったのか皆さんもよくご存じだと思います。そう、現在の皇居です。今は皇居から海までかなりの距離がありますが、それは東京湾の埋め立てが進んだ結果で、当時の江戸城は海からそれほど遠くない距離にありました。そのため、東京湾（当時は江戸湾ですが）の奥まで黒船に入ってこられたら、艦砲射撃によって江戸城が壊滅させられてしまう危険性があったのです。

当時の日本は、武士の第一人者である将軍が支配者として君臨する国です。ちょっと嫌なたとえですが、今の北朝鮮と同じで、国家元首にして軍事のトップである将軍様が治める軍事国家なのです。その将軍様の居城が、もしも黒船の攻撃によって炎上したらどうなるでしょう。幕府の面目《めんぼく》は丸つぶれです。

それだけは何としても避けなければなりません。そこでつくったのが、**江戸湾に黒船が入ってくるのを防ぐための障害物としての「台場」だったのです。**

台場の建設にはもう一つメリットがありました。それは、日本側の大砲の弾が黒船に当たる確率を高めるということです。

当時の日本の大砲は、非常に粗悪なものでした。何しろ徳川幕府が樹立した二百五十年

●ペリー艦隊の進航図と台場

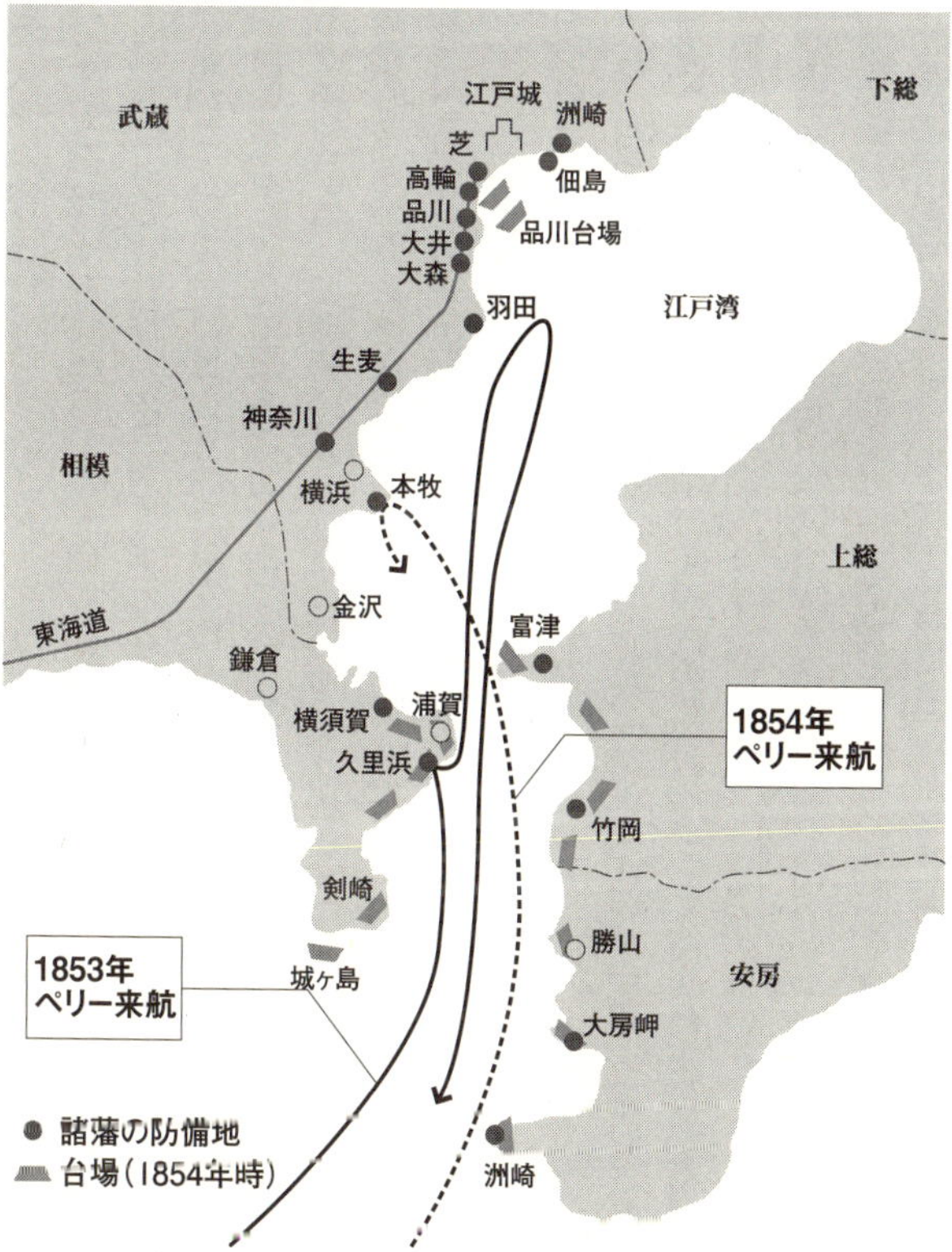

幕府は江戸防衛のため、伊豆韮山代官の江川太郎左衛門に命じて、海上砲台を建設させた。品川沖には11基の砲台を構築する計画が立てられた。

前からまったく改良されていない超レトロなものだったからです。前世紀の遺物という言葉がありますが、日本が持っていた大砲は前前前世紀の遺物だったのです。そんな代物《しろもの》ですから、飛距離も短ければ、攻撃力もほとんどありません。そのため海岸に設置しても、黒船まで届かないのです。でも、お台場をつくって船の通り道を狭くすれば、お台場のすぐ近くを黒船が通ることになるので大砲での攻撃ができる、と考えたわけです。

しかし、実際には、お台場に置かれた大砲が火を噴くことはありませんでした。

なぜ攻撃しなかったのかというと、幕府はやはり怖かったのだと思います。攻撃したら反撃されるのは確実で、江戸城が攻撃されるようなことになったら、幕府存続の危機です。

江戸湾の死守は幕府の至上命題です。

ですから、当初ペリーは江戸港を開放しろと言ってきたのですが、幕府はそれだけはダメだと断固拒否しています。そして、江戸港の代替港として開かれたのが横浜だったのです。

今でこそ横浜は大都会ですが、当時の横浜は寒村でした。

では、なぜ寒村だったのでしょう。今発展しているということは、港として大変立地条件が良かったということです。条件がいいにもかかわらず発展していなかったのはなぜか。

実はこれ、答えは簡単なのです。

江戸のすぐ隣だからです。江戸港という非常に優秀な港があるので、わざわざすぐ近くの横浜を使う必要がなかったからなのです。

横浜と江戸の間は、港としてはすぐ近くですが、陸路を行くとなるとそこそこの距離がありました。当時は鉄道がないので、横浜で荷揚げしたものを江戸まで運ぶのは手間がかかります。そんな手間をかけなくても、江戸港があるのだからそこを使えばいい。だから横浜港は必要なかったのです。

教科書には横浜が開港されたという事実は書かれていますが、なぜ横浜だったのか、ということは書かれていません。もちろん、教科書というのは限られたスペースの中に多くのことを入れなければならないので、すべてを詳しく書くことは不可能です。それでも、なぜ江戸港が断固拒否され、わざわざ横浜港をつくって開港したのかは、書くべきことだと思います。

なぜなら、黒船の艦砲射撃で江戸城が攻撃される危険性があったからだという、その理由を書くことが、黒船があれほどまでにショックだったかの理由を示し、それまで一〇〇%安全だった国が、一〇〇%危険な国に完全にひっくり返ってしまったことを示す格好の材料だからです。

◇日本の道路舗装率は最下位！

林子平の発した警鐘『海国兵談』はなぜ無視されたのか。日本の大砲はなぜ二百五十年前からまったく改良されなかったのか。

それは、江戸時代が「時間の止まった時代」だったからです。

江戸時代、改良されなかったのは大砲のような武器だけではありません。実は何もかも改良されていないのです。そのことを象徴する事実があります。

それは、日本の道路舗装率の低さです。

皆さんは、日本、韓国、中国、タイ、エジプト、この五カ国の中でもっとも道路舗装率の低い国はどこだと思いますか？

実は、答えは日本なのです。しかも、トップのタイは九八・五％、二位の韓国は八六・八％、三位は中国とエジプトが同率で八一％なのに、日本は七九％しかないのです。ちなみに、これは江戸時代の話ではありません。日本道路協会発表の「世界の道路統計　二〇〇五年」に基づく歴《れっき》とした現在の状況です。

でも、この五カ国の中で一番早く近代化を成し遂げたのは日本です。

日本がいち早く近代化を成し遂げられた理由は、日本の識字率の高さにあるとよく言われます。先ほどの舗装率が社会的インフラの水準を示すものだとしたら、識字率は国民の知的水準を示すものと言えます。

日本人の識字率はユネスコの統計で九九・八%。この数字は世界トップです。

つまり、日本という国は、知的水準は高く、鉄道など社会的インフラがアジアの中ではいちはやく整備された国であるにもかかわらず、道路の舗装率だけは極めて低い国なのです。これは世界的に珍しいことで、ある意味日本の一大特徴と言えます。もちろん、今現在は社会的インフラの整備が急ピッチで進んでいますから、昔ほど顕著なズレはないのですが、幕末の日本はまさに、知的水準は高いのに、社会的インフラが整備されていない国でした。

では、なぜ日本の道路の舗装率は低いのでしょう。

その答えは、私に言わせれば、信長・秀吉政権が長く続かなかったからです。

この表現がわかりにくければ、**開国路線を続けなかったから**、と言ったらおわかりいただけるでしょうか。

実はこのことは、「日本の舗装率はなぜ低いのか」と考えるより、「外国の舗装率はなぜ高いのか」と考えた方がわかりやすいと思います。今挙げた五カ国ではタイがトップでしたが、そのタイを上回る舗装率一〇〇%を誇る国がたくさんある地域があります。それは、ヨーロッパです。

ここで、「舗装率」について少し述べておきますが、私たちは舗装道路というとアスファルトで固めた道をイメージしますが、舗装は必ずしもアスファルトに限りません。舗装とは、道路の耐久力を高めるために道の表面を固めることなので、アスファルトだけではなく、石、煉瓦、コンクリートなどで覆《おお》ったものも舗装道路と言います。

では、ヨーロッパの道の舗装はいつ頃から普及したと思いますか?

私がこの質問をすると、ほとんどの日本人は産業革命の頃と答えます。産業革命というと、十八~十九世紀です。

実は答えはもっとずっと前、なんと紀元前なのです。

ローマの石畳と言うと、「ああ!」と思われる方も多いと思います。

ヨーロッパで紀元前から舗装が進んだのは、車社会だったからです。今は車と言えば自動車ですが、当時は自動車はないので「馬車」です。

古代ローマ帝国では、女性や子供、お年寄りや多くの人を運ぶ手段として馬車が発達しました。直接馬に乗る人もいましたが、馬は全員が乗れるわけではありませんし、効率がよくありません。この効率的な乗り物「馬車」の効率をさらによくするために考案されたのが道路の舗装です。

車輪がついた乗り物は、雨が降って道がぬかるむと、車輪が土にめり込み、摩擦抵抗が高まってスピードが遅くなります。さらに、地面がぬかるむと、貨車を引く馬の足下も滑りやすくなるので危険です。

こうした効率の悪さと危険に対する改善策として考案されたのが、道の表面を平らな石で覆うという方法でした。

古代ローマの道として有名なアッピア街道には、今も当時の石畳が残っています。こうした便利な道ができると、やがてそれが常識になっていきます。

まずローマが町なかの道と街道を舗装し、ローマの道を見た人が「これはいい、自分たちの国でもこうしよう」と真似る。さらにそうした町と町が石畳の道でつながれる。こうしてヨーロッパ全土は古くから舗装されたのです。

ヨーロッパほどではありませんが、中国も古代から馬車が使われていたので、比較的古

Point

江戸時代では、インフラ整備をまったくしていなかった！

くから舗装が進んでいました。韓国の舗装率が高いのも中国との交流が地続きで密接だったからです。

エジプトは、近代になってからのインフラ整備はそれほどのものではないのですが、やはり、古代から車輪を使った乗り物があったことと、ピラミッドをつくったことからもわかるように優れた石の加工技術があったために、早くから舗装が進みました。

タイの舗装率がこれらの国よりも高いのは、馬車が存在したということもあるのですが、それに加えてもう一つ、タイならではの特別な理由がありました。

それは、モンスーン気候がもたらす「大雨」です。

馬車の大敵は雨でした。タイではその雨が雨季になると何日も何日も降り続きます。文字通り道路が川になるほどの大雨が降るので、舗装が発達したのです。

◇スピードの追求をやめた江戸時代

ここで重大な疑問が湧《わ》いてきます。

みんな馬車を使ったのに、日本はなぜ馬車を使わなかったのか、という疑問です。

日本にも馬はいます。平安時代には牛車《ぎっしゃ》があったのですから、馬車という発想が生まれない方が不思議です。

ここで気がついてほしいのが、**日本の江戸時代は、敢《あ》えてスピードを拒否した時代だったということです。**これは、日本という国を知る上でとても重要なことです。

江戸時代とはどういう時代だったのか、そのことを物語る面白い話があります。

加賀百万石と謳われた前田家には、真夏に「御氷様献上」ということが行われていました。加賀は今で言う石川県ですが、前田家はその山奥に氷室《ひむろ》を持っていました。氷室とは、真冬にできた氷を溶けないように貯蔵しておく場所です。

そのとっておいた氷を、真夏の暑い時期に江戸の将軍様に献上する。これが「御氷様献上」です。要は将軍様のご機嫌取りです。

献上する相手は将軍様です。まあ建前としては日本で一番偉いのは天皇ですが、江戸時代の実質的な最高権力者は徳川将軍です。その一番偉い人に、ひんやりとした感触を楽しんでいただくために氷を持っていくのですから、できるだけ速く届けた方がいいに決まっています。何しろものは氷ですから、運ぶのに時間がかかればかかるほど溶けて小さくなってしまいます。

加賀からできるだけ速く江戸に運びたいと思ったら、街道を馬で飛ばしていくのが最善策であるはずなのに、なぜか馬は使われませんでした。一応、急いで運ばなければという意識はあったので「早飛脚《はやびきやく》」を使い、普通なら加賀から江戸まで十日かかるところを五日で運んだというのですが、飛脚はどんなに速くても人が走るのですから馬よりは遅くなります。急ぐのなら馬を使えばいいのに、絶対に馬は使わない、それが江戸時代なのです。

江戸時代の東海道には「御七里」というものが設置されていました。これは葵《あおい》の紋をつけた幕府の公用便の飛脚で、七里間隔で飛脚の詰め所が置かれたことからこの名がありま す。

これも、馬を使えばもっと速く伝達できるのに、飛脚を使うのです。

時代劇をよくご覧になる方は、「でも早馬ってあったんじゃないの?」と思われたかも知れません。早馬も一応あるにはあったのですが、実際の早馬というのは大名がそれぞれの領地内で使うのがほとんどで、街道を駆け抜けていくという使い方はほとんどありませんでした。

赤穂《あこう》浪士で有名な、浅野内匠頭《たくみのかみ》が殿中で事件を起こしたときも、すぐにも国元に知らせなければならないにもかかわらず、使われたのは早駕籠《はやかご》でした。

ところが、平安時代には、宿場ごとに馬屋を置き、早馬をつないで緊急非常のことを伝える制度があったのです。それがなぜか、鎌倉時代あたりから、武士は普段馬に乗っているのに、あまり馬を使わなくなっていき、江戸時代になると、ほとんど馬が使われなくなってしまうのです。

実は、江戸時代は馬を使わないだけではなく、技術の進歩、スピードの追求をやめた時代でもありました。これは江戸時代の一大特徴です。

なぜ江戸時代は技術の進歩が止まってしまったのでしょう。それは、幕府の方針として禁じたからです。

そのため江戸時代に、武器の改良はまったく行われていません。たとえば火縄銃には致命的な欠点が二つあります。一つは単発銃であること、もう一つは雨の中では撃てないことです。でもこの二つは、恐らく日本人でも改良しようとさえすれば、克服できていたはずです。

でも、江戸時代はそれをやってはいけなかったのです。

大砲も同じです。江戸時代の大砲は、実は鉄製ではなく青銅製でした。なぜなら大砲のような大きな鉄器を鋳造する技術がなかったからです。

大きな鉄器をつくるためには、「炉」が必要です。しかし、当時の日本にはその炉をつくる技術がなかった。だから大砲も青銅製だったのです。

江戸時代、鎖国していたとはいえ、幕府はオランダと交流があったのですから、その気になりさえすれば日本で馬車を運用することもできたし、溶鉱炉をつくることもできたのです。そうすれば大砲どころか黒船だってつくろうと思えばできたのです。

でも、幕府は決してやろうとはしませんでした。なぜなら、技術が進歩して、武器が強力になれば、それだけ徳川幕府を倒す勢力が台頭してくる可能性が高まるからです。また、道路を舗装しなかったのも、地方の敵が江戸に攻め上がってくるスピードを上げさせないためです。それが江戸時代なのです。

江戸時代は二百六十年間、戦国時代から科学技術の進歩を基本的にストップした「時が止まった時代」なのです。ここで基本的にと申し上げたのは、農業生産に関する技術など、平和的な技術に関しては改良が認められていたからです。

私が、信長・秀吉政権が続いていればと言ったのは、彼らの政権が長く続いていれば、海外との交渉を断つこともなく、自ずと技術革新が進んだと考えられるからです。

能力も技術もあったのに、改良しようとしなかった時代、それが江戸時代なのです。

◇明治人の思いは軍歌でわかる

幕末の志士たちが、そして明治政府が、必死になって海軍をつくったのは、言うなれば江戸時代のトラウマを払拭《ふっしょく》させるためでもあったのです。

日本という国は、これまで世界一安全な国だったのに、江戸幕府が時間を止めてしまっていたために、世界一危険な国になってしまった。このままではいけない、国を守るためになんとしてでも、自分たちも欧米列強に引けを取らない海軍を持たなければならない、そう思ったのです。

そうして明治の人たちは頑張って、海軍というものをつくり上げました。

その日本海軍を代表する歌に「軍艦行進曲」というものがあります。これは「軍艦マーチ」と言った方がわかりやすいかも知れません。その歌詞にはこう歌われています。

守るも攻めるも黒鉄《くろがね》の
浮べる城ぞ頼みなる
浮べるその城日の本の
皇国《みくに》の四方《よも》を守るべし
真鉄《まがね》のその艦《ふね》日の本に
仇《あだ》なす国をせめよかし
石炭《いわき》の煙は大洋《わだつみ》の
竜かとばかり靡《なび》くなり

弾撃つ響きは雷《いかづち》の
声かとばかり響《どよ》むなり
万里の波濤《はとう》を乗り越えて
皇国《みくに》の光輝かせ

（作詞：鳥山啓／作曲：瀬戸口藤吉）

もう一つ、これはちょっとマニアックですが、日露戦争当時に日本が保有していた軍艦の名前を歌詞に織り込んだ「日本海軍」という歌があります。その一番は次のような歌詞です。ちなみに「　」の中が軍艦の名前です。

四面海もて囲まれし
我が「敷島《しきしま》」の「秋津洲《あきつしま》」
外《ほか》なる敵を防ぐには
陸に砲台海に艦《ふね》

（作詞：大和田建樹／作曲：小山作之助）

歌詞をご覧いただければ、明治の人たちがどんな思いで海軍をつくり上げたのかおわかりいただけると思います。

この思いは時代的な違いを言えば、幕末には努力目標であり、達成目標だったけれど、明治においては達成した目標となります。目標を達成したその誇らしさが、こうした軍歌からは感じられます。

そういう意味では、こうした軍歌も立派な歴史資料と言えるのです。

今は軍歌というとすぐに右翼だとか日帝かぶれだとか、くだらない中傷をしますが、軍歌に限らず、文化でもなんでも、それは歴史資料なのです。

そのことがわからないから、いつまで経っても歴史の真相がわからないのです。

キーポイント③

佐賀藩の「科学力」が勝敗を決めた！

ペリー来航前に徳川幕府には、充分対応するだけの時間があった。そんな幕府を倒したのは薩長の力だけでなく、佐賀藩の「科学力」があったからだった。

◇「薩長土肥」の「肥」が欠落している教科書

幕末における日本政府、つまり幕府の外交を一言で評すなら、それは「愚劣」という言葉になるでしょう。

本書のキーポイント②で、黒船が来たときに、なぜ日本はあれほど大きなショックを受けたのか、というお話をしました。そこにあったのは、鉄壁だと信じていたそれまでの国防システムの崩壊でした。

そして、日本人がこのとき欧米に対抗できなかった理由の一つとして、「江戸時代の日本は時間が止まっていた」というお話を、道路の舗装率の低さという視点から説明しました。江戸時代は、武器の改良が禁じられていたので、幕末になっても武器は関ヶ原の頃から何一つ進歩していなかったのです。

たしかに日本の武器は劣っていました。

でも、武器が劣っていたら人間或《あるい》いは国は必ず負けるのかというと、そうではありません。戦争は必ずしも直接の戦闘行為だけで決まるわけではないからです。国同士の戦いには、外交もあれば謀略もあります。戦争の場合だと謀略がメインになるのでしょうが、このときの戦いは基本的には「外交」でした。

結果としての歴史的事実を言いますと、日本は一八六九年（明治二年）に、正式に開国しますが、それ以前の幕府時代の一八五四年に「日米和親条約」を結んでいます。

この条約締結がきっかけとなって、「アメリカと結ぶのなら我が国とも結べ」ということでロシア、イギリス、フランス、オランダというようにいろいろな国と条約を結ばざるを得なくなりました。

条約を結ぶこと自体はいいのですが、問題はこれが「不平等条約」であったということです。

二百六十年間も鎖国をしていたのだから仕方がないとか、日本人はもともと外交が下手なのだから仕方がないと言う方もいます。たしかに判断を間違える要因はいろいろとありました。それでも、そういうものをすべて考慮したうえでも、私は、あの時代にもっとうまく立ち回ることはできたはずだと考えています。

できたはずなのにしなかった、だからこそあの時代の幕府の外交は「愚劣」だと言わざるを得ないのです。

あのとき、不平等条約を結んでしまったおかげで、明治の人たちがどれだけしなくていい苦労をすることになったことか。本当に悔やんでも悔やみきれないほどの失策です。

あのとき不平等条約を結ばずに済ます方法はなかったのでしょうか。

私はあったと思います。

それは――。

いつもならここで、こうすればよかったというお話をするのですが、今回は教科書をテーマにしていることもあり、少し異なるアプローチをしたいと思います。

というのも、私が「あのとき、こうしていれば」というお話をすると、よく「それは後《あと》知恵《ぢえ》だ」と言う方がいるからです。

「後知恵」というのは俗語ですが、要するに、後からなら何とでも言える、ということです。歴史の渦中にいる人間にはわからないことも、後から見たら、このときここはこうしておけば良かった、ということは誰にでも言える、そんな当時の人たちにはわからなかったことを、今さら言っても仕方ないだろう、ということです。

でも、本当にそうでしょうか？

本当に当時の人たちはわかっていなかったのでしょうか？

「後知恵」だと言う人と話をしてわかったのですが、彼らと私の間には、歴史認識に差があったのです。先ほども言いましたが、彼らは「当時の人にはわからなかったのだから」と思っています。つまり、明治維新というのは、薩摩と長州という、外国と戦争をすることで目覚めることができたごく稀《まれ》な人たちが成し遂げたことだと思っているのです。でも彼らがそう思ってしまうのも、考えてみれば、それこそ仕方がないことです。なぜなら教科書にそう書かれているからです。

皆さんは、幕末、維新の志士というと、どのような人たちを思いだしますか？

西郷隆盛、大久保利通、高杉晋作、桂小五郎、それに坂本龍馬といったところではないでしょうか。藩で言えば「薩摩」と「長州」がメインで、それを結びつけたということでちょっと「土佐」が嚙んでいるというイメージです。

そうしたイメージをつくっているのは現在の教科書です。実際、教科書に出てくる人名も、ほぼこうした皆さんのイメージと同じです。

彼らが倒幕・維新を牽引《けんいん》したことは事実ですが、実際、幕末に大きな役割を果たしたのは彼らだけではありません。もっと多くの人が気づき、事の深刻さを理解し、動いていたのですが、今の教科書ではその部分が見えてこないのです。

そのもっとも典型的な例が「肥前（佐賀）」の扱いです。

今は幕末というと「薩長」つまり、「薩摩」と「長州」と言われます。もう少し真面目に教科書を読んでいた人は、そこに坂本龍馬に代表される「土佐」を加えて「薩長土」と言います。

でも、もともとは幕末といえば「薩長土肥」と言われていたのです。

しかし、今の教科書で「肥」、つまり肥前が幕末に果たした役割をきちんと書いている教科書はほとんどありません。でも、この肥前のことを知っていると、幕府の外交が「仕方のないもの」ではなく、やればできたのにしなかった「愚劣なもの」であったことが、そして、「あのときにこうしていれば」が決して後知恵ではなく、できたのにしなかったことであることがわかるのです。

なぜ「薩長土肥」と言われていたのに、肥前についての記述が教科書では欠落しているのか、私には不思議でなりません。

そこで以下では、肥前を始め、教科書に書かれてはいないけれど、幕末に大きな働きをした人々を取り上げたいと思います。

◇アジアに進出する欧米列強

彼ら、教科書に書かれていない人々について語る前に、一度、この時期の外交に関わる出来事を確認し、当時の時代背景についてお話ししておきたいと思います。

【幕末外交年表】

1792（寛政4）　5月、老中松平定信『海国兵談』の著者林子平《はやししへい》を処罰
　9月、ロシアのラクスマン根室に来航
1804（文化元）　ロシアのレザノフ長崎に来航
1808（文化5）　フェートン号事件
1825（文政8）　異国船打払令（無二念打払令）出る
1837（天保8）　モリソン号事件
1840（天保11）　清とイギリスのアヘン戦争始まる
1842（天保13）　アヘン戦争終わる。薪水給与令出る

1846（弘化3）アメリカ東インド艦隊司令長官ビッドル代将《だいしょう》、浦賀に来航
1851（嘉永4）ジョン万次郎アメリカから帰国
1853（嘉永6）アメリカのペリー提督、浦賀に来航
ロシアのプチャーチン長崎に来航
1854（安政元）ペリー、イギリスのスターリング、プチャーチン、相次いで来航し、米英露と和親条約を結ぶ
1858（安政5）日米修好通商条約締結。安政の大獄始まる
1862（文久2）生麦事件
1863（文久3）5月、馬関戦争（前段）、7月、薩英戦争
1864（元治元）馬関戦争（後段）
1868（明治元）明治維新

かつて日本は、海に囲まれていたからこそ世界一安全な国でした。ところが、巨大な大砲を搭載した黒船の登場によって、海に囲まれているからこそ世界一危険な国になってしまいました。しかし、にわかにはそのことを納得できない薩摩・長州の両藩は、実際に外国に戦闘を挑み、コテンパンにやられることによって、ようやく自分たちの置かれている

現実を納得しました。そして、日本を外国と対等に渡り合える独立した国にするために幕府を倒し、新政府を立ち上げたのです。

こうした流れは事実ですが、では、薩長が気づくまで誰もそういうことを言っていた人はいなかったのかというと、そんなことはありません。年表を見ると一目瞭然ですが、薩長が外国と戦闘をしたのは、明治維新の僅《わず》か五年ほど前のことに過ぎません。

では、最初に気づき警鐘を鳴らしたのは誰かというと、前にも述べたように年表のトップ、一七九二年に、老中松平定信によって処罰された林子平です。

林子平は、民間出身の学者ですが、日本国の将来について非常に鋭い見通しを持っていました。彼は、今、日本は平和だが、海は世界中つながっていて、柵を設けることもできないのだから（前にも述べたように彼自身の言葉で言えば、「江戸の日本橋より、唐・阿蘭陀まで境なしの水路なり」）、その気になれば、いつでも攻めてくることができる、だから注意しなければいけない、と警告したのです。

それに対し、この辺が幕府のバカなところなのですが、まずは、地方の学者ふぜいが御政道に意見すること自体が「けしからん」と、内容の正否とは関係のないところが問題視されます。内容も一応は見られるのですが、「こんなことが起こるはずがない」と大して検討されることもないまま一蹴され、林子平は罰せられます。

するとその四カ月後、まるで松平定信のそうした判断をあざ笑うかのごとく、ロシアのラクスマンという男が日本人漂流者、大黒屋光太夫《だいこくやこうだゆう》を返還するという目的で根室にやってきます。

ここで日本史の教科書の欠点をもう一つ述べておく必要があるでしょう。

実は、このラクスマン以降、いろいろな国の使者が日本に来るのですが、彼らの目的は必ずしも同じではないということです。「欧米列強」という言葉が使われますが、それぞれの国にそれぞれの目的があったのです。そのことがきちんと区別して書かれていないので、あのとき日本がどうするべきだったのかが見えてこないのです。

◇ロシアとアメリカは隣国だ

18世紀の末になると、オランダ以外のヨーロッパ諸国の船が、わが国沿岸に出没し、長崎などに来航して通商を求めるようになった。17世紀シベリアに進出してオホーツク海に到着したロシアは、18世紀にはカムチャツカ半島から南下して蝦夷《えぞ》地周辺にまで勢力をのばし、1792（寛政4）年にロシア使節ラクスマンが根室に、1804（文化元）年にレザノフが長崎に来航して、ともにわが国との通商を求めたが、いずれも幕府は拒否した。老中松平定信は、強まりはじめていた外国の圧力に対する防備に意を用い、諸藩に沿岸防備の強化を指令するとともに、みずから伊豆・相模の沿岸を巡視した。

（『新日本史B』234〜235ページ）

現行の教科書のこうした記述を読む限り、欧米列強とロシアの目的の違いはわかりません。すべてが「通商」のひと言で片付けられてしまっているからです。

特に日本では「米英」という括《くく》りが強く、アメリカとイギリスは常に歩みを共にしているような先入観を持っていますが、それは大きな間違いです。特に、この時期の米英の思惑は大きく違います。

まず、当時の世界は大きく三つに分かれていました。**まず一つは「植民地大国」、そして二つめは「植民地（一部がそうなった国も含む）」、そして三つめが「植民地を持たない大国」です。**

「植民地大国」というのは、まずイギリスとフランス、そしてスペインとポルトガル。「植民地」はお隣の清《しん》（香港割譲など）、そしてインドやアフリカの諸国、あるいは南米、そして三つめの「植民地を持たない大国」というのは、植民地政策に出遅れたロシアと、もともとイギリスの植民地だったのが戦争を経て独立したアメリカです。

もともと日本と国交を結んでいたオランダも植民地を持つ国ですが、この国はつき合いが長いのでここでは除外します。

このなかで、日本に強く開国を迫ったのはロシアとアメリカです。

日本人はあまりそういう感覚を持っていないのですが、**この二つの国は、実は日本の隣国なのです。**

ヨーロッパの国々にとって日本は「ファー・イースト」、つまりアジアのなかでも遠い国です。ヨーロッパから見ると、アジアというのはまず手前にイラクやイランなど中近東のニア・イーストやミドル・イーストがあって、それからインドがあって、中国や日本は一番遠い極東なのです。

イギリスはインドを植民地にしてさんざん搾《しぼ》り取り、次にその手を中国にのばしました。

この中国でイギリスは一応、商取引をするのですが、人道的に見てとても酷《ひど》いことをします。何をしたかというと、中国から買うお茶が高く、貿易赤字が増えたので、それを解消するために中国にアヘンという麻薬を売りつけたのです。しかもそのアヘンは、やはり植民地であるインドで栽培させたものでした。

当然、中国・清政府は怒ります。我が国に対して麻薬であるアヘンを売りつけるとは何ごとだということで、輸入を禁じます。公式には輸入できなくなっても、イギリスは巧《たく》みに密輸ルートを開いたので、清国内のアヘンは一向になくなりません。そこでしびれを切らした清政府は、アヘンの密輸業者を厳しく取り締まり、「今後一切清国内にアヘンを持ち込まない」という誓約書を書かせた上で、没収していた大量のアヘンを焼き捨てました。

清政府の対応はごく当たり前のものだと思います。イギリスもこれが反対の立場だったら、同じことをしたでしょう。ところが、イギリスはこうした清政府の対応に怒り、アヘンを処分されたことによるイギリス側の損害を賠償させるべきだとしてイギリス艦隊を派遣したのです。ここで注目すべきは、**民主国家が軍隊を派遣しているということは、議会で承認を受けた結果だということです。**

こうして勃発《ぼっぱつ》したアヘン戦争は、武力で劣る清国側の大敗で決しました。敗れた清は、多額の賠償金の上に香港の割譲とそれまで開放していなかった港の開港、そして関税自主権まで奪われてしまいます。

二〇一〇年四月、中国で逮捕・起訴され、死刑が確定していた四人の死刑囚の刑が執行されました。これに関してはいろいろな意見が出ていますが、少なくとも中国には中国がそう選択するに至った歴史があることは知っておくべきでしょう。死刑が執行された日本人の罪状は麻薬密輸罪です。日本でも麻薬の密輸は重罪ですが、死刑になるほどの罪とは考えられていません。しかし、アヘン戦争という過去を持っている中国にとっては、麻薬の密輸は充分に死刑に相当する重罪なのです。

フランスは、イギリスと棲《す》み分けるようなかたちで、アジアにはあまり侵出してこなかったので、日本人からすると印象が薄いのですが、彼らが侵出したアフリカでは、やはりイギリス同様理不尽な搾《さくしゅ》取が行われました。

つまり、当時、日本に通商を求めてきた国々のなかでもイギリスは、土地もお金も何もかも根こそぎ奪い取るという、古いタイプの植民地大国だったということです。

◇外国人は野蛮人だからつき合わない

日本に強く開国を求めたロシアとアメリカは、植民地政策という点では後進国でした。アメリカの場合は、そもそもアメリカ自身がイギリスの植民地という立場からようやく独立したばかりだったので、他国を植民地にしようという気持ちはあまり持っていなかったと考えられます。

もう一つの大国ロシアも、イギリスのように日本を植民地化しようとは思っていませんでした。近代化という点でイギリス、フランスに遅れを取ったロシアは、植民地争奪戦でも遅れを取っていました。ですから、植民地を持つという野望がなかったとは言いませんが、日本は隣国なのでもっと違うかたちでの利益を求めていたのです。

ロシアにはシベリアという資源の宝庫があります。しかし、シベリアはあまりにも寒さが厳しく、当時、冬場には現地での食料調達がほとんど不可能な場所でした。そのため開発したくてもなかなか開発できない場所だったのです。

なんとかしてシベリアの開発を進めたい、ロシアがそう考えていたとき、彼らはシベリアの東南に日本という食料豊かな国があることを知りました。

つまり、**ロシアが日本に開国を求めてきたのは、シベリア開発に必要な「食料調達」が目的だったのです。**

しかも、隣国であるロシアは、その食料を搾取するつもりはありませんでした。食料を提供してくれるなら、その代わりに日本が求めるものを提供する気持ちを持っていました。当時、ロシアが日本に与えるものはいっぱいありました。最新の医療技術でもいいし、戦艦をつくるような軍事技術や工業技術でもいい。それこそ今後開発が進んだときにロシアが得られるシベリアの豊富な物産でもよかったのです。

日本は食料をロシアに提供し、ロシアは日本の望むものを与える、これなら植民地という関係ではなく、お隣同士、お互いに共存共栄できるのだから、日本も喜んで応じるだろうとロシアは考えました。

これは、誰が見てもそう思います。今、我々が見ても「ぜひ、手を結びましょう」と言った方が得策だとわかります。

ロシアは成功を確信して、大黒屋光太夫という日本人の漂流民を助け、そして彼から日本語を学んだラクスマンという男を使者として派遣したわけです。

このラクスマンという人は中級の官僚です。当時日本はまだ頑《かたく》なに鎖国を続けるつもりでいたので、彼が行ったのは、「日本人の漂流民を救助してきました。ところで、こんな提案もあるんですが、どうですか？　そちらにとっても損な話ではないので考えてみませんか？」と、とりあえず話を持ちかけてみるという程度の軽いアプローチでした。

それに対して松平定信は、ロシアというのはどうも大国らしいから無下《むげ》に断るのはまずいだろう、ここはひとまず結論を先送りしようということで、ラクスマンに長崎の入港許可書を与え、「我が国では貿易の話は長崎でしているので、ご希望なら長崎へ行ってください」と言って、体《てい》よく追い返したのです。

皆さんなら、こう言われたらどう思いますか？　そうか、今回は根室だったからダメだったけど、長崎に行けばいいんだな、と思うのではないでしょうか？　実はラクスマンもそう思ったのです。しかも、これまではけんもほろろだった徳川幕府が、長崎の入港許可書をくれたのです。これは脈があると思ったラクスマンは、自分の使命は果たしたと喜んでロシアに帰りました。

このとき日露双方にとって不幸だったのは、ラクスマンから次の使者レザノフが来るまで十二年間も間が空いてしまったことです。

実はこの時期のロシアは国内の意見がまとまらず、対日本政策が滞《とどこお》っていたのです。その間に日本では松平定信が失脚して、幕府は再び鎖国を堅持しようという意見に後戻りしてしまっていました。

松平定信という人は、キーポイント①の「江戸の三大改革」のところでも触れたように言論弾圧などもしている人なので、私はあまり評価してはいないのですが、それでもロシアを無視することは危険だという意識を持っていたことや、漂流民の受け入れを認めるなど最低限の時局を見る目は持っていました。

ところがレザノフが来たときには、幕府にはリーダーシップがとれる人材がなく、自分たちで考えて決断するのではなく、すべてを「前例通り」で乗り切ろうとしてしまったのです。

結果、レザノフは追い返されるのですが、このときのやり方が非常にまずかったのです。

実はレザノフは、日本がＯＫするものと思っていたので、高価なプレゼントをたくさん持ってきていました。もちろん、ロシア皇帝の国書も持参していました。それを幕府は、半年間も長崎で待たせたあげく、高価なプレゼントだけ受け取り、ロシア皇帝の「あなたの国と正式に友好関係を結びたいです」という丁重なる国書は受け取らずに突っ返してしまったのです。

この失礼極まりない幕府の対応に、さすがのロシアも怒りました。実際、この後レザノフの部下は、根室方面で放火をしたり、暴れ回ったりしていますが、それは失礼な態度を取った日本への報復だったのでしょう。

どちらが悪いのかと言えば、この当時の外交儀礼からいっても、日本のほうが悪いと私は思います。

実はこのとき日本の幕閣のなかには、相手が正式に礼を尽くして来たのだから、断るにしても断り方があるだろう、贈り物を受け取ったのならきちんと返礼すべきだし、返礼もしないで追い返すというのはあまりにも失礼だという意見もありました。しかし、当時の老中はそれを無視して、外国人は野蛮人なのだからつき合わない、というめちゃくちゃな論理で追い返したのです。

◇外交ベタは今も昔も変わらない

その四年後の一八〇八年、フェートン号事件という不幸な事件が起きます。

当時、ヨーロッパではイギリス対フランス・オランダ連合という対立構造がありました。そんなとき、たまたま長崎港付近を通りかかったイギリスの軍艦フェートン号が、水と食料が不足していたこともあり、憎い敵国オランダの船から物資を奪ってやろうと企《たくら》み、わざと国籍を偽り、オランダの国旗を掲げて長崎の出島に入港してきたのです。

出島にいたオランダの商館員が、本国の船が来たと思い、迎えに出たところ、フェートン号は彼らを拉致《らち》。そしてフェートン号の艦長はなんと長崎奉行に対して、「食料を出せ、水を出せ。要求に応じないと、このオランダ人を殺すぞ」と迫ったのです。

オランダ人の商館員は民間人ですし、船が国籍を偽ることは国際法に違反する行為なので、もちろんフェートン号が悪いのですが、イギリスの軍艦が相手では勝ち目がありません。長崎奉行は仕方なく要求に応じ、フェートン号は食料と水を満載して悠々と長崎港を後にしたのです。

かわいそうなのは、長崎奉行の松平康英です。充分な武器もなく、人質も取られ、どうすることもできないまま要求に応じてしまった彼は、長崎が幕府の直轄地であったこともあり、このような辱《はずかし》めを受けて幕府の面目《めんぼく》を潰したのは申し訳ないと切腹して果てます。

だいぶ時間はかかっていますが、一八二五年に異国船は事情の如何《いかん》にかかわらず即刻追い返すという「異国船打払令」が出されるのは、このフェートン号事件が原因だったのです。

もしもこの不幸な事件が起きていなければ、幕府もこれほど頑なな政策は採らなかったと思います。実際、一応国交はオランダに限るとしていた日本も、この事件が起きるまでは、病人や食料不足など不慮の事故で救助を求めてきた船に対しては、上陸は認めないものの、必要に応じて物資を与えるという人道的な対応をしていたのです。

アメリカのモリソン号が来たのは、間の悪いことにその異国船打払令が出された後でした。

アメリカは、ロシアとはまた少し違った国益を求めて日本の開国を望んでいました。アメリカの目的は、補給基地としての港の開港と物資の提供でした。

ですから、前項でも少し触れましたが、最初はアメリカもちゃんと日本の国益も考えた上で、丁重に開国をお願いしてきたのです。その最初の使者がモリソン号なのです。しかし、日本は異国船打払令に従い、これを攻撃して追い返してしまいます。

たしかにフェートン号事件は、野蛮きわまりないとんでもない事件なので、当時の日本政府（徳川幕府）が怒って「異国船」を警戒するのもわかりますが、アメリカとイギリスでは国が違うのですから、「異国船」と一括りにせず、国別の対応をするべきでした。

国別にと言っても、日本は鎖国をしているのだからわからないじゃないか、と言うのは間違いです。当時の世界情勢は、長崎のオランダ商館を通して幕府に逐一《ちくいち》送られていました。ですから、幕閣、老中たちはアメリカがどういう国なのかわかっていたはずなのです。

アメリカはイギリスの植民地から独立した国なので植民地主義ではなく、イギリスに対してもあまりいい感情を持っていないことも、日本の隣国にあたることも、実はわかっていたはずです。ですから、**当時の幕府が「外交」というものを考えることができていたら、友好的なアメリカと仲良くして乱暴なイギリスに対抗するという手も考えられたはずなのです。**

しかし幕府は、そもそも「外交」ということを考える必要はないと思っていたようです。だから、何も考えずに、大砲を撃ってモリソン号を追い返したのです。

そして、そんな幕府に対して「そんなことをやっていたら大変なことになる」と批判した蘭学者の渡辺崋山《わたなべかざん》、高野長英《たかのちょうえい》らを幕府は処罰してしまったのです。

◇幕府の「愚劣」な外交がペリーを呼んだ！

次に日本が方向転換をしたのは、アヘン戦争で中国が大敗したことがきっかけでした。イギリスの圧倒的な武力と、負けた中国への法外な仕打ちを目《ま》の当たりにした幕府は、あまり強気に出て怒らせてはマズイと思ったのでしょう。異国船打払令は撤回され、今度は一転、基本的に鎖国という方針は変えないが、補給を願ってきた船には必要なものを与えるようにという「薪水給与令」を出します。

ペリーの前任者であるビッドル代将（提督というのは誤り）が浦賀に来航したのは、薪水給与令が出た四年後の一八四六年なので、モリソン号のような酷い扱いはされませんでした。しかし、ビッドルは別の意味で酷い扱いをされます。キーポイント②で述べたことを覚えていますか。そうです、日本は紳士的にそして辛抱強く交渉するビッドル代将を殴って追い返しているのです。

当時アメリカが日本に望んでいたのは、アジア進出のための補給基地になってもらうことでした。中国と貿易をもっとしたかったことと、太平洋に捕鯨船を数多く出していたからです。ですから、日本に対して領土的野心があったわけではありません。もちろん、補給基地になってくれるのであれば、日本の望むものを提供する準備もできていました。

ですから、当時の幕閣には、たとえば「アメリカのために横浜を開港しましょう。その代わりにアメリカは優秀なアメリカ製品をできるだけ安く日本に売ってください」とか、「日本の軍備が整うまで、アメリカ海軍の力でイギリスの横暴から守ってほしい」というように、日本にとって国益のあるかたちで交渉することが、やろうと思えばできたのです。

しかし、その先々のことを考えるという努力をせず、前任者の決めたことをそのまま踏襲するというもっとも楽な方法を選んで、ビッドルを追い返してしまったのです。

つまり、ロシアに対しても、アメリカに対しても、きちんと考えていれば、幕府は日本にとって有利なかたちで通商条約を結ぶことができたのにその努力をせず、あろうことかさんざん無礼な対応をしたので、ロシアもアメリカも怒って、「そっちがそのつもりなら」ということで、日本は不平等条約を結ばされることになってしまったのです。

たしかに不平等条約を押しつけるというのは酷いことですが、**その酷いことを相手がす**

Point

ペリーの強硬さは非難されるものではなかった！

るような事態に追い込んだのは幕府の「愚劣」な外交なのです。

こうして幕府の愚劣な外交の結果として、強引で乱暴なペリーが日本にやってきます。その強引なペリーですら、正式な回答を一年間待ってくれます。その間に、事の深刻さにやっと気がついたのでしょう、幕府はどんな人間でもいいから意見を奉《たてまつ》れと、武士階級はもちろん広く一般にも意見書を求めました。

なかには、異国船に遊女を送り込み、油断させ、放火して逃げるという、なかなか面白いものもありましたが、そうしたなかに、ロシアとアメリカは日本の隣国なのだからこれと手を組み、イギリス、フランスと対抗すべしという、まさに核心を見抜いた意見を述べた人もいました。

この意見を出したのは、福岡藩十一代藩主の黒田長溥《くろだながひろ》という人です。

ちなみに、この黒田長溥という人は、実は薩摩の島津家から筑前福岡の黒田家に養子に行った人です。この黒田家は秀吉の軍師として知られる黒田官兵衛（黒田如水《じょすい》）の家で、彼の実父である島津重豪《しまづしげひで》は、西郷隆盛を見いだしたことで有名な薩摩藩十一代藩主島津斉彬《なりあきら》の曾祖父にあたる人物です。

何を言いたいのかというと、本項の最初に言った、私が言う「こうしていれば」は決して「後知恵ではない」ということです。誰も考えつかなかったのなら後知恵と言われても仕方ありませんが、こうして黒田長溥が私と同じ意見を出しているのですから、これは当時の人間でも充分に考えることができたということです。この時代にもきちんと時局を判断して、今考えても妥当と思える意見を言っている人がいるということは、幕府もその気になればきちんとした手を打てたということです。

◇「明治維新は一足先に佐賀で達成された」

もう一つ、幕末の日本を牽引しながら教科書に書かれない「薩長土肥」のうちの肥前はいったい何をしたのかをお話ししましょう。

事の起こりは、黒船が浦賀にやってくる四十五年前に起きたフェートン号事件でした。先ほど、事件の起きた長崎は幕府の直轄地だというお話をしました。その長崎のトップが長崎奉行で、長崎奉行は幕府から派遣されます。とはいえ、長崎のことはすべて幕府が直接人材を派遣していたわけではありません。長崎湾の警備などは地元の藩に委託されていました。その委託を受けていたのが肥前でした。

肥前国というのは、現在の地名で言うと佐賀県と長崎県を合わせたあたりで、当時は佐賀藩と言われました。当時の佐賀藩の藩主は第九代鍋島斉直《なりなお》、彼は事件後、幕府にさんざんなじられます。「お前たちはいったい何をしていたんだ。フェートン号一隻ごときを取り逃がした上に、長崎奉行を切腹にまで追い込むとは、お前らは武士の資格などない」というわけです。

でも、これは理不尽な叱責《しっせき》です。なぜなら、もともと幕府は武器の改良を禁じていた上に、地方の諸藩が軍備を整えるとすぐに「謀反《むほん》の兆《きざ》しあり」と言って藩を取りつぶすということをさんざんやってきていたのです。そんな状態の佐賀藩に、フェートン号を捕まえろと言うこと自体がそもそも無理な話だからです。

理不尽な幕府の叱責を受ける父を見てきた斉直の子・直正は、幕府に強い怒りを感じていました。そこで、父が隠居し、自分が藩主の座を受け継ぐと藩の改革に乗り出します。

鍋島直正（国立国会図書館蔵）

その改革の一つとして、彼は長崎が近いのを幸いに、藩の若手を片っ端から留学生として長崎に送り込み、西洋の進んだ科学技術をオランダ人から学ばせたのです。その結果、佐賀藩は国内でいち早く反射炉（溶鉱炉）の建設にこぎ着けます。

もう一つ、佐賀藩がこの時期に行った画期的な改革は、藩校の開放でした。普通、どこの藩でも藩校で学ぶことができたのは藩士のなかでも身分の高い藩士の子弟だけでした。それを佐賀藩では身分の上下に関係なく、優秀であればどんな身分の低い下士であっても藩校で学ぶことができるようにしたのです。

その結果、**佐賀藩の科学水準はみるみる上がり、最終的にはアームストロング砲を始めとする西洋式の最新武器や蒸気機関、蒸気船の国産にも成功します。こうした佐賀藩の躍進を、作家の司馬遼太郎さんは、「明治維新は一足先に佐賀で達成された」と語っています。**

特に、佐賀藩がつくったアームストロング砲という大砲は品質が良く、当時、世界でもっとも優れた大砲だと言われるほどでした。薩長は、佐賀藩が仲間に加わり、そのアームストロング砲が使えるようになったおかげで戊辰《ぼしん》戦争を圧倒的な優勢で押し切ることができたと言っても過言ではありません。

事実、戊辰戦争には「上野戦争」と「会津戦争」という二つの実戦がありましたが、いずれもその勝敗を決めたのはアームストロング砲の威力だったと言われています。

「上野戦争」というのは、最後の徳川将軍・徳川慶喜が「もう錦の御旗には逆らわない。天皇家に従う」と宣言したにもかかわらず、やはり幕府は戦うべきだと言った旗本の有志が、上野の山に籠《こ》もって新政府軍と衝突したものです。

実は上野というのは、もともと万一の場合に江戸城を守るためにつくられた地域なのです。

ですから、上野台地には寺院などを配して、いざというときには要塞として使えるように設計されていました。そのため、当初戦いは長引くと考えられていました。ところが、蓋を開けてみると、僅か一日で決着がついてしまったのです。

それは一に長州の天才的軍略家・大村益次郎の指揮方への軍事指導が良かったからだと言われていますが、その指導の中身は佐賀藩のつくったアームストロング砲を前面に押し出して使うというものだったのですから、やはりアームストロング砲の力のお陰と言えるでしょう。

会津戦争で、やはり難攻不落と言われていた会津若松城を持つ会津藩が降伏したのも、アームストロング砲の攻撃が大きく働いています。

つまり薩長は、そこに肥前が加わったことによって、ものすごく強い武力を持つことができたのです。「薩長土肥」と謳《うた》われた「肥」が明治維新に果たした役割、それはこの佐賀藩の卓越した科学力のことだったのです。しかし、教科書にはそのことが書かれていません。これは見逃せない今の教科書の欠陥だと思います。

会津若松城古写真。アームストロング砲の攻撃により崩れかかった天守閣。

◇もう少しで「薩長土肥筑」になっていた！

もう一つ、教科書には書かれていない幕末史の真実をご紹介しましょう。

共に倒幕を目指しながらも、「八月十八日の政変」や「禁門の変（蛤《はまぐり》御門《ごもん》の変）」で互いに武力衝突していたことで、手を結ぶのは不可能だと言われていた薩摩と長州の間を取り持ったのは誰か。

皆さん、土佐の「坂本龍馬」だと思っていますよね。

でも実は、薩長の間を取り持ったのは、坂本龍馬が最初ではないのです。彼よりも前に、**薩長の間を取り持ち薩長同盟の起草文を考案した人物がいたのです。**

その人の名は月形洗蔵《つきがたせんぞう》、福岡藩の藩士です。

坂本龍馬があまりにも有名になってしまったので、この人の名はすっかり忘れ去られてしまっていますが、実は坂本龍馬はこの人物を訪ねており、彼の志《こころざし》を継いで薩長同盟を成し遂げたと考えられます。

ところで、皆さんは昔、新国劇の作品として人気を博した『月形半平太《はんぺいた》』という作品をご存じでしょうか。これは行友李風《ゆきともりふう》という人物が書いた戯曲です。「月様、雨が…」「春雨じゃ、濡れてまいろう」という台詞《せりふ》で有名と言えば、思い当たる方も多いのではないでしょうか。

この作品の主人公、月形半平太は架空の人物ですが、「半平太」という名前から、土佐勤王党を率いた武市瑞山《たけちずいざん》（彼の通称が半平太という）がモデルだとされていますが、「月形」というのはかなり珍しい苗字《みようじ》なので、私は武市だけではなく、月形洗蔵のことが作者の行友李風の脳裡にあったのだと思っています。

月形洗蔵と武市半平太の最大の違いは、武市半平太があくまでも土佐一国主義なのに対し、月形は福岡藩に留まらない広い視野を持っていたということです。

これは福岡藩が置かれた地理的な事情もあったのかも知れません。地図を見るとわかりますが、福岡藩というのは、ちょうど薩長の間に位置しているのです。

しかし、単に間にあったからというだけでは到底できないことを、月形は成し遂げています。

それは、八・一八の政変が起こった時に長州の味方であった公家《くげ》の身柄をどうするか、という問題が起きた時のことです。彼らは「七卿《しちきよう》」と呼ばれ、後に明治維新の際に復権するのですが、この時点では長州とともに都を追放された身の上です。

政変後、幕府は長州征伐を決め、薩摩にも出兵を要請しました。薩摩の西郷も、長州のやり方はあまりにも過激すぎるので、同じ倒幕を目指してはいるが、このままでは却《かえ》って厄介なことになる。いっそ長州は潰してしまった方が事を成し遂げるにはいいのではないかと考え、長州への出兵をほとんど決心していました。

それを思いとどまらせたのは、勝海舟でした。勝はこのとき、「自分は幕臣なので、その立場から言えば長州は潰れた方がいいと思うが、日本のためを思うと、今、長州は潰さない方がいいと思う。西郷さんも考え直してみないか」と西郷を説得しました。

こうして西郷は、結局、この第一次幕長戦争に薩摩の軍を動かすのを思いとどまります。

このとき残ったのが、長州に身を寄せていた七卿の身柄をどうするか、という問題でした。

何しろこの公家たちは「火種」のようなものです。それを過激な長州にそのまま置いておくのはどう考えてもマズイ、ではどうするか。薩摩藩が引き取るという案もあったのですが、それだと長州と公家の関係が完全に切れてしまうので、後々のことを考えるとそれも得策ではない。

どこかいい預かり場所はないかというときに浮上したのが、両藩の間に位置し、双方と良好な関係を保っている福岡藩に預かってもらうという案だったのです。

そして、両藩の間を行き来し、この案を実現させたのが月形洗蔵だったのです。つま

●西日本の主な藩と石高

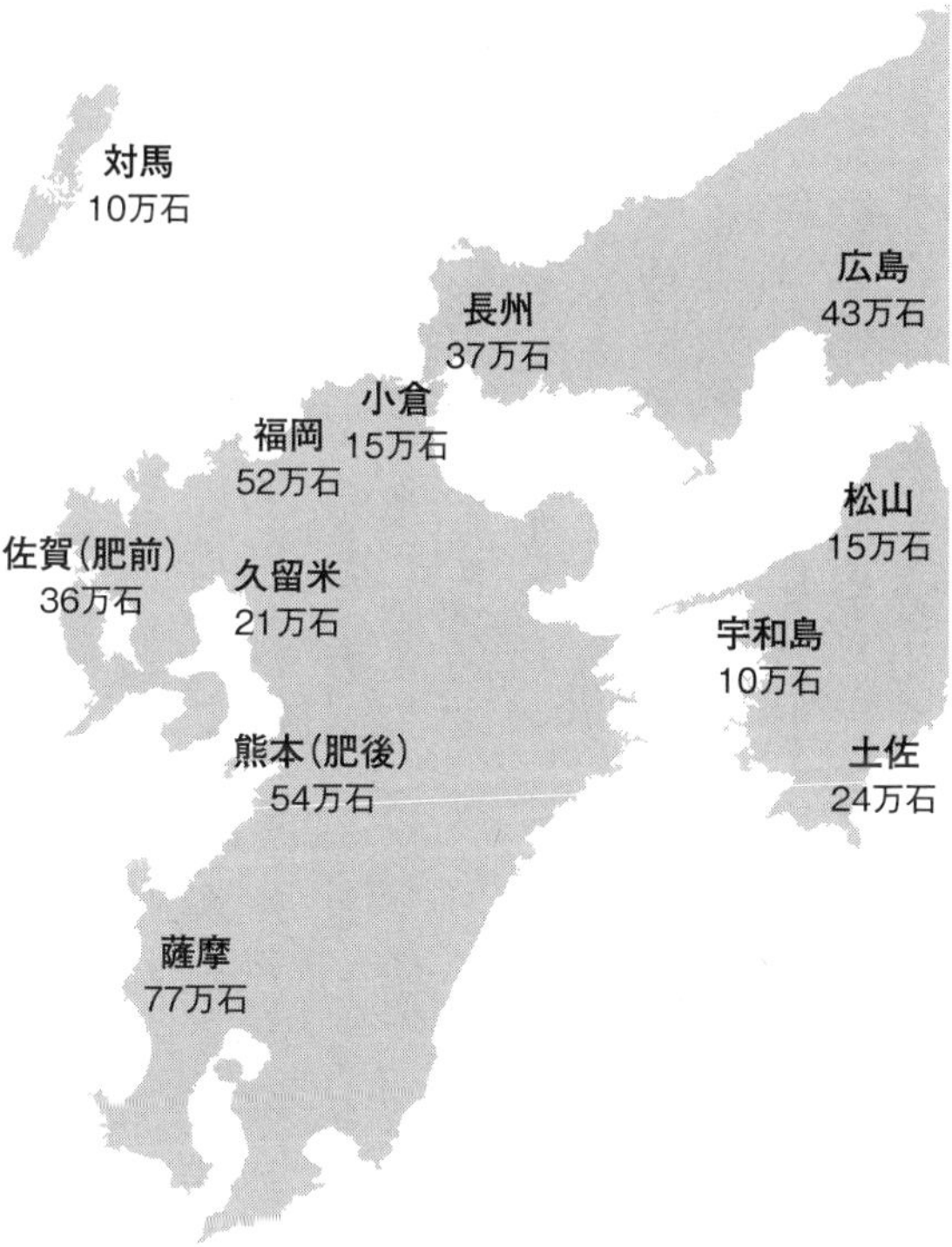

※数字はおおよその石高

り、この人が最初に七卿の問題を通して薩摩と長州を結びつける役割をして、薩長同盟をフォローしたのです。

このまま行けば、恐らく明治維新の雄藩は「薩長土肥」にこの福岡藩の「筑前」が加わり、「薩長土肥筑」になっていたことでしょう。

そうならなかったのは、福岡藩が途中で佐幕派に転じてしまったからでした。この転換により月形は勤王派として罪を問われ、首を切られてしまったのです。

この勤王から佐幕への転換が禍《わざわい》し、先に述べたように藩主の黒田長溥は、かつて黒船に対する対抗策を求められたときに、ロシア、アメリカと同盟し、イギリス、フランスに対抗して開国すべし、という一番妥当な意見を述べていたのに、この功績も忘れられ、同時に月形洗蔵の功績も忘れられてしまったのです。

でも、行友李風はそれを覚えていて、月形洗蔵の名を残そうと、自らの作品の主人公の名に彼の名を使ったのだと思います。

司馬遼太郎さんの『竜馬がゆく』という作品はとても面白い作品ですが、あれはあくまでも小説なので本当の龍馬がやったことではないことや、他の人のやったことが龍馬の手柄として書かれている部分もたくさんあります。にもかかわらず、あの作品が良くも悪くも日本人にとっての坂本龍馬のイメージを決めてしまいました。

というのも、あの作品が出る前は、坂本龍馬は、そんなに有名な人物ではなかったのです。その証拠に、昔の東映映画には幕末を舞台とした作品がたくさんありますが、坂本龍馬は、実はあまり出てきません。代わりに誰が出てくるかというと、月形半平太ともう一人、鞍馬天狗なのです。

実は鞍馬天狗も月形半平太も、仲の悪い薩摩と長州の両方と仲が良く、間に入って「君たち、今はもう国内のことで争ってる場合じゃない。日本の夜明けは近いぞ」と言うのです。

そこにはもちろん、早世した坂本龍馬の功績がよくわかっていなかったということもあります。だからこそ逆に坂本龍馬の功績が知られ、彼が有名になると他の人の手柄も吸収するかたちで、すべてが坂本龍馬に集約されてしまい、月形半平太も鞍馬天狗も消えてしまったのです。

でも、この月形洗蔵という人が、薩長の間を取り持った最初の人物であることは事実なので、これを機会に、そういう人が福岡藩にいたということも憶《おぼ》えておいていただきたいと思います。

◇幕末外交の失敗は今でも尾を引いている

幕末の日本には、たしかに武器が格段に劣るという問題はありました。それでも、「外交」という手段をうまく活かすことができれば、不平等条約を結ばずに開国することは可能でした。

少なくとも私は、可能だったと信じています。

そのやり方というのは、一言で言えば、隣国であるアメリカ、ロシアと仲良くしてお互いの欲しい物を与え合うことで共存共栄を目指す、という道です。具体的に言えば、アメリカには補給基地を与え、ロシアには食料を与え、そのうえで日本が必要としていた見返りを要求すればよかったのです。

それを日本があまりにも頑なな対応をしたので、両国とも最後には怒って、日本がそういう態度を取り続けるのなら、ということで、列強と一丸となって日本を無理矢理こじ開けるという最悪の結果になってしまったのです。

ですから強引で乱暴なペリーを招いたのは、他ならぬ我々日本人の先祖の愚劣な決断に他ならないと言えます。

こうした幕末の外交の失敗は、日本の開国をもって終わったと多くの日本人は思っているかも知れませんが、実はそうではありません。この本の中でも何度も言ってきたことですが、歴史はすべてつながっているからです。

たとえば、辛抱強く紳士的なビッドル代将を殴って帰したことで、アメリカは日本に強引なペリーを派遣したわけですが、ペリーが開国に成功したことで、アメリカ国内に、**「日本にこちらの希望を通すには、紳士的にアプローチしてもダメだ。日本は強引に脅した方がうまくいく」**という前例をもたらしてしまったのです。今もアメリカは日本に対してかなり強引な要求をしてきますが、これは太平洋戦争で日本が負けたからというだけではなく、ビッドルの経験から、そうした方が対日外交はうまくいくと思われているからなのです。

また、ロシアとの関係も、やはりその後に大きな影響をもたらしています。

たとえば、もしも一八〇〇年代に日本とロシアがシベリア開発という共通目的のために友好関係に入っていったら、シベリアはもっと早い段階に開発されていたはずです。

でも、実際の歴史では、シベリアが開発されたのは、二十世紀初頭にシベリア鉄道ができてからです。そして、シベリア鉄道をつくることによってロシアは、これなら南の方へも攻めていけるのではないかという野心を抱くようになり、最終的に日露戦争に至ったのです。

その後も日本とロシアはずっと潜在敵国であり、スターリンのときに日ソ不可侵条約を結んだものの、太平洋戦争で日本が負けるとわかった途端にソビエト軍（当時）が侵攻してきたため、多くの日本軍人が捕虜となり、まだ開発が終わっていなかったシベリアへ連行され、長く苦しい抑留生活を余儀なくされ、その強制労働の中で多くの日本人が亡くなることになったのです。

ですから、もしも幕末のあの段階で日本がロシアの願いを受け入れ、良い関係をつくっていれば、日露戦争もなく、敵対関係に入ることもなく、もしかしたらシベリア抑留もなかったかも知れないのです。

ここまで言うのは言い過ぎかも知れませんが、少なくとも、あのときアメリカやロシアと友好関係を築いていれば、日本には今とは違った未来が待っていたはずです。

私たちは過去を変えることはできません。そういう意味では「あのときこうしていれば」というのは、無駄な話のように思われるかも知れません。でも、本来歴史というのは、過去を反省することで未来に役立てるものです。そういう意味で、この幕末外交の愚劣さは、日本の将来に対する大切な教訓になると私は思っています。

もっと情報をきちんと分析し、時代を見分け、相手の国益と日本の国益の両方が成り立つ道を探る。それができれば、幕末の轍《てつ》を踏まずに済むと思います。

今も日本は、日米、日中、日露とさまざまな国との外交で問題を抱えています。それなのに、私が見る限り、政府は過去の歴史から何も学んでいません。幕末の轍を踏まないためにも、国政を担う方々にはもう少し歴史を勉強していただきたいと思います。

Point

幕府の対応によっては、日露戦争は起きていなかった！

第一章のまとめ

- 私は江戸の三大改革が本当の意味での「改革」になっていなかったと考えています。むしろ教科書では評価の低い田沼意次の政策の方が優れていました。なぜなら三大改革のどれも改革と言いながら成果が上がっていないからです。
- 文化も経済も低迷した三大改革がなぜ評価されたのか。この謎は「貴穀賤金」という言葉でわかります。お米は貴く、お金は賤しいものである。だからお金を集めた田沼時代は賤しい時代とされたのです。
- 「海」がある限り、日本は国防上世界一安全な国家でした。しかし、黒船の登場によって、国防上世界一危険な国になってしまった。これが黒船ショックの正体です。
- 過去の歴史を見て考えれば、未来に生じる危険性に気づくことができる。こういう気づきこそ、私は歴史の効用だと思います。
- 「薩長土肥」と謳われた「肥」が明治維新に果たした役割は、アームストロング砲に代表される科学力のことでした。しかし、教科書にはそのことが書かれていません。これは見逃せない今の教科書の欠陥だと思います。

第二章

「大和朝廷」と「和の精神」の謎

日本人は「みんな仲良く」が好きなのはなぜか

キーポイント④

「憲法十七条」に隠された話し合い絶対主義

「憲法十七条」の第一条と第十七条には同じ内容の文章が書かれている。その文章には日本人の最大の特性が表されていた。

◇勝者と敗者ができてはいけない日本社会

今から四半世紀ほど前、私はTBSというところで政治記者をしていました。当時の政界は、今とは比べものにならないほど派閥《はばつ》が強く、我々記者も派閥ごとに担当が決まっていました。ちなみに、若い方はあまりご存じないかもしれないので一応解説しておくと、「派閥」とは、党の役職とは関係なく、一人の大物政治家を中心にしたいわゆる取り巻きグループのことです。一人の親分に大勢の子分、親分が子分の面倒を見、子分が親分を支えるというのが派閥の構造です。

当時はなぜそれほど派閥が強かったのかというと、選挙が「中選挙区制」だったからです。中選挙区だと一区の定数は三～五人ほどですが、当然、同一選挙区に同一政党の候補が複数立つことになります。そのため党内で同士討ちが生じます。この同士討ちに勝ためには、対立候補とは異なる派閥に入る必要があります。それもできるだけ強い親分の派閥に入ることが望ましい、ということになります。頼られた親分は親分で、子分を当選させるためには、地元の支持を獲得しなければならない、それには地元に利益をもたらすことが必要になり、そのために金がいる……。こうして選挙の争点が、本来争うべき国政の政策とは違うところで決まるようになっていたのです。

当時は、こうした中選挙区制の弊害があまりにも大きすぎるということで、小選挙区制の導入が叫ばれていたときでした。派閥政治の最大の弊害は、党が派閥同十のパワーバランスを取るために、それぞれの派閥に均等に大臣ポストの振り分けをするようになったことです。

たとえば、A派とB派、共に当選六回の議員がいたとしましょう。当選六回というと、そろそろ大臣のポストに就《つ》いてもいい頃合いです。すると、「そろそろ大臣にしてやらねばいかんな」ということになるのですが、どちらか一人だけをポストに就けると派閥間のパワーバランスが崩れてしまうので、二人を同時に大臣にしてやろう、ということになります。

しかし、一度に二人をバランスよく大臣にするのは、実は簡単なことではないのです。なぜなら、同じ大臣ポストでも、外務省や通産省は一流ですが、環境庁はちょっと格下というように格付けがあるからです。そうなると、二人を同時に大臣にするにしても、一人は外務省で、もう一人は環境庁というわけにはいかなくなります。

この結果、誰がその大臣に相応《ふさわ》しいかということではなく、誰と誰を大臣にしなければならないが、そのバランスをどう取るか、ということが優先されて大臣職に就く人が決まるという、本末転倒な状態になってしまっていたのです。

こうした弊害は、大臣のポストだけでは収まりませんでした。当時は自民党が絶対的な与党だった時代ですから自民党でお話ししますが、総裁候補者も派閥単位で出すわけです。

自民党総裁選挙では、今は一般の党員も投票権を持っていますが、当時は国会議員（ほとんどの人が派閥に属していた）のみの投票で決まりました。与党である自民党の総裁に選ばれるということは、内閣総理大臣に指名されて日本国の首相となるということです。

つまり、自民党総裁選挙というのは、基本的には国政選挙ではなくて、自民党の中のトップを決める選挙ではあるのですが、現実問題としてその総裁が国会において首班指名を受けて総理大臣になるわけですから、日本のトップである総理大臣を選ぶ選挙とイコールだと言っても過言ではないわけです。

自民党総裁候補＝総理大臣候補は党内の派閥ごとに出されると申し上げましたが、たとえばＡＢＣＤという四つの派閥があった場合、当然、それぞれに大物の議員＝親分がいるわけです。そうすると、本来ならそれぞれの派閥の親分が候補者として立ち、正々堂々と政策を戦わせて選挙で総裁を公正に決める、ということになるはずなのですが、実際にはそうはなりませんでした。なぜなら、総裁選挙というのは、この当時の認識では最後の手段とされていたからです。なぜ最後の手段なのかというと、良くない方法だからです。

選挙なんてことをやってしまったら、どうしたって勝者と敗者ができてしまう、そうなると党内の「和」が乱れるので良くない、というわけです。

では、どのようにして総裁が決まるのかというと、これもまた大臣と同じような方法で決まっていました。党内の派閥を超越した大物に「調整」してもらうのです。すると大抵の場合、次のようになります。

「この中で一番年をとってるのはＡ君。だから次期はＡ君にしよう。ただし、Ａ君には一期だけで辞めてもらい、総裁の座をＢ君に譲ってもらおう。Ｂ君も一期でＣ君に、Ｃ君は

D君にと後を継いでいこうじゃないか」

そして、総裁の順番を決めるだけでなく、同時に「A君の内閣は、B君が幹事長として支え、C君は外務大臣として入閣して頑張ってくれ。まあみんな同じ党なのだから、党内一致して頑張ろうじゃないか」と、できるだけ派閥のバランスが取れるように「調整」するのです。

当時の自民党員は、これが正しいやり方だと信じていました。

◇日本人は競争が嫌い

当時、まだ大学を出たての若造だった私には、彼らがなぜこんなことをするのか意味がわかりませんでした。自由民主党は民主主義を看板にしている政党なのですから、民主主義の基本である選挙で総裁を選べばいいのに、なぜ面倒くさい調整なんかをするのだろうと、浅はかにも思っていたわけです。

今は、こうした事前調整が良くないこととされているので、もしかしたら見せかけだけなのかも知れませんが、一応は選挙で党の代表を選びます。しかし当時は、選挙なんかやるのは良くないことだというのが、日本の政治の世界の主流だったのです。

このように政治の問題としてお話しすると、皆さん「変だ、選挙すべきだ」と言う人が多いのですが、自分の身近な問題においては、実は今も多くの人がこうした「調整」を選んでいます。

たとえば、町内会のリーダーを選ぶとき、民主主義的に投票で決めましょうと言う人はほとんどいないと思います。誰かが選挙で決めましょうと言っても、「まぁ、まぁ、そんな角の立つことをわざわざしなくても、みんなで話し合いで決めればいいじゃないの」ということになるのではないでしょうか。それが日本の社会だと私は思います。

要するに**我々日本人は、「勝者」と「敗者」を生む競争が嫌いなのです**。そして、**選挙も競争だと思っているので、やはり嫌いなのです**。

きちんとした競争をせずに、調整でものごとを収めようとするという意味では、当時私が担当していたのが建設省だったこともあり、もう一つ大きな問題に直面していました。それは「談合」です。

たとえば公共工事で国立オペラハウスのようなものをつくろうとした場合、どの業者に発注するかを国は「競争入札」で決めます。「競争入札」とは、その工事を請け負いたいと思っている企業が、「自分はこの金額で請け負います」ということをそれぞれ秘密に申請するというものです。この方法なら、国はもっとも安い金額をつけた企業に工事を発注できるので、経費を効率よく節約できるというわけです。

オークションは一番高い値をつけた人が欲しい商品を落札できますが、競争入札では一番低い値をつけた人が、工事を請け負うことができるということです。

「談合」とは、この入札価格を競い合わないということです。工事を請け負いたいと思っている業者同士が事前に話し合いをして調整し、入札価格と落札者を決めてしまうのです。

なぜこのようなことをするのかというと、理由はいくつもあるのですが、まず第一に、競争入札に勝つのは大変だということがあります。

競争に勝つためには、競争相手に負けないように血のにじむような努力をして値段を下げなければなりませんが、相手がいくらの値をつけるかもわからなく、とても大変です。また、純粋な競争となると、どうしても資本力の強い業者など、いつも同じ業者が落札することにもなりかねません。

そこで、談合というものが行われるのです。A社、B社、C社の担当者がこっそり温泉にでも集まって相談するのです。

「今度のオペラハウスはA社さんに譲ろう。その代わり次はB社さんに、C社さんは前回の落札者だからその次までもう少し待ってね」という具合です。

三社で取り決めをしていればA社が落札するのは簡単です。B社、C社がそれより高い値段をつければいいからです。

構図は先ほどの総裁選と同じですが、決定的に違うのは、談合は違法行為だということです。

では、なぜ談合は違法なのでしょう。

それは、本来ならもっと下げられるはずの入札価格が、各社で打ち合わせることによって底上げされてしまうからです。自由競争であれば、各社がギリギリ精一杯のところまで価格を下げる努力をしますが、談合では、建設会社同士がなあなあの関係の中で「今回はこのぐらいの値段で」ということで決めてしまう。代金を支払う側の国や地方自治体としては、自由競争なら節約できたはずの税金をムダに使うことになるので、談合は違法行為なのです。

談合を行う業者側にも言い分はあります。

自由競争なんかをしていたら、どんどん値段を下げざるを得なくなり、利益がなくなってしまい、最後には互いに骨の削り合いになって共倒れしてしまう。みんなに生活があり、それぞれが家族を養っていかなければならないのだから、業界の中で仲良く仕事を回していった方がみんな安心して仕事ができていいじゃないか。これが彼らの理屈です。

ですから、彼らは自分たちのしていることが違法行為だという認識はあったとしても、悪いことをしているとは思っていません。むしろ、「我が社は独自の裁量で入札する」という談合破りの会社が出てくると、それを「業界の和を乱す」と言って批判すらしました。

談合という言葉は使いませんが、実は昔、日本の金融行政も同じことをやっていました。皆さんは「護送船団」という言葉を聞いた記憶がないでしょうか。

当時の日本の銀行は、体力の強いところもあれば弱いところもあったので、体力の強いところばかりを優先したのでは、体力の弱い中小銀行が潰れてしまう危険性がありました。そこで、中小銀行の倒産を防ぐために、一番体力の弱い銀行に合わせて、金利を決めたりしていたのです。これを弱いものを守るという意味で「護送船団」と呼んだわけです。

もちろんこれも、大手の都合だけを考えれば、体力のある大手が、中小では耐えられないような安い金利でお金を貸し付け、中小銀行が潰れそうになったら吸収して、その後金利を上げればいいのですが、そういうハイエナのようなビジネスは、やってはいけないというのが日本人の考え方なのです。

総裁選の調整も談合も護送船団も、すべて根底にあるものは同じです。要するに、日本人というのは、実は競争がものすごく嫌いなのです。

「競争なんかしないで談合しようよ」というのが、実は日本人なのです。

◇憲法十七条と談合文化はつながっている

だいぶ前置きが長くなってしまいましたが、日本というのは、これほどまでに談合を好む「談合文化」の国であるということを、皆さんにはっきりと認識していただきたかったのです。

では、いよいよ本題の、この日本の「談合文化」はどこから来ているのか、ということについてお話ししていきたいと思います。

答えは日本の歴史の中にあります。しかも、それは誰もが知っている有名なものです。でも、いくら教科書を読んでも、残念ながらわからないと思います。なぜなら、教科書にはそのことがわかるような書き方がなされていないからです。

日本以外の国では競争は当たり前のこととして受け入れられています。はっきり言って、これほど競争を嫌う日本が異常なのです。

では、日本人はいつ頃から競争を嫌い、みんなで話し合って決めよう、という世界になったのでしょう。そして、もう一つ、なぜそう思うようになったのでしょう。

実は、この二つの問いは、私が日本史の世界に足を踏み入れるきっかけの一つとなったものでした。政治部の記者として働く中で、「なぜ総裁選びで選挙をしないのか」「なぜ違法だとわかっていて談合をするのか」、そうした疑問がわき上がり、その答えを見つけるために、日本の歴史を探ることになったからです。

いろいろと探した結果、私は、これこそ談合文化の源の一つであると言えるものを発見しました。それは聖徳太子の「憲法十七条」です。

聖徳太子という人物については、実在したとかしなかったとか、いまだにはっきりとしない部分もあるのですが、『日本書紀』に「憲法十七条」というものがあり、これは聖徳太子という非常に立派な皇太子が書かれたものだということが記されているのは事実です。

ということは、最低限、**当時の人がこれを、日本人にとって一番大切な教えだと納得していたということです**。ですから、これから述べることは、聖徳太子が実在の人物であろうがなかろうが成立することなのです。

ではまず、この憲法十七条について教科書はどのように記述しているのか確認しましょう。

６０４年に聖徳太子がさだめたとされる憲法十七条には仏教や儒教《じゅきょう》の考えがとり

入れられ、天皇のもとに支配を秩序づけることや、官僚《かんりょう》として勤務《きんむ》する心がまえなどが説かれた。

（『日本史B　改訂版』25ページ）

604年、憲法十七条が制定された。これは君・臣・民の関係を示し、臣（官吏）の政治に対する心がまえを説いたものである。その際、政治の基本秩序を儒教にもとめ、それを実現する心がまえとして仏教精神を強調しているが、現実の政情にてらしたかなり具体的な条文もある。

（『もういちど読む山川日本史』27ページ）

憲法十七条の条文の記載は、『もういちど読む山川日本史』にはありませんが、三省堂『日本史B　改訂版』のほうにはあります（25ページ）。

●憲法十七条
一に曰《いわ》く、和《やわらぎ》を以《も》って貴《たっと》しと為《な》し、忤《さから》ふること無《な》きを宗《むね》とせよ。……
二に曰く、篤《あつ》く三宝《さんぽう》を敬《うやま》え。三宝とは仏《ほとけ》・法《のり》・僧《ほうし》なり。……

三に曰く、詔《みことのり》を承《うけたまわ》りては必《かなら》ず謹《つつし》め。君をば則《すなわ》ち天《あめ》とす。臣《やつこら》をば則ち地《つち》とす。……

十二に曰く、国司《くにのみこともち》、国造《くにのみやつこ》、百姓《ひやくせい》に斂《おさ》めとること勿《なか》れ。国に二君なく、民に両主無し。率土《くにのうち》の兆民《おおみたから》、王を以って主《あるじ》と為す。……

十七に曰く、夫《そ》れ事は独《ひと》り断《さだ》むべからず。必ず衆《もろもろ》と与《とも》に論《あげつら》ふべし。……

この教科書の記述を、もし私が採点するとしたら、残念ですが、とても合格点は差し上げられません。『もういちど読む山川日本史』の方は、条文の記載がないのですから論外として、『日本史B　改訂版』の方もせいぜい五〇点というところでしょうか。

なぜこれほど評価が低いのかというと、まず第一に、憲法十七条のどの条文も全文が記載されていないからです。本当は教科書に記載されている部分の五倍ぐらいの文章があるのに、それを全部きちんと掲載してある教科書はありません。

それでも、この『日本史B　改訂版』はまだいい方です。なぜなら、各条文の最後に「……」がついているからです。これがあるのとないのとでは大違いです。なぜなら、これがあれば、少なくとも条文がこれですべてではなく、続きがあるということはわかるからです。

でも、この「……」や「以下略」という記載がある教科書の方が実は少ないのです。事実、山川出版社の『詳説日本史　改訂版』には、『日本史B　改訂版』とほぼ同じ内容の「憲法十七条」の条文が載っていますが、「……」も「以下略」もありません。

では、憲法十七条の原文にはどのようなことが書かれているのでしょう。

第一条の全文の現代語訳は、次のようになります。

第一条

おたがいの心が和らいで協力することが貴いのであって、むやみに反抗することのないようにせよ。それが根本的態度でなければならぬ。ところが人にはそれぞれ党派心があり、大局を見通している者は少ない。だから主君や父に従わず、あるいは近隣の人びとと争いを起こすようになる。しかしながら、人びとが上も下も和らぎ睦まじく話し合いができるならば、ことがらはおのずから道理にかない、何ごとも成しとげられないことはない。

（『日本の名著2　聖徳太子』中村元 編・中央公論社）

この現代語訳をした中村元先生は、歴史の専門家ではなく、日本を代表する仏教哲学者です。

中村先生は、「和を以て貴しとなし」という原文の「和」を「おたがいの心が和らいで協力すること」と訳しています。私は、これをさらに現代人にわかりやすい言葉を使って言うと、「協調性」と訳すことができると考えています。つまり、聖徳太子は、あらゆる問題のなかで、人間にとって一番大切なのは、人と人との関係において協調性を保つことだ、と言っているのです。

◇脱身分制は一千年以上前に実現されていた

さて、こうして第一条の全文を見ると、この条文の内容が三つの要素からなっていることがわかります。

まず一つめは、「おたがいの心が和らいで協力することが貴いのであって、むやみに反抗することのないようにせよ。それが根本的態度でなければならぬ」まで。

これは、人間にとって一番大切なことは対人関係における協調性であると「理想」を述べる、この条文の根幹となる部分です。

そして、二つめが、「ところが人にはそれぞれ党派心があり、大局を見通している者は少ない。だから主君や父に従わず、あるいは近隣の人びとと争いを起こすようになる」。

ここは、「とは言うものの、人間というのはこうした問題を抱えているものだ」という、いわば「現実」を述べた部分です。

　そして三つめが、「しかしながら、人びとが上も下も和らぎ睦まじく話し合いができるならば、ことがらはおのずから道理にかない、何ごとも成しとげられないことはない」。理想、現実と続き、ここでは現実を踏まえた上で、どうすれば理想を達成できるのか、という「具体的な方法」を述べているわけです。

　私も日本人なので、最初にこの条文の全文を読んだときは、「聖徳太子ってなかなかいいことを言っているな」と思いました。

　でも、よくよく考えてみると、実はこの条文は、とんでもないことを言っているのです。どのぐらいとんでもないかというと、聖徳太子は頭がおかしいのではないか、と思うほどとんでもないことです。何がそれほど変なのか、おわかりでしょうか？

　おかしな点は二つあります。一つは歴史的観点から見て、もう一つは論理的観点から考えておかしいと言えます。

　まず、一つめの歴史的観点から見たおかしな点は、聖徳太子が、「上も下も和らぎ睦まじく」と言っていることです。これは上下の区別はしないということですから、上も下も人は対等だと言っていることになります。

　これが現代に書かれたものなら、私も変だとは言いません。でも、これは今から一千年以上も前に書かれたものなのです。しかも、これを書いたとされる聖徳太子は皇太子です。位で言えば皇太子はたしかに天皇の次なのでナンバーツーですが、彼が皇太子だった時代の天皇、推古《すいこ》天皇は女性だったので、実際の政治は太子に任されていたと考えられます。つまり、実質的な国のナンバーワン、言うなれば王様なのです。

この時代の王様はどこの国でも絶大な力を持っていて、その命令は絶対でした。極端なことを言えば、気にくわないやつは殺してしまえばいいので、どんな場合でも部下と話し合う必要などないのです。

ですから、この時代の国家の最高権力者が、「人はみな対等なのだから仲良く話し合おう」などと言うのは、実はとても驚くべきことなのです。

聖徳太子は、一応第三条で「詔を承りては必ず謹め」、つまり、天皇の命令には必ず従いなさいとは言っていますが、どんな憲法でも第三条よりは第一条のほうを優先するのがセオリーです。その第一条で、上も下も和らぎ睦まじく話し合いなさいと言っているのですから、彼が、天皇の詔に従うより、上下の身分に関係なく互いに話し合うことが大切だと思っていたことは間違いないのです。

◇話し合い絶対主義の国

もう一つの論理的観点から見たおかしなところは、中学生でも頭のいい子ならすぐにわかることです。皆さんはわかりましたか？

それは条文の最後の部分、話し合えば「ことがらはおのずから道理にかない、何ごとも成しとげられないことはない」と言っていることです。

「道理」とは、物事の正しい筋道という意味ですから、「道理にかなう」ということは、話し合った結論は必ず正しいものになる、ということになります。

でも本当にそうでしょうか？

みんなで話し合って決めたら、その結論は必ず正しいのでしょうか？

小さな事では、この前の温泉旅行は、どこに行くかみんなで決めたけれどハズレだったというようなことから、大きな事では、みんなで話し合って開戦を決めたが、あの戦争は間違いだったというようなことまで、話し合いの結果が間違っていたことなどたくさんあります。そんなことは、中学生でも知っています。だから中学生でもわかる、と言ったのです。

みんなで話し合って決めるというのは、物事の決め方の問題です。

話し合いという意思決定方法と、出た結論、または結論に基づく行為が正しいか正しくないかということは、別の問題です。誰が決めようと、正しいことは正しいし、みんなで決めても正しくないことは正しくないのです。

でも、聖徳太子はみんなで決めれば必ず正しいと言うのですから変です。

これだけでも充分に変なのですが、聖徳太子はさらに、もっとおかしなことを言っています。それが「何ごとも成しとげられないことはない」という一文です。

これはごく簡単に言えば、「みんなで決めたことは必ず実現する」ということです。

言うまでもないことですが、これもそんなことはありません。

なぜなら、これが本当なら、たとえば日本が今度のワールドカップサッカーで優勝しようとみんなで話し合って決めれば、実現するということだからです。

あり得ないことなのに、聖徳太子は必ずそうなると言うのです。

これはいったい何なのでしょう。

このように理屈ではあり得ないこと、論理的に考えたら納得できないことをこうだと決めてしまうことを、私たちは何と言っているでしょう？　答えは「宗教」です。

宗教というのは、要するに超自然的なことを信じればいいので、必ずしも神様、仏様が出てくる必要はありません。たとえば、自分はこの「幸運の石」を持っていればゴルフでホールインワンをできる、そう心から信じることができれば、その人にとってはそれが宗教になるのです。

この第一条も同じです。話し合いで決めたことは必ず正しいというのは、論理的ではないし、ましてや実現するとは言えません。なのに、聖徳太子はそうだと言い切っているのです。ということは、これはもう、そう信じるか信じないかの問題ですから、宗教なのです。

では、この場合の信仰対象は何かというと「話し合い」です。

一言で言えば、**聖徳太子は「話し合い」ということを信仰の中心に置く宗教を信じていたということです。話し合いを絶対視していたと言ってもいいでしょう。聖徳太子は「話し合い＝絶対に正しい」と考えていた。**

この私の説を裏付ける証拠が、実は憲法十七条の中にあります。

それを見つけ出すヒントは、話し合いが絶対に正しいということは、**裏を返せば、話し合い以外の方法で決めたことは間違っているということである、**ということに気づくことです。

Point

聖徳太子は日本人が考える理想像を説いていた！

では、話し合い以外の方法とは、どのような方法なのでしょう。

話し合いで決めるというのは、複数で協議して決めるということです。複数の反対は単数ですから、話し合いの逆は、単数で決めること、つまり「独断で物事を決める」ということです。

部分的な記載しかしていない教科書にも、答えは載っています。

第十七条を思いだしてください。

「十七に曰く、夫《そ》れ事は独《ひと》り断《さだ》むべからず。必ず衆《もろもろ》と与《とも》に論《あげつら》ふべし」

これは、ものごとは一人で判断してはいけない、必ずみんなと一緒に話し合いなさい、ということです。

つまり聖徳太子は、たった一七個しかない条文の中で、第一条と同じ内容を、もういちど第十七条で、しかも今度は違う言い方で言っているのです。

憲法十七条には、他にも条文はあります。

そしてそこには、教科書が述べているように、「仏教を敬いなさい（第二条）」とか「天皇の命令には必ず従いなさい（第三条）」といったことが記されています。ですから、教科書の記述も間違いではありません。

でも、それがこの憲法十七条をつくった人がもっとも言いたかったことなのかというと、それは違います。

これをつくった人が一番言いたいことは何か。全部で一七しか条文のない憲法の中の、第一条と第十七条で繰り返し言っていることがあるのですから、誰がどう考えてもそれでしょう。

つまり、「和（＝協調性）」とそれを保つための「話し合い」を大切にせよ、ということです。

もうお亡くなりになった方ですが、以前、山本七平《しちへい》さんという評論家の方が、日本は「話し合い絶対主義」だと評したことがありました。

まさにその通りだと思います。

山本七平氏は憲法十七条の中に、すでに「話し合い絶対主義」があったことには気づいてはいらっしゃいませんでしたが、当時の日本の政治を分析することで核心を見抜いていたのです。私が憲法十七条に、その「話し合い絶対主義」を見いだしたのはその後のことです。

日本は、話し合い絶対主義の国である。

このことがわかると、日本の歴史がよくわかるようになります。

たとえば、一八六八年に新政府が政府の基本方針をまとめた「五箇条の御誓文《ごせいもん》」という文書を出しているのですが、その第一条に何と書かれているかご存じでしょうか。

明治政府というのは、世界を相手にした政権です。ですから諸外国に対して、これからの日本は、これまでのように内に籠《こ》もるのではなく、世界の国々と仲良くやっていきたいと思っているということをはっきりと示すことが必要でした。

その場合、もっともいいのは、日本国の憲法をつくり、議会を興《おこ》して、法律をきちんと運用し、裁判所を設けて、日本が近代国家になったことを示すことですが、当時の日本はこれらをまったくのゼロからつくらなければならないのですから、さすがにすぐには無理です。実際、明治政府がこうしたものをすべて整えるまでには十年以上の歳月がかかっています。

そこで明治政府は、まず先に、自分たちは日本という国をこういうふうに改革していきます、という宣言を出すことに決めたのです。そして、明治政府のやる気を諸外国に信じてもらえるように、明治天皇が「皇祖皇宗《こうそこうそう》」、つまり天皇家の先祖の霊に対して、以下の五カ条を必ず実行しますと誓う、というかたちを取ったのです。

こうして出されたのが「五箇条の御誓文」です。

この五箇条の御誓文で最初に天皇が誓った第一条が、「広く会議を興《おこ》し、万機公論《ばんきこうろん》に決すべし」というものでした。

もし私が小学生に「これってどういう意味?」と聞かれたら、私は次のように答えます。

「どんなこともみんなで話し合って決めようと言っているんだよ」と。

憲法十七条が定められたのが六〇四年。五箇条の御誓文が出されたのが一八六八年。その間、実に千二百年以上の年月が流れているのですが、やはりここでも、日本人がもっとも大切なこととして、真っ先にあげたのは「話し合い」だったのです。

日本人は、いつの時代も「話し合い絶対主義」でした。

それなのに、こうしたことが日本人の文化的特性としてこれまで指摘されなかったのは、日本の歴史学が各時代ごとに、細切れにしか見ない近視眼的歴史学だったからです。

古代史を研究されている先生は古代史しか知りません。明治維新を学んでいる人は明治維新のことしか知りません。そのため、この二つが「話し合い絶対主義」でつながっていることが見えてこないのです。

しかし、実際の歴史というものはつながっています。

私は、歴史というのは個人で言えば、病歴書のようなものだと思っています。つまりそれを見れば、日本人はどういう病《やまい》にかかりやすいのかがわかるのです。

◇独断専行型リーダーは嫌われる

織田信長を好きだと言う歴史愛好家はたくさんいます。私も好きですが、それはあくまでも傍観できる立場にいるから好きなのです。その証拠に、織田信長の家臣になろうとは絶対に思いません。もし自分の主君だったら、と考えると、彼ほど嫌《いや》な人はいないからです。

考えてみてください。信長のやっていたことを現代に置き換えてみると、まず、部下の誰よりも早く会社に来る。みんなが帰っても自分は帰ろうとはせず最後の最後まで会社に残っている。仕事も誰が何をやっているか、成果がどのぐらい上がっているのか、全部しっかりチェックし、ほんの少しでも隅っこであくびなんかしようものなら、「お前、何をしている」と厳しい叱責《しっせき》が降る。こんな嫌な上司はなかなかいるものではありません。

しかし、そんな織田信長ですら、この日本人の特性に気がついていたからなのかどうかわかりませんが、若いときは、意志決定をする際には、これは伝説と言った方がいいかも知れませんが、話し合いの場を設けています。正確には、純粋な話し合いの場ではなく、「話し合いに見えるような場」と言った方がいいかも知れませんが。

どういうことかというと、たとえば朝倉攻めをしようと信長が考えていたとしましょう。すると彼は、一応重臣たちを一堂に集めて、わざと一人ひとりに「お前はどう思うか？」と聞くのです。でも、実は信長の中では、朝倉を攻めることはすでに決まっているのです。しかし、それをいきなり「朝倉を攻めるぞ！」と頭ごなしに命令すると、家臣の反感を買ってしまう。そのことがわかっているので、信長は敢《あ》えて重臣たちに意見を聞くのです。

何人かに聞けば、その中に一人ぐらいは自分の意見と一致することを言う者がいるものです。信長はそうした意見が出たときに、すかさずこう言うのです。

「お前の言うことはもっともだ。じゃあ今回はお前の意見を入れて、そうしよう。解散」

おわかりでしょうか、これは一見話し合いのように見えて、実は話し合いではないのです。それでも会議に列席した重臣たちは、一応自分の意見も述べているし、話し合いをしてみんなで決めたような気持ちになるので、素直に信長に従ったのです。

ちなみに、秀吉が信長に可愛がられ出世したのは、信長の気持ちをいち早く察し、信長が言ってほしいと思っていることを会議の席で的確に言うことができたからだと私は思います。

考えてみれば、結論は最初から決まっているのですから、やるだけ無駄な会議なのです。それでも会議をしなければ収まらない。日本史上ワンマンでもっとも有名な信長でさえ、日本人は話し合いをしなければダメだということを知って、努力していたということです。

日本人は話し合いを絶対的に好むということは、その逆である決断力に秀《ひい》でた独断専行型の人を嫌うということでもあります。

平清盛や源頼朝など新しい時代を築いた施政者は、みな周囲の人と話し合うことのできる人たちでした。室町幕府を開いた足利尊氏《たかうじ》などは、どちらかというと元首相の鳩山由紀夫さんのようにみんなの意見を聞きすぎで、結局政敵を抑えることができずに南北朝という混乱を招いてしまいましたが、それでも同時代の人で彼のことを悪く言う人はほとんどいません。

逆に、その孫の足利義満という人は独断専行型だったため、南北朝を合一《ごういつ》したり、幕府の権力を安定させますが、彼を嫌った人もたくさんいました。事実、彼は急死ということになっていますが、暗殺された可能性も高いのです。

若い頃は気を遣っていた信長も、壮年期になると持ち前のワンマンぶりが出て、最後は腹心の明智光秀に殺されてしまいます。実際歴史を見ていくと、日本では、独断専行型の政治家の末路はどうもよくありません。明治政府を牽引《けんいん》した大久保利通も、紀尾井坂で殺されています。

独断専行型のリーダーは、外国人からは「あいつはすごい」と評価されるのですが、日本人の中では評価が低い。それはなぜなのかというと、日本が話し合い絶対主義の国家だからです。**日本人は話し合いを絶対視するがゆえに、独断を認めない。独断を認めないがゆえに、そういう政治家は非業《ひごう》の死を遂げることが多いのです。**

そういう意味でやはりすごいと思うのは、徳川家康です。

◇徳川綱吉は天才的な政治家だ

実は家康という人は、あまりそういう印象がないかも知れませんが、信長同様独裁者タイプの政治家です。今風の言葉を使えばトップダウン型です。

彼は織田信長の弟分なので、長年、信長の政治を見てきました。そのためなのか、とても賢い後継者選びをしています。彼が選んだ後継者・秀忠は、実は家康の息子の中ではもっとも戦《いくさ》下手のおとなしい人物でした。

家康は、そのおとなしい秀忠に将軍職を譲るときに、このようなことを言っています。

「お前は、自分でいろいろと決めなくていい。五人の年寄（後の老中）が、致して決めてきたら、黙ってハンコを押せ」

家康は、自分のようなタイプの主君は、天下を取るまではいいが、天下を取って世の中が安定したら、トップに就くのは、あまり自己主張をせず、みんなの意見に「じゃあ、僕もそれでいい」と言えるようなタイプの人間の方が組織を長く維持するためにはいい、と見抜いていたのです。だから、敢えて自分とはタイプの違う、秀忠を後継ぎにしたのです。

家康もまた、日本人の気質を見抜いていたのです。

秀忠のように、もともとおとなしいタイプの人はいいのですが、十五代も将軍がいると、なかには独断専行型の将軍も出てきます。そのなかで私がこの人は天才だと思っているのが、実は五代将軍・徳川綱吉なのです。

彼は紛《まぎ》れもなく独断専行型です。でも、それを単に押し出したのでは、日本では決してうまくいきません。

綱吉については、犬公方《いぬくぼう》と多くの人がバカにしますが、曲がりなりにもその「バカ」な政策を実行できたという意味では、彼はとても優秀な、それこそ天才的な政治家だと思います。よく考えてみてください。普通なら、綱吉が「こうしたい」と言っても、老中たちが話し合いによって阻止するので、そんな「バカ」な政策が通るはずがないのです。むしろ、あまりバカなことを言い出せば、「殿ご乱心」とばかりに閉じ込められてしまうかもしれないのです。

では、綱吉はどのようにして老中たちに自分の意見を聞かせたのでしょう。
実は、**彼は将軍と老中の間に、側用人《そばようにん》というクッションを設けるという発明をしたのです。**

側用人というのは、今で言えば秘書官のようなものです。綱吉は、自分でこれを選び、そばに置いたのです。

それまでは、老中と将軍の間は直接やりとりが行われたので、「老中五人がみんなで話し合ってこう決めました。これは全員が一致した意見です」と上げてきたら、将軍は拒《こば》むことができませんでした。気に入らなくてもハンコを押すしかなかったのです。

ところが、側用人を設け、将軍への書類は側用人を通すように、と決めると、たとえそれが老中が全員一致の意見として上げてきたものであっても、「これでは将軍様は、ハンコを押されますまい」と、将軍の威光を笠に着て突き返すことができるようになるのです。もちろん将軍と側用人の間ではあらかじめ、こういう内容なら認めてもいいという話がついています。

何度も突き返されると、老中たちもバカではないので、側用人に「どうしたらお上はハンコを押してくれるんだ」とお伺《うかが》いを立てるようになります。そうなったら、「ここをこうしていただければ、将軍様はご了解くださいます」と言うのです。この指示は将軍から出ているわけですから、将軍は自分の政治ができるようになるというわけです。

どうですか、話し合い絶対主義の中で、自分の思い通りの政治をするための発明としては天才的だと思いませんか。

もちろん、老中たちは自分たちの話し合いの結果が無視されるわけですから、面白くありません。でも、将軍に怒りの矛先《ほこさき》を向けるわけにはいかないので、側用人が恨《うら》まれることになるのです。

ですから側用人になった人物は、柳沢吉保《よしやす》にしても間部詮房《まなべあきふさ》にしても田沼意次《たぬまおきつぐ》にしても、みんな歴史的評価が最悪なのです。第一章のキーポイント①で登場した田沼意次が典型的ですが、なぜ歴史的評価が悪くなるのかというと、江戸時代に歴史を書いた人というのはだいたいが名門の出なので、もともとの身分は低いのに実力で出世した側用人たちが嫌いな上、彼らに恨みを持つ老中のご機嫌取りをするために、必要以上に悪《あ》し様《ざま》に書き、後代の歴史学者がそれを同時代の第一級史料として採用してしまうからなのです。

でも、日本が話し合い絶対主義だということがわかっていれば、こうしたカラクリが見えてくるので、必ずしも当時の評価が真実を表しているものではないことがわかります。

そういう意味でも、「話し合い絶対主義」を日本の歴史を見るポイントの一つとして押さえることが必要だと私は思っているのです。

●徳川綱吉が行った政治システム

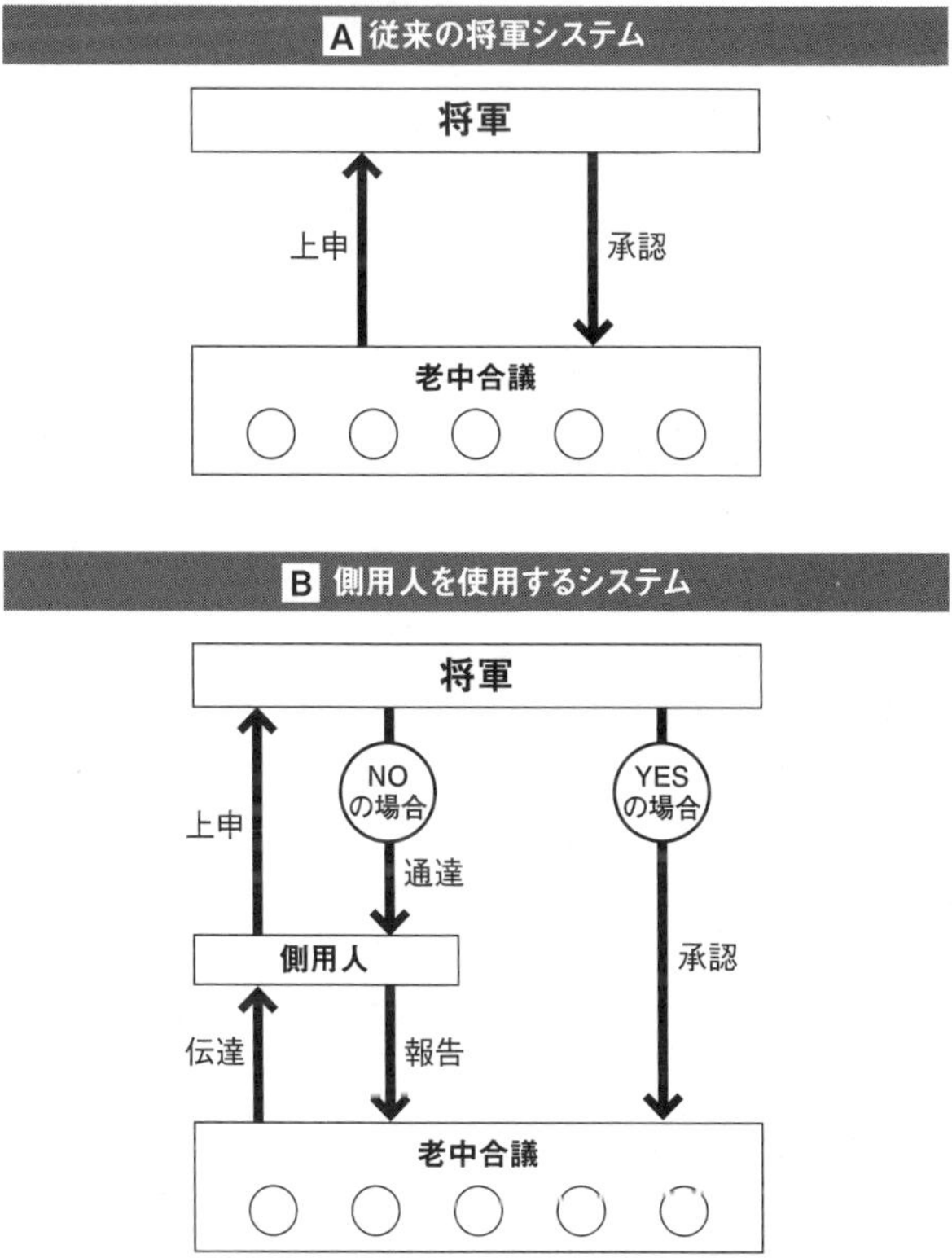

（出典:『逆説の日本史15』小学館）

◇誰が責任者なのかはっきりしないのはなぜ？

日本は話し合いを絶対視する国であるという視点から歴史を見ることが、いかに大切かという話をしましたが、この問題は本章の冒頭でも申し上げたとおり、現代の日本においても言えることです。

会社勤めをしたことのある人は、「稟議書《りんぎしょ》」というものをご存じだと思います。稟議書というのは、会議の手間を省くために、書類を関係者全員に回覧して、それぞれの承認を求める書類のことです。

たとえばお役所で「今度の市民講座第何回には、講師は井沢元彦氏に依嘱《いしょく》することにしたい」というような場合、そういった内容を承認してもらいたいという書類が、担当者から課長へ、部長、局長、市長へと回り、全員のハンコが押されると、提案が成立するというものです。

今でもほとんどのお役所や大企業でこの稟議書が使われていますが、実際にハンコを押した人はご存じだと思いますが、ほとんどの稟議書が形式的なものなのです。

形式的なものにすぎない割に、いろいろな人のところを回らなければならないので時間がかかります。なぜそんな面倒なことをしなければならないのでしょう。

そもそも、社長や市長といった組織のトップは、すべてを自分ですることが不可能なので、担当部長を設け、権限を移譲しているのです。ならば、その段階で決裁してもいいはずです。でも、それをすれば、ワンマン部長と言われ、その人は間違いなく嫌われます。だから、日本では時間と手間をかけて稟議書を回すのですが、これほどまでに稟議書にこだわるのは、これが「話し合い」の代替行為になっているからです。つまり、**我々日本人は、稟議書を回すことで、形の上ではありますが、話し合いを行ったことにしているのです。**

でもこれは、今の日本社会に、「物事の決定スピードが遅くなる」というとても大きなデメリットをもたらしています。

そしてもう一つ、話し合い絶対主義がもたらす深刻なデメリットがあります。

それは、みんなが承認するので、誰が責任者なのかがはっきりしないということです。

このデメリットを如実に物語る不幸な出来事がかつてありました。

それは一九八〇年代に明るみに出た「薬害エイズ問題」です。

世の中には血友病《けつゆうびょう》という病気があります。これは、血液に含まれる天然凝固成分が異常に少なく、ケガなどで出血すると血が止まらなくなってしまうという病気です。

この血友病の患者に用いられる薬に、人間の血液から凝固成分を採取した「血液製剤」

があるのですが、あるときこの薬にエイズ患者の血液が混ざっていたことがわかったのです。

そのエイズウイルスの入った薬を血友病患者が使えば、エイズにかかる危険性があります。ですからアメリカもヨーロッパも、このことがわかった段階ですぐに、エイズウイルスに感染する心配のない「加熱製剤」への切り替えが行われました。

ところが、日本の厚生省（当時）は、エイズの危険性が判明した後も、半年近くも感染の危険のある「非加熱製剤」を流通させ続けたのです。その結果、本来ならかからなくていいエイズ感染者を生み出してしまったのです。

この問題は、誰が悪かったのか裁判になり責任追及がなされ、当時の厚生省の担当者が裁かれましたが、実際には本当に悪かったのは誰なのかははっきりしていません。なぜなら、「みんなで決めたこと」だからです。

もっと正確に言えば、みんなで決めようと時間をかけて検討していたために起きてしまった不幸なのです。

つまり、薬害エイズ問題というのは、話し合いを絶対視するがゆえに決断が遅くなり、みんなで決断したがゆえに責任の所在がわからなくなったという、まさに日本の「話し合い絶対主義」が招いた不幸の典型的な事例なのです。

薬害エイズは、あまりにも結果が深刻なものだったので裁判になりましたが、日本では、こうしたかたちで責任追及がなされるのはレアケースです。実際には、表面化していないだけで、日本ではこういうことが数限りなく起きています。そんな日本の問題を克服するためには、自ら日本人の特性を知り、対策を講じるしかありません。

そのためにも、憲法十七条の意味の正しい理解が必要なのです。

Point

「和の精神」のデメリットは判断スピードの遅さだ!

キーポイント⑤

「国譲り神話」が明かす〝日本人らしさ〟の原点

出雲族は大和族に平和的に国を譲ったと『古事記』には書かれている。その神話には古代日本人が考える理想像があるのだ！

◇世界の常識と合わない日本三大建築

皆さんは「雲太《うんた》・和二《わに》・京三《きようさん》」という言葉をご存じでしょうか？

これは平安中期に書かれたとされる『口遊《くちずさみ》』という書にある言葉です。『口遊』とは、貴族の子弟に日本の国についての基本知識を教えるときに使われた本で、いわば当時の子供向けの教科書のようなものです。これにはさまざまな記述があるのですが、今も私たちが子供の頃に基礎教養として覚える「九九」もこの『口遊』に載っているものの一つです。

では、先ほどの「雲太・和二・京三」、これは何を教えるためのものなのでしょう。

実は、これは日本の三大建築の覚え方として紹介されているもので、「出雲《いずも》太郎」「大和《やまと》二郎」「京三郎」を覚えやすいように略したものなのです。

出雲、大和、京は、それぞれの建物がある国名を表し、太郎、二郎、三郎というのは、日本三大建築を大きなものから順に、太郎、二郎、三郎という三兄弟に見立てている、というわけです。

では、太郎、二郎、三郎は、具体的にどの建物を意味しているのでしょう。

まず三郎は、平安時代の京で一番大きな建物ということですから、都の中心に位置する大極殿《だいごくでん》を指すことがわかります。二番目の二郎は大和、つまり今で言えば奈良なので、東大寺の大仏殿です。では、日本一大きな出雲にある建築物とは何でしょう。実はこれ「出雲大社」のことなのです。

ちなみに、現在は、建築物の大きさは、建物全体の容積（面積×高さ）で表しますが、『口遊』で言う三大建築は、建物の高さだけを競ったものです。当時は、どこか一部分でも高いところのある建物が、大きい建物とされていました。

このように言うと、「あれっ、出雲大社ってそんなに背の高い建物だったかな？」と疑問を持たれた人も多いのではないでしょうか？ たしかに、現在の出雲大社はさほど高くありません。奈良の大仏殿の方が遙かに高い建物です。

とはいえ、現在の建物はどれも平安当時のものではないので、単純に比較することはできません。それでも、京都の大極殿や奈良の大仏殿より、出雲大社の方が大きいというのは、ちょっと考えにくいことです。

なぜなら、世界の常識と合わないからです。

前近代においては、その国で一番大きな建物は、国教の神殿か国王の宮殿であるというのが世界の常識です。

たとえば、ロシアならモスクワのクレムリン宮殿、フランスならパリのベルサイユ宮殿、イギリスならロンドンのバッキンガム宮殿がもっとも大きな建物です。大きな宮殿を上回る高さの建物が許されるとしたら、それはスペインのバルセロナで今も建築が続けられているサグラダ・ファミリア教会のようにその国の宗教施設と相場が決まっています。

ですから、国王の宮殿か、国の宗教の神殿、どちらの方が大きいかは国によって違いますが、これらのどちらかがその国の巨大建築のナンバーワン、ナンバーツーであるのが古代世界のセオリーなのです。

そう考えると、京都の大極殿は御所の中でも天皇の正式な御座所である「高御座《たかみくら》」の置

●古代日本の巨大建築物の比較図

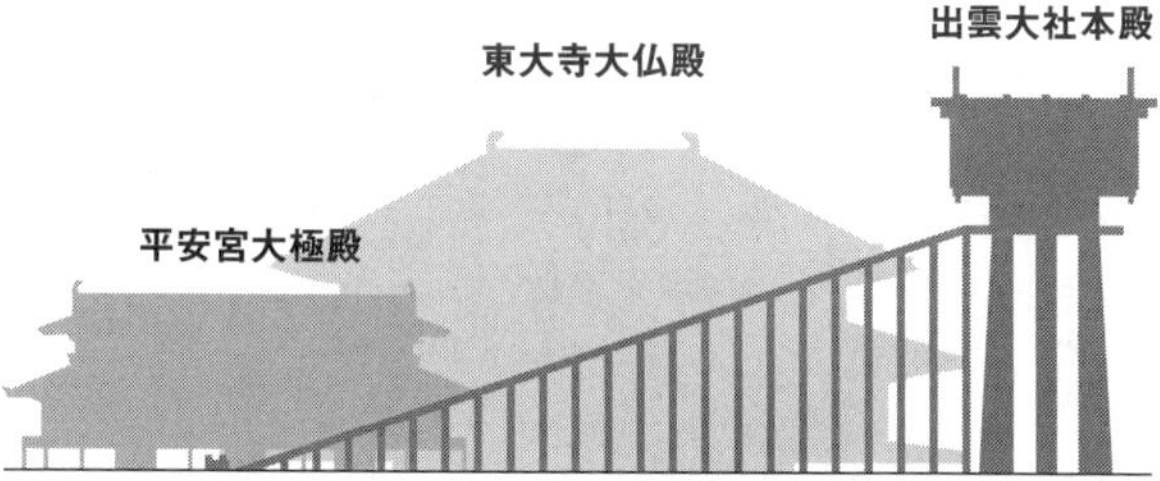

雲太・和二・京三シルエット（出雲大社本殿:福山敏男監修・大林組設計、東大寺大仏殿:山本栄吾「東大寺創建大仏殿復元私考」〈『日本建築学会論文報告書』第69号〉、平安宮大極殿:高橋康夫監修設計図面による）

当時、大仏殿の高さは15丈（約45メートル）あったとされ、出雲大社はそれ以上の高さがあったとされる。伝承では、かつては16丈（約48メートル）だったという。

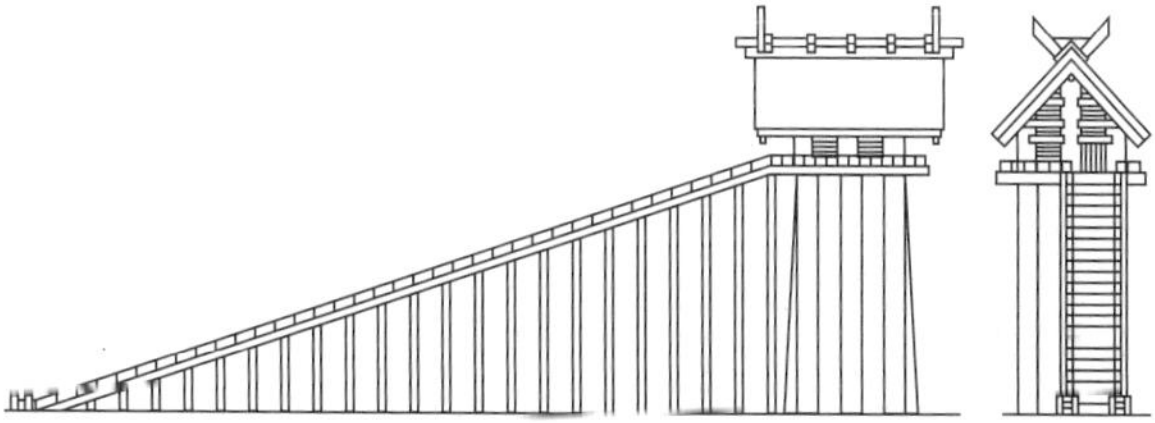

建築史研究者で京都大学名誉教授・福山敏男氏（故人）の出雲大社本殿復元図。

（出典:『古代日本史最前線』文藝春秋）

かれた建物なので、このセオリーに合っています。

東大寺の大仏殿も、聖武天皇が国家の力をすべてつぎ込んで挑んだビッグ・プロジェクトとして完成させた国の宗教施設ですから問題ありません。

でも、出雲大社はこうした世界のセオリーに合いません。なぜなら、出雲大社に祀《まつ》られているのは「オオクニヌシ」だからです。

たしかに日本は多神教国家ですから、仏だけでなく神も祀ります。でもオオクニヌシが日本で一番偉い神様なのかというと、そうではありません。日本で一番偉い神は誰かと聞かれれば、やはり皇室の祖である「アマテラス」ということになります。

ですから、オオクニヌシを祀る出雲大社ではなく、アマテラスを祀る伊勢神宮が大極殿と大仏殿を超えるナンバーワンの建築物だというのであればまだわかるのですが、そうではないというのですから不思議です。

しかも、オオクニヌシは、詳しい経緯は後ほど述べますが、アマテラスの孫に日本の統治権を譲った、いわば負け組の神様なのです。

そんな負け組の神様を祀る建物が、その国でもっとも大きな建築物であるなどということは、世界でも例のないことです。ですから、これが真実だったとしたら、そこには日本にしかない何かとても大きな理由があったと考えられます。

本当に出雲大社は日本最大の建築物だったのでしょうか？

◇実証された巨大建築物の出雲大社

歴史学者の先生方は、この伝承を「嘘」だと断じました。

その理由は、「合理的に考えてあり得ないから」。そして、ではこうしたことが『口遊』に書かれていたのはなぜなのかというと、平安時代にはそう信じられていたかもしれないが、平安時代は今のように人々が観光して歩くということもなかったし、恐らくこれは出雲に行ったことのない人、出雲大社を見たことのない人が書いたから間違ったのだろうと、勝手に決めてしまったのです。

私はこの考えに納得できませんでした。

なぜなら普通は、人が間違えるのは、合理的に考えてあり得る方向だからです。見たことはないけれど、皇室の祖神であるアマテラスを祀る神社なのだから、伊勢神宮は日本一大きいはずだ、というのであればわかりますが、国譲《くにゆず》りで負けたオオクニヌシを祀った神社なのだから、見たことはないけれど、きっと日本一大きなものだろうと考えて間違えるなんて、それこそ合理的な考え方とは言えません。

常識から外れているからこそ、そこには何らかの真実が存在した可能性が高いのです。

さらに、代々出雲大社の宮司を務める千家国 造《せんげくにのみやつこ》家には、古代にあったとされる巨大本殿の設計図なのではないかと言われる「金輪御造営差図《かなわのごぞうえいさしず》」という古文書が残っていました。

それともう一つ、出雲大社が巨大建築物であった可能性を示す記述が『古事記』に残っていることも、私にとっては考慮すべき史料でした。

> 僕《あ》が住所《すみか》をば、天つ神の御子の天津日継《あまつひつぎ》知らしめす、とだる天《あめ》の御巣《みす》如《な》して、底《そこ》つ石根《いはね》に宮柱《みやばしら》ふとしり、高天の原に氷木《ひぎ》たかしりて治《をさ》めたまはば、僕《あ》は百足《もも》らず八《や》十坰手《そくまで》に隠《かく》りて侍《さもら》ひなむ。
>
> (『古事記』岩波文庫　旧字体は新字体に改めた)

これは国譲り神話のところに出てくる記述ですが、要は、オオクニヌシが国譲りをするにあたって、「自分の住まいとして皇孫の住まいに使われるような太い柱を使い、千木《ちぎ》が天まで届くような立派な建物をつくってくれれば」と条件を出しているのです。そしてこの続きには、「出雲国の多藝志《たぎし》の小浜《おばま》に、天の御舎《みあらか》を造りて」と、アマテラス側がオオクニヌシの条件通りの宮をつくったことが記されています。

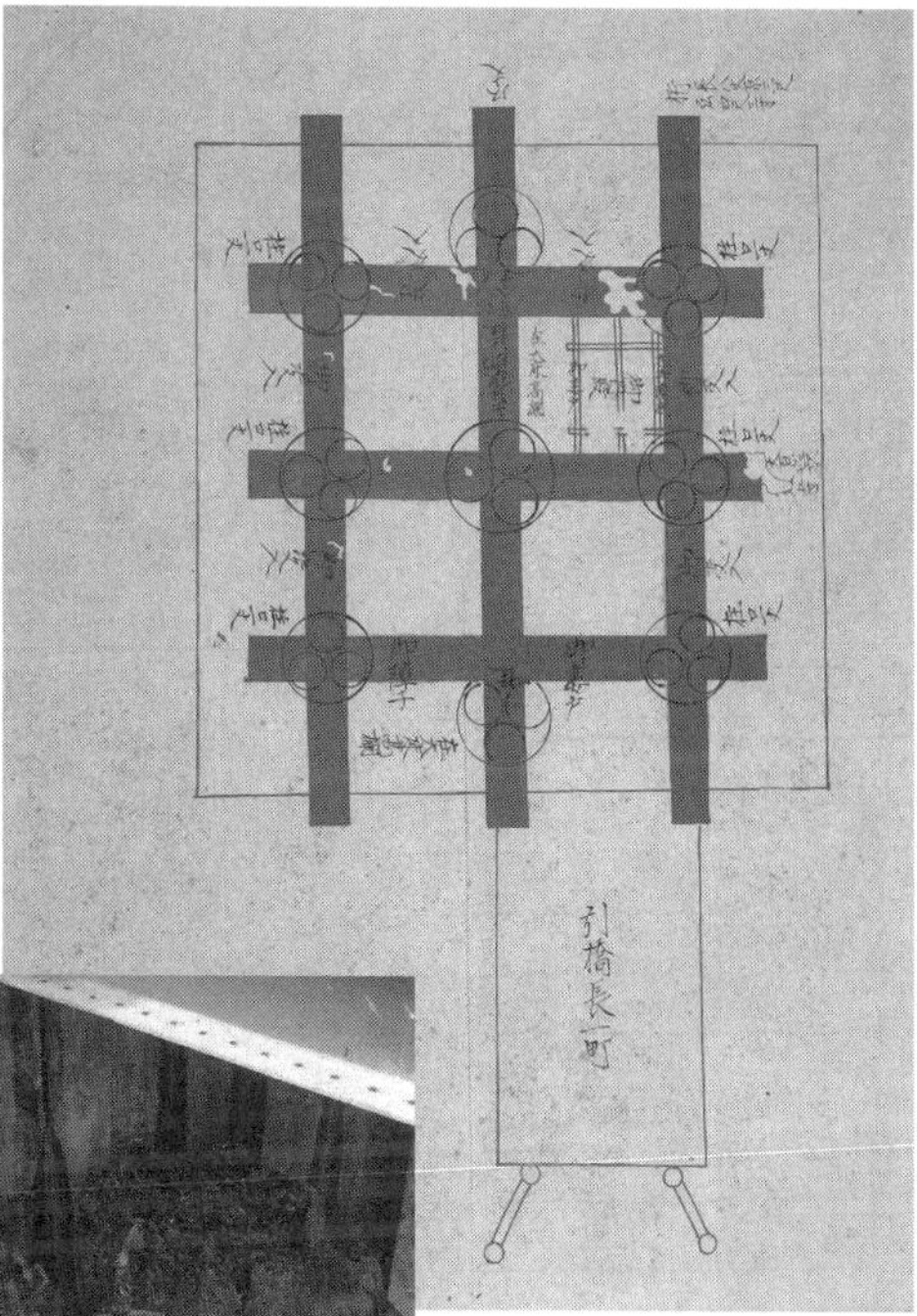

金輪御造営差図

出雲大社の心御柱

（写真提供：島根県立古代出雲歴史博物館）

そこで私は、今から十八年ほど前、『週刊ポスト』の「逆説の日本史」という連載の中で、「この伝承は真実に違いない」と書いたのです。

すると、歴史の専門学者（一部を除く）からほとんどバカ扱いされました。

これだから歴史の門外漢はダメなんだと言われ、そんなことがあるわけないと、さんざんバカにされたのです。

ところが、今から約十年前の二〇〇〇年、当時発掘が行われていた出雲大社で古代の神殿が伝承通り、巨大建築物であったことを立証する古代の巨柱が発見されたのです。

その柱は、わずか地下一・六メートルのところにありました。残存していた柱の長さは約一・二メートルほど。木製の柱なので普通なら腐って土に返るのですが、ちょうどいい具合の水分が土に含まれていたため、柱はとてもいい状態で残っていたのです。

発見された古代の出雲大社を支える柱は、直径一・二メートルほどの巨大な木を三本、金輪で固定して一本の巨大な柱として用いたものでした。三本の木を一組にした柱の直径は約三メートル、これならば、高さ約五〇メートルという、大仏殿の高さをも凌《しの》ぐ古代の神殿を支えることが充分にできます。ちなみにこの柱は、現在、出雲大社の隣にある島根県立古代出雲歴史博物館で見ることができます。

それまで五〇メートルもの高さの建物を支えられるような太い柱なんかあるわけがない

というのが、ほとんどの歴史学者の見解だったのですが、事実はそれを見事に覆《くつがえ》したのです。

こうして「雲太・和二・京三」は間違いでも勘違いでもなく、事実であったことが証明されました。

かつて出雲大社は、本当に東大寺の大仏殿を凌ぐ高さを有す、日本一の巨大建築物だったのです。

◇皇室のルーツは神話に明記されていた！

では、なぜ出雲大社がもっとも大きくなければいけなかったのでしょう。

それを知るためには、出雲大社の起源である「国譲り神話」を知ることが必要です。

皆さんも「国譲り」という言葉だけは聞いたことがあると思います。でも、その内容を詳しく知る方は少ないのではないでしょうか。

実は、「国譲り神話」は、世界の神話の中でも大変珍しい神話なのです。

どういうことかというと、第一に、『日本書紀』にも『古事記』にも国譲り神話はあるのですが、どちらも「天皇家はこの国のもともとの支配者ではなかった」ということが明らかにされているのです。

神話というのは、その国のルーツを伝えるものなので、基本的には自分たちがこの国のもともとの住人だったと伝えるものがほとんどなのです。そういう意味で、これはとても珍しい神話だと言えます。

では、もともとの住人でないとしたら、天皇家はどこから来たのでしょう。

神話では、天孫は「高天原《たかまがはら》」から降臨したと伝えています。

高天原は、明らかに日本とは違う国です。大陸であることは間違いありませんが、そこが具体的にどの場所を指すのかということは諸説ある上、ここでは本題から外れることなので触れません。**大切なのは、日本の皇室のルーツは外の世界の人々であるということが、神話に明記されているということです。**

国譲り神話によると、アマテラスはその高天原という日本とは明らかに違う場所から日本を見て、その国を自分の孫（天孫）のニニギノミコトに統治させようという心を起こします。

でも問題がありました。このときすでに日本には先住民がいたのです。神話では彼らを「国津神《くにつかみ》」と呼んでいます。そして、その国津神たちを治めているのがオオクニヌシノミコトという神様でした。

アマテラスはオオクニヌシに使者を遣わし、「この国を私の孫に譲りなさい」と言います。

考えてみれば、ずいぶんひどい話です。これを現代でたとえるなら、やっと長い年月をかけてローンを支払い終わった家に、突然見ず知らずの人がやってきて、「ここが気に入ったから、ここには私の孫を住まわせたい。あんたは私の孫にこの家を譲って、どこか別のところへ行きなさい」と言われるようなものです。

「はい、わかりました。さあ、どうぞ」などと言う人はまずいません。

それぐらい理不尽な申し出です。

普通の国なら、確実にここで戦争になっています。実際、先住民族のいるところに後から異民族が侵入していくと、必ず戦争になります。

たとえば、古代インドにおけるアーリア人の侵入。古代インドには、もともと世界四大文明の一つとして知られる「インダス文明」を築いたドラヴィダ族の人々が住んでいました。彼らの末裔《まつえい》は今もインドにいることはいるのですが、インドの身分制度であるカーストでは最下層に位置しています。そして、カーストの上位にいるのは、侵入してきたアーリア人なのです。

古代インダス文明が滅びた原因は、諸説あってはっきりとは言い切れませんが、カーストの実態などから推察して、恐らく、先住民族であったドラヴィダ族の人々は、アーリア人との戦争で攻め滅ぼされて、生き残った人々は被征服民として低い身分に落とされたのでしょう。

また、これは有名な話ですが、コロンブスが新大陸を発見すると、白人がアメリカ大陸に侵入し、もとからその地に住んでいたネイティブ・アメリカンを大量に殺して土地を奪ってしまいました。

このように、侵入者は戦争を仕掛け、力で先住民族を滅ぼすというのが、一般的な流れなのです。

ところが、日本の神話はなぜかそうなっていないのです。

まず、いかに理不尽な申し出とはいえ、アマテラスはいきなり攻め込むのではなく、オオクニヌシに使いを出しています。交渉から入るのですから、平和的な方法が取られたと言えます。

それに対しオオクニヌシも、頭ごなしに断るのではなく、「息子と相談してみます」と言っています。

現統治者が自ら外来民族であることを告白しているのは、神話としてとても珍しいことだと言いましたが、「国を譲れ」と言われたオオクニヌシが、二人の息子に相談しているというのも、大変珍しいことです。

なぜなら、オオクニヌシは漢字で表記すると「大国主」、つまり、この国の国王だからです。どこの国でも国王というのは自分ひとりの考えで決断するものです。ところが、オオクニヌシは自分ひとりでは決断せず、まず息子たちに相談しているのです。

オオクニヌシには、「タケミナカタノミコト」と「コトシロヌシノミコト」という二人の息子がいました。彼らは父から相談されると、やはり息子は若いですね、そんな理不尽な話はない、断固戦うべきだと答えます。

交渉は決裂、ここで初めて戦いが生じます。

戦いに際しアマテラスは、武力に長《た》けた「タケミカヅチ」という神を差し向けます。すると、この神がとても強かったため、恐れをなしたコトシロヌシは早々に国譲りを了承してしまいます。しかし、タケミナカタは力比べに負け、逃げながらも最後まで抵抗を続けます。そして、ついに追い詰められたのが、現在の長野県、諏訪湖の畔《ほとり》でした。タケミナカタはそこでタケミカヅチによって封じ込められてしまいます。この封じ込められたタケミナカタを祀った神社が、御柱《おんばしら》祭で有名な諏訪大社です。

二人の息子を失ったオオクニヌシは、ついに国譲りを決断します。

先に引用した『古事記』の文章は、このときのオオクニヌシの言葉です。そして、オオクニヌシは、このときの条件を飲むかたちでアマテラス側が出雲の地に建てた神殿に永久にお隠れになったのです。

神話では「国譲り」という言葉を使い、譲った後オオクニヌシは立派な神殿に隠れたということになっていますが、実際にはやはりアマテラス側に殺されるか、自ら命を絶ったのだと思います。

◇大和という字の由来を推理する

最終的にオオクニヌシが下した決断は、戦争ではなく国を譲り渡すことでした。

そして国を譲るにあたり、オオクニヌシはアマテラス側と「話し合い」を行っています。

つまり、神話では、日本という国は、「話し合い」によってオオクニヌシからアマテラスの孫へ譲り渡されたとされているのです。

戦争ではなく、あくまでも話し合いで決まったというのですが、実際はやはり戦争をしたのだと思います。

というのは、出雲大社からさほど遠くない島根県簸川《ひかわ》郡斐川《ひかわ》町神庭西谷《かんばさいだに》の小さな谷間で、大量の銅剣が発見されているからです。遺跡はその小さな谷の名前をとって「荒神谷《こうじんだに》遺跡」と名づけられました。

出雲大社本殿

銅剣の出土状態を再現したレプリカ（荒神谷遺跡）

銅剣が発見されたのは、出雲大社で巨大な柱が発掘される十五年ほど前の一九八四年から八五年にかけてのことです。荒神谷遺跡から発見された銅剣の数はなんと三五八本、これはそれまでに全国で発掘された銅剣の総数を上回るものでした。この遺跡からは、他にも銅鐸《どうたく》や銅矛《どうほこ》なども発見されています。

この発見は何を意味しているのでしょう？

ここから先は私の推論ですが、恐らくこういうことなのだと思います。

日本には、まず本当のネイティブ・ジャパニーズとして「縄文人」と言われる人々がいました。縄文人は狩りを主体とする狩猟民族です。彼らは狩りをするがゆえに、動物を殺すことを厭《いと》いませんでした。このように言うと残酷な人々のように思うかも知れませんが、それは違います。

たとえば、イエス・キリストは最後の晩餐《ばんさん》のときに、赤ワインとパンを弟子たちに与え、これは私の血と肉であると言っています。カトリックのミサでは、このエピソードにならって、赤ワインに浸したパンを信者が司祭から賜《たまわ》る「聖体拝受」という儀式が今でも行われています。

キリストの血と肉だと言われたものを食べるなんて、考えてみるとちょっと気持ち悪い儀式なのですが、このように血や肉を気にしない文化の方が、実は世界には多いのです。

そして、日本の原住民である縄文人もまた、そうした文化を持つ人々でした。

そこに、「弥生人《やよい》」が大陸から農耕を持って入ってきます。

このときは、小競《こぜ》り合いはあったようですが、それほど大きな争いに発展した形跡は見られません。恐らく、狩猟民族と農耕民族という違いから、一種の棲《す》み分けができたのではないでしょうか。

ここで断っておきたいのですが、一口に「弥生人が入ってきた」と言っても、実際の渡来には、二段階あったと私は考えています。

まず第一次の「弥生人」は、青銅器を持った人々で、日本海側を中心に日本列島に入植しました。そして一つの文明を築きあげます。これが「出雲族」です。

すると、いつの時代にも先人の成功に目をつける人はいるもので、やがて、大陸から第二次「弥生人」が日本にやってきます。恐らく、この第二次弥生人が天皇家の祖先と考えていいと思います。彼らが第一次の弥生人たちと大きく違っていたのは、持っていたのが

Point

第二次弥生人が第一次弥生人を駆逐した！

青銅器ではなく鉄器だったことです。

青銅器を持った文化に鉄器を持った文化が侵入してくる。実は、こうしたことは世界史ではよく起こっていることなのです。

そして、青銅器を持った文化は鉄器を持った文化に滅ぼされてしまいます。なぜなら鉄器は武器としてはもちろん、農具としても優れていたからです。

鉄には「錆《さ》びる」という致命的な欠陥がありますが、錆びないようにきちんとケアしていれば大きな問題になりません。鉄の刃物は青銅でつくった刃物より遙かに強靭《きょうじん》なので、青銅器では太刀打ちできなかったような大木を切り倒したり、今まで開墾できなかったような荒れ地も耕すことができます。そういう意味で、鉄器を持った弥生人は、青銅器しか持たなかった第一次弥生人より遙かに高い生産性を持った民族だと言えます。

この鉄器を持った弥生人が、「大和族」のルーツで、そしてこの大和族が、鉄器の力で出雲を征服して、さらにはっきり言えば、そこに住む出雲族の人々を征服してしまったのだと思います。

恐らくは、これが「国譲り」の実態だったと思われます。

国譲りの実態は、優れた武器を持った侵入者による侵略戦争だった、ということです。

でも、神話にはそう書かれてはいません。

それは、侵略者である彼らの中にも、自分たちが行ったことはいけないことで、理想は話し合いによる譲渡だ、という考え方があったからなのだと思います。だからこそ神話では、我々がこの国の統治者になったのは、戦争で相手を殺して奪った結果ではなく、話し合いで平和に譲られたんだというストーリーにしたのでしょう。

つまり、**神話に書かれていることは、結果は真実でも、そこに至る道のりは実際のものではなく、こういうかたちだったらよかったという「理想」だということです。**

ということは、どういうことが言えるのかというと、日本人に染みついている「和」という価値観は、日本ができた当初から、より具体的に言えば、大和朝廷が成立した頃にはもうすでに、日本人の基本コンセプトとして存在していたということです。

これは、私の仮説ですが、恐らく間違っていないと自負しています。

というのも、「大和」という文字は、「やまと」とは普通は読まないからです。「大和」以外に、「大」と書いて「やま」と読むことも、「和」と書いて「と」と読むこともありません。つまり、これは先に「やまと」という音があって、そこに後から、「やまと」という言葉にもっとも意味の合った漢字を当てはめることで「大和」と書くようになったと考えられるのです。ごく簡単に言えば当て字です。

大陸から鉄器とともにやってきた第二次弥生人は、恐らく自分たちのことを「ヤマト」

と称していたのでしょう。

彼らヤマトは、まず出雲の国を倒し、次いで吉備《きび》の国を倒し、というように、次々と自分たちに従わない人々を滅ぼし、一つの国をつくり上げました。

そして、その国に名前をつけるとき、彼らは自分たちが理想とする「和」をコンセプトに、大きな和を成し遂げる国という理想を掲げる意味で「大和」という字を自らの「ヤマト」という民族名に当てたと考えられるのです。

◇「みんなの合意」が一番大切

ここで、まだ答えの出ていなかった問いを思いだしてください。

それは、なぜ出雲大社がもっとも大きくなければならなかったのか、という問いです。

実は、これは少々自慢話になってしまうのですが、私はこの問いの答えを探す中で、とても大きな発見をしてしまったのです。それはまだ誰も気がついていない、私オリジナルの大発見でした。

「雲太・和二・京三」、つまり、「出雲大社・東大寺大仏殿・大極殿」という、一見するとおかしな三大建築の順位は、日本人にとってとても重要な、聖徳太子の「憲法十七条」の冒頭の三条の順番と同じ並び順になっていたのです。

詳しくお話ししましょう。

まず前項のキーポイント④に掲げた憲法十七条の第一条、第二条、第三条の内容を思いだしてください。

第一条は、一言で言えば「和＝話し合い」を大切にしなさい、ということでした。続く第二条は、「仏教」を敬いなさい、というものでした。そして、第三条は、「天皇」の命令に従いなさい、ということでした。

つまり、もっとも大切なのは「和（話し合い）」、次に大切なのが「仏教」、三つめが「天皇」というのが、憲法十七条で聖徳太子が説いた「大切にすべきものの順位」です。

一方、**三大建築物の順位は「出雲大社＝話し合い（和）」、「東大寺大仏殿＝仏教」、「大極殿＝天皇」ですから、両者はまったく同じ並び順になっていたのです。**

これほどきれいに一致するとは、自分でも驚きでした。

でも、わかってみると、なぜ今まで誰もこのことを指摘する人がいなかったのか不思議な思いがしました。でも、これもまた通史を研究する人がいないという日本史学界の弊害なのでしょう。

平安時代の伝承を研究している人は、平安時代の歴史の専門家で、憲法十七条を研究している人は、飛鳥時代の歴史の専門家です。両者は同じように日本の歴史を研究していても、時代が「飛鳥」と「平安」と違うだけで、学会も違うものになり、生涯交流することがないままに終わるのが今の日本史研究の現状なのです。

だから、これほど見事な一致が存在していたのに気がつかなかったのです。

前項で私は、現在の日本に蔓延《まんえん》する話し合い絶対主義が、聖徳太子の頃から日本に存在していた「和」と同じ根っこを持つものであることをお話ししました。

たしかに聖徳太子の制定した憲法十七条には、「和」を大切にせよと書かれています。しかし、太子がそう言ったから日本という国が「和」を重んじる話し合い絶対主義の国になったわけではありません。**聖徳太子の時代には、すでに「和」は日本人の常識だったのです。**

聖徳太子は、そのことに気づき、憲法というかたちで明文化したのだと考えられます。

聖徳太子の時代というのは、仏教の受容を巡って蘇我《そが》氏と物部《もののべ》氏が戦いを繰り広げたり、天皇が女性であったりと、政局も人心も不安定な時代でした。そんなときだからこそ聖徳太子は、この国でもっとも人々が大切にしているものは何かを考え、そして、その大切にすべきものの順序を明らかにすることで世の中を安定させようと思い、憲法十七条を制定したのではないでしょうか。

その順番は、「和」、「仏教」、「天皇」という、世界の常識と少々異なるものでしたが、この順序でなければ日本人を納得させることはできないと、聖徳太子は思ったのかも知れません。

いまだに日本人が談合社会から完全には抜け出せないでいることからもわかるように、深く染み込んだ価値観はいくら権力者が命じても、簡単に変わるものではありません。

聖徳太子は、日本人が「和」をもっとも大切にしていることに気づいていたのでしょう。

彼がそのことに気づくことができたのは、彼が国際人だったからだと思います。

聖徳太子が個人的に信仰していたのは、仏教という外来宗教です。その研究をしていた彼は、インド哲学や儒教にも精通していたはずですし、そうした文献を読むために中国語の読み書きは漢文なので当然できるとして、その他に当時の国際語である中国語や朝鮮語の会話もできたと考えられます。事実、彼の家庭教師は高句麗《こうくり》の人でした。恐らく彼はそうした先生とは朝鮮語か中国語で会話していたのでしょう。

聖徳太子には、同時に大勢の人の話を聞き分けることができたという有名な伝説があります。その人数は史料によって八人だったり一〇人だったりと違うのですが、これが冗談ではなく、なんらかの事実を伝えているとすれば、いろいろな国の言葉を聞き分け、理解することができたということだと考えれば、可能性はあると思います。

国際人だった聖徳太子は、仏教を通し、他国の文化に触れる過程で、自然と日本文化の特徴を知るようになっていったのでしょう。

日本人がもっとも大切にしているのは、実は他の国で大切とされている神仏でもなければ、その国の国王でもない。「和」と言われる「みんなの合意」だということを。

◇「和」を重んじるのは怨霊を生み出さないため

聖徳太子が「和を以《も》って貴《たっと》しとなし」と言うよりもずっと前から、日本人は「和」を大切にしていました。世界でも珍しい「国譲り神話」は、そのことを雄弁に物語っています。

大和朝廷をつくった人々が、政権確立当初から「和」を理想として掲げ、「和」を重んじていたことはわかりました。

では、彼らはなぜそこまで「和」を重んじたのでしょう。

実を言えば、私も最初は、彼らがここまで強く「和」にこだわった理由がわかりませんでした。しかし、そのうちに気がついたのです。きっかけは、和が乱れると、どういうデメリットが生じるのか、と考えたことでした。

「和が乱れる」ということは、「競争する」ということです。競争をすれば、そこには必ず勝者と敗者が生まれます。敗者は当然のことながら、勝者に怨《うら》みを募らせます。そして、その怨みをそのまま放っておいたらどうなるか、——怨霊《おんりょう》が生まれてしまうのです。長屋王の祟《たた》り、早良《さわら》親王の祟り、崇徳《すとく》上皇の祟り、菅原道真《すがわらのみちざね》の祟りなど、奈良・平安時代の人々が、強く怨霊を恐れ、さまざまな鎮魂《ちんこん》方法を試行錯誤しながら編み出していったことは第三章で詳しくお話ししたいと思います。

聖徳太子の憲法十七条が、和の重要性を説いた最初ではなかったように、人々が怨霊を恐れたのも、奈良・平安時代より、もっとずっと前から続いてきたことだったと考えられます。

大和朝廷をつくった人々は、もともと怨霊を恐れていたのです。

怨霊を強く恐れたがゆえに、彼らは、そもそも怨霊を生み出さないようにするためにはどうしたらいいのかと考え、「和」を重んじるようになったのです。

これは、怨霊を一種の病気だと考えるとわかります。怨霊を鎮魂するということは、彼らにとっては病気を治療するようなものなのです。もちろん、治療は必要だし、とても大切なことですが、もっとも理想的なのは、やはり病気にならないことです。この場合で言えば、そもそもの「怨み」を生み出さないようにする、ということです。

インフルエンザになってから治療するのは大変ですが、かかる前に予防接種をしていれば、そもそもインフルエンザになって苦しまずに済むのですから、その方が理想的な対処法であることは間違いありません。

　こうして怨霊という恐ろしい病気を予防する方法として生まれたのが、人と競争しないこと、協調性を持つこと、つまり「和を大切にする」ということだったのです。

　たしかに、「神話＝歴史的事実」とは限りません。

　大和朝廷による先住民の征服というものを正当化するために、そこには当然、美化、あるいは誇張がなされています。でも、だからといって、神話は真実ではないから分析する価値がない、という態度は間違っています。

　美化されているのが当然なのですから、検証するときに、どこが美化、誇張された部分なのか考えながらその化けの皮を引っ剥《ぺ》がしていけばいいのです。そうすれば、本来の事実が見えてきます。

　それに、この美化された部分を剥がしていく作業は、単なる面倒くさい仕事などではありません。なぜなら、その「美化された姿」は、当時の人たちが何を理想としていたのかを知る最高の手がかりだからです。

◇「神話」から歴史を知ることができる

日本人の行動原理となっている「和」のルーツを探す私の旅は、飛鳥時代の「憲法十七条」からさらに遡《さかのぼ》り、「国譲り神話」にまでたどり着きました。

神話の内容を学ばずして、日本人に染み込んだ「和」のルーツがどこにあったのかはわからなかったでしょう。

そういう意味で、私は「神話」というのは、その国を知る上で欠かすことのできない、大切な史料だと考えています。

しかし現在の日本の歴史教科書には、神話の記述はまったくありません。これは日本にとって過去の過《あやま》ちを踏まえた上で、もういちど考えるべき大切な問題だと思います。

戦前の日本史の教科書には、神話が歴史的事実として記載されていました。戦後、そうした神話に基づく歴史教育は間違っていたとして、歴史教科書の記述から神話に関する部分はすべて削除されてしまいました。

たしかに、神話がすべて事実のごとく教えられたことによる弊害があったことは事実で

Point

神話には歴史の真実を見つける手がかりがある！

す。

しかし、だからといってすべてを無視していいというものでもないと私は思います。神話には、必ず何がしかの事実と当時の人々の思いが込められているからです。

神話には何らかの事実が含まれているということは、「多くの嘘を含んでいる」ということでもあります。

何が嘘で、どこに真実が含まれているのか、神話を歴史史料として使うためには、慎重な検討が必要不可欠だということです。

たとえば、神話を信じる限り、日本の天皇家は「万世一系」、つまり、永遠に一つの血統が、アマテラスから今上《きんじょう》天皇まで続いていることになります。そして、神話を鵜呑《うの》みにした戦前の大日本帝国時代、このことが「神国日本」というキャッチフレーズとなって国威発揚に利用されたことは事実です。

しかし、神話は、そのまま鵜呑みにするのではなく、冷静に事実と嘘を検討していけば、歴史の真実を見つけ出す大切な手がかりとなってくれます。

たとえば、十五代の天皇に応神《おうじん》天皇と言われる方がいます。この方は実在が有力視されている天皇ですが、教科書にその具体的な名が登場することはありません。そういう意味では、神話の世界の天皇です。

●天皇家の系図

数字は皇位継承の順

═══は婚姻関係

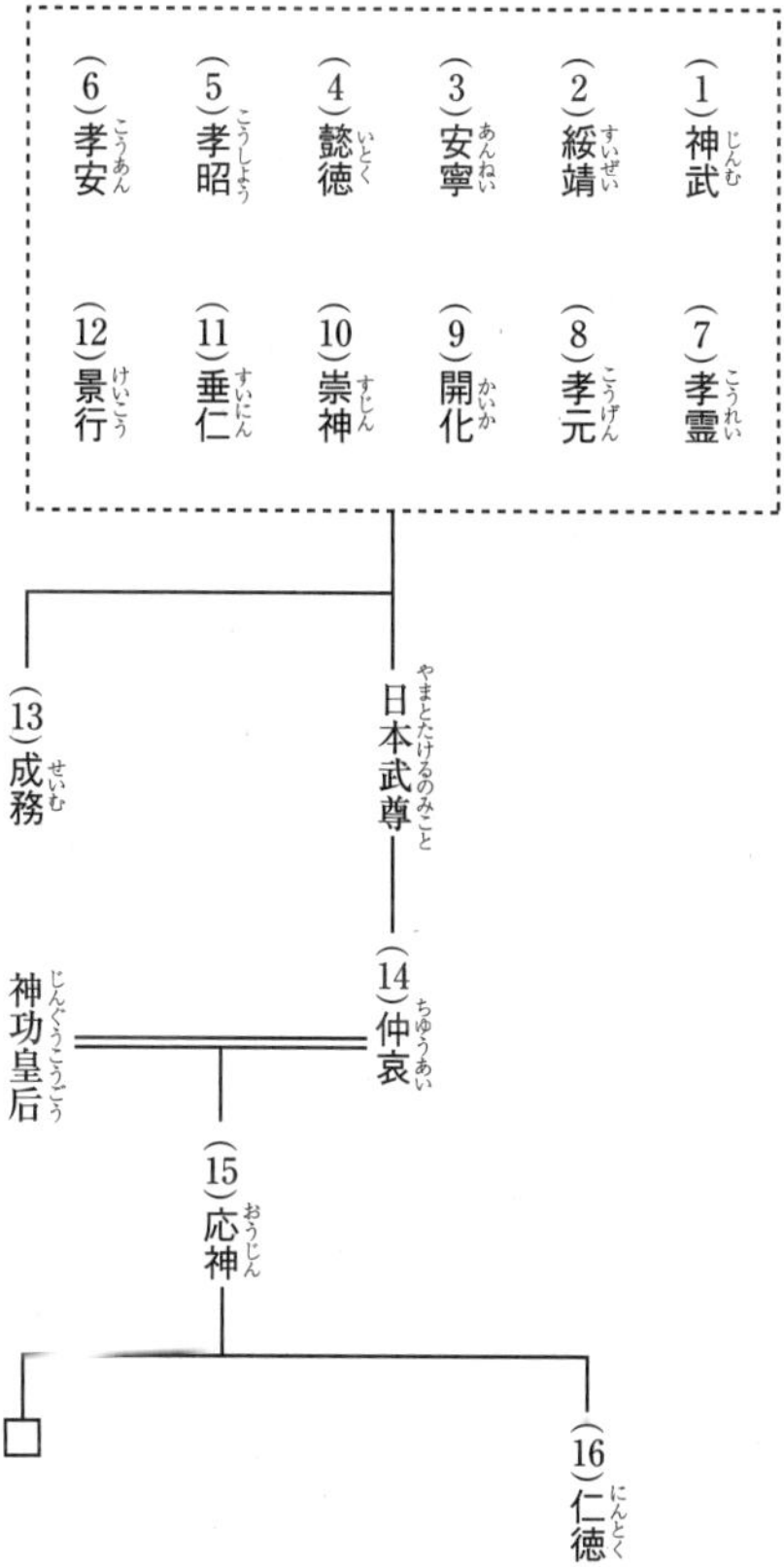

この応神天皇のお母さんは神功《じんぐう》皇后という有名な皇后です。なぜ有名かというと、非常に勇ましい女性で、夫である仲哀《ちゅうあい》天皇が亡くなった後、身重の体で「三韓《さんかん》征伐」を行ったという武勇伝の持ち主として有名なのです。明治時代には神功皇后の肖像画が、と言っても想像図ですが、切手や紙幣に用いられたほど有名な皇后です。

現在は、息子の応神天皇の実在さえ疑わしいという説もあり、当然、神功皇后の実在も肯定派と否定派がいて結論を見ていませんが、明治時代から太平洋戦争終結までは、教科書で実在の人物として取り上げられていました。

さて、この神功皇后が産んだ応神天皇の出生が、実はちょっと疑わしいのです。

神話では、神功皇后は夫の仲哀天皇が急死したとき、すでにお腹に未来の応神天皇を身ごもっていたことになっているのですが、それが本当だとすると、生まれるまでの計算が合わないのです。

一応、神話にもその点についての「言い訳」はあります。それは次のようなものです。夫が急死したので、代わりに神功皇后は妊婦の身でありながら、「三韓征伐」に行かなければならなくなります。海を渡ることになった神功皇后は、旅の途中で子供が生まれてしまっては困るので、お腹に「月延石《つきのびいし》」と呼ばれる石を当てて、お腹を冷やすことで出産時期を遅らせたと言います。ちなみに、この月延石は全部で三つあったとされています。

今風に言えば、応神天皇は、父親が死んでから十一カ月も経《た》って生まれた子供なのです。

戦前だったらこんなことはとても言えませんが、やはりこれは怪しいでしょう。応神天皇は、仲哀天皇の子供ではないと考えるほうが自然です。

この、月遅れの出産に加え、もう一つ、応神天皇のときに天皇家の血統が変わったのではないかと推測させるものがあります。

それは、天皇の諡号《しごう》です。

諡号というのは、天皇がお亡くなりになった後に贈られる名前のことです。

天皇は、存命中は一人しか存在しないので、呼び名を必要としません。「お上」とか「陛下《へいか》」とお呼びすれば用が足りるからです。ところが、お亡くなりになると、かつて天皇だった方は大勢いらっしゃるので、区別するための固有の名が必要となります。そこでその人の業績に即した美称が贈られます。明治時代になり、一世一元（一人の天皇の在位中は一つの元号を通すこと）となってからは、元号をもってその天皇の追号《ついごう》（諡号の一形態）とすることが決められていますが、それまでは各天皇ごとに、その業績や人柄を考慮した、意味のある名前が贈られていました。

今、私たちは、過去の天皇を「○○天皇」と言いますが、この「○○」に当たる部分が諡号です。

諡号にはさまざまな文字が使われていますが、「神」という字が使われるのは、実はとても珍しいのです。その珍しい「神」という字を「神功皇后」と「応神天皇」は親子で贈られています。

では、この珍しい「神」という字は何を意味しているのでしょう。

諡号に「神」の字が使われているのは、この親子を除けば歴代の天皇の中でも神武天皇と崇神《すじん》天皇のたった二人だけしか存在しません。

神武天皇は、初代の天皇として有名ですが、歴史学界では架空の存在である可能性が高いと考えられています。崇神天皇は第十代の天皇とされていますが、実はこの方こそが、本当の初代天皇なのではないかという説があり、これはかなり有力な説とされています。

その説を後押ししているのが、神武天皇と崇神天皇に共通する「はつくにしらすすめらみこと」という名前の存在です。二人の漢字表記は少し違うのですが、「はつくにしらすすめらみこと」という音はまったく同じです。

そして、この「はつくにしらすすめらみこと」という名の意味は、「初めて天下を治めた天皇」という意味の名前なので、先にこの名を贈られた神武天皇は伝説上の天皇で、実際に国を開いた天皇が崇神天皇だったのではないか、と考えられているのです。

このことから「神」という字は、新しく国を開いた方に贈られる字である可能性が出てきます。そして、そう言われてみると、応神天皇の陵墓《りょうぼ》（誉田御廟山古墳《こんだごびょうやま》）は、日本最大の陵墓である仁徳天皇陵（大仙《だいせん》陵古墳、そうでないという説もある）に次ぐ巨大なものなのです。

政権が交代したとき、巨大な王墓がつくられるのは歴史上よくあることです。

なぜかというと、一つには新しい政権を誇示するためですが、もう一つは、前政権を倒したことによって、それまでバラバラだった地域が一つの国として統合されるため、大土木事業を行えるだけの大きな国力を持てるようになることも、大きな理由の一つです。

つまり、応神天皇の陵墓が大きいということは、それだけ大きな国力を有していたということです。

こうしたことからも、仲哀天皇と応神天皇の間に、血統の変化、つまり政権交代があったことが推理できるわけです。

私は、応神天皇から新しい王朝が始まったと確信しています。

しかし、これが真実だったとしても、神話にそうした事実を書くことはできなかったでしょう。なぜならそう書いてしまうと、万世一系であるべき天皇家の血統が途切れていたことがバレてしまうからです。そこで、神話を崩さないためには、仲哀天皇と関係のある神功皇后が、二人の天皇の間をつなぐようなかたちで偉業を成し遂げたことにする必要が生まれたのではないでしょうか。

そして、こうしてでっち上げられたのが「三韓征伐」だったのです。

歴史上の用語なのでそのまま使いましたが、「征伐」という言葉は、悪いヤツらをやっつけるという意味の差別語ですから使うときは注意してください。

三韓は、当時朝鮮半島にあった三つの国、「高句麗」「新羅《しらぎ》」「百済《くだら》」の三国を指します。神功皇后は、この三国を「征伐」するために海を渡り、新羅王を降伏させたということが、『日本書紀』に載っています。

この記述をでっち上げた人たちは、将来そのことがどのようなことを招くのか予想だにしていなかったと思いますが、この記述は後に二つの戦争の大義名分に利用されます。

一つは秀吉の朝鮮出兵（当時は唐入《からい》りと言っていました）、そしてもう一つは戦前の日韓併合です。どちらの場合も、朝鮮半島に領土的野望を持つ人間に、「朝鮮半島は神功皇后のときに日本の従属国となったのだから、日本に統治権がある」という大義名分を与えることになってしまったのです。

でも実際には、古代においても、朝鮮半島が日本に臣従したり、降伏したということはなかったと思います。

たしかに、当時の日本（倭国）が朝鮮半島に進出していたことは事実です。このことは、高句麗の第十九代の王・広開土王《こうかいどおう》の業績を称《たた》えた石碑「広開土王碑（好太王碑）」の碑文が立証しています。この石碑には、五世紀初頭に百済と通じていた日本人が新羅に攻め込んできたと記されています。

ですから当時、日本と朝鮮半島の間に武力衝突があったことは間違いありません。しかし、七世紀に日本が唐と新羅の連合軍に白村江《はくすきのえ》の戦いで負けていることを考えれば、やはり神功皇后が勝ったというのは事実ではないと思います。

戦前の教科書には、神話が歴史的事実として載っていました。そして、国譲りや三韓征伐、万世一系を正しい歴史だと信じたがゆえに、間違いを犯してしまいました。

神話を信じたのは間違いだった。そう思った日本人は教科書から神話の部分をすべて取り除きました。その結果、今の教科書には、神話についての記述は何もありません。

はっきり言って、私は戦前も今も、神話の扱いを間違っていると思います。

歴史の教科書というのは、過去の歴史を学び、それを未来に役立てるための道具です。であるならば、過去に神話を鵜呑みにしてしまったために生じてしまった過ちも含めて、隠さずに子供たちに教えるべきだと思います。

「かつてはこう信じられていたため、このような過ちを犯してしまった。でも今は、こういう考え方で神話を見直している。その結果、こうした歴史の真実がわかってきたんだよ」

そう教えればいいのではないでしょうか。

そうすれば、神話は歴史を知る上でかけがえのない大切な史料となるはずです。

第二章のまとめ

・我々日本人は、「勝者」と「敗者」を生む競争が嫌いなのです。「みんなで話し合いで決めればいい」、これが日本の社会です。

・憲法十七条の第一条で、上も下も和らぎ睦まじく話し合いなさいと言っているのですから、聖徳太子が、天皇の詔に従うより、上下の身分に関係なく互いに話し合うことが大切だと思っていたことは間違いないのです。

・憲法十七条と五箇条の御誓文、その間、実に千二百年以上の年月が流れているのですが、二つとも真っ先にあげたのは「話し合い」だったのです。

・鉄器を持った弥生人が、「大和族」のルーツで、この大和族が、鉄器の力で出雲を征服して、さらにそこに住む出雲族の人々を殺してしまった。これが「国譲り」の実態だったと思われます。

・歴史の教科書というのは、過去の歴史を学び、それを未来に役立てるための道具です。過去に神話を鵜呑みにした過ちも含めて、子供たちに歴史を知る上で大切な史料である「神話」も教えるべきです。

第三章

桓武天皇と藤原氏は怨霊を恐れていた！

なぜ日本では敗者がこんなにも称えられるのか

キーポイント⑥

遷都はなぜ繰り返されたのか

古代日本人は人災であれ天災であれ、それは怨霊《おんりょう》の仕業《しわざ》だと考えた。この「怨霊」をキーワードにして見ていくと歴史の裏側がわかってくる！

◇日本人が古くから信じてきた「怨霊信仰」

大政奉還《たいせいほうかん》が成り、元号が「慶応」から「明治」へ変わる直前、近代日本が産声《うぶごえ》を上げようとしたまさにそのとき、慶応最後の日に、明治天皇は四国の香川県坂出《さかいで》にある崇徳《すとく》上皇の御陵に勅使を派遣しています。

この大切なときに明治天皇は、なぜわざわざ勅使を平安末期の上皇のお墓に派遣したのでしょうか。

それは、**明治天皇が心から怨霊の祟《たた》りを恐れていたからです。**

日本はもともと天皇が治める国でした。それが、平安末期に台頭してきた武士に政権を奪われて以来、天皇が日本の統治者の座に就《つ》くことはありませんでした。その失って久しい政権が再び天皇の手に戻ってきたのが、大政奉還です。

では、なぜ天皇は政権を武士に奪われてしまったのでしょう。歴史的に見れば現実的な問題がいろいろあったのですが、天皇家がこれこそが政権を失った理由だと信じていたのが「崇徳上皇の祟り」でした。

崇徳上皇は保元《ほうげん》の乱で後白河天皇に敗れ、讃岐国《さぬきのくに》（現在の香川県に相当）に流され、そこで天皇家を呪いながら亡くなりました。彼は亡くなるときに呪詛《じゅそ》の言葉を残しています。

「日本国の大魔縁《まえん》（大魔王）となり、皇《おう》を取って民《たみ》とし民を皇となさん」

つまり、自ら怨霊となると宣言した上で、天皇を民の位に落とし、民を政権の座に据《す》えてやる、と呪ったのです。

この言葉は、その後間もなく、武家政権・鎌倉幕府の誕生という形で成就します。少なくとも天皇家の人たちは、崇徳上皇の祟りによって政権を奪われたと信じ、恐れました。

その後も足利、織豊《しょくほう》、徳川と施政者は移り変わりますが、天皇に政権が戻ることはありませんでした。つまり、天皇家の人々からすれば、崇徳上皇の呪いは幕末に至るまでずっと効力を発揮し続けていたのです。

だから明治天皇は、自らの治世を正式に開くにあたり、怨霊となった崇徳上皇に許しを請うため勅使を派遣したのです。

実はこのとき、明治天皇が崇徳上皇の霊にお願いしたのは、許してもらうことだけではありませんでした。許すと同時に、自らの政権を守ってくれるようにお願いしているのです。このことは宮内庁の正式な記録にも残っている事実です。

でも、今まで自分たちを苦しめてきた相手に、守護をお願いするなど少し変だと思いませんか？

しかし、日本人は、「御霊《ごりょう》信仰」という名で、このちょっと変なことを長年行ってきているのです。

恨《うら》みを抱いて亡くなった人や、非業《ひごう》の死を遂げた人の魂は、死後「怨霊」となって人々に厄災をもたらすとして、日本人は「怨霊」を恐れてきました。そして、怨霊を恐れるがゆえに、なんとかしてその荒ぶる魂を「鎮魂《ちんこん》」しようと考えました。そうして生まれた鎮魂方法が、怨霊を神として祀《まつ》る御霊信仰なのです。

御霊信仰については教科書にも記述が見られます。

崇徳上皇の白峯御陵（写真提供：坂出市教育委員会）。1164年、46歳で崩御された崇徳上皇は、遺骸を八十場の泉に浸された後、白峯に送られ、その場に葬られた。

政争にあけくれた貴族社会では、天災や社会不安がおこると、それは政治的事件で不遇な最期《さいご》をとげた人の祟《たた》りだとし、その霊をなぐさめる御霊会《ごりょうえ》がさかんになった。菅原道真をまつる北野《きたの》天満宮が建てられたのもそのあらわれである。

（『もういちど読む山川日本史』58～59ページ）

御霊会は、はじめ早良《さわら》親王ら政治的敗者をなぐさめる行事として、9世紀半ばにはじまったが、やがて疫病の流行を防ぐ祭礼となった。北野《きたの》神社や祇園社《ぎおんしゃ》（八坂《やさか》神社）の祭りなどは、元来は御霊信仰から生まれたものである。

（『詳説日本史　改訂版』66ページ　欄外）

これらはいずれも平安時代のところの記述です。内容は間違いではないのですが、これ以前に怨霊信仰に関する記述がないため、まるで日本の怨霊信仰は平安時代から始まったかのような誤解を与えてしまう危険性があります。

怨霊信仰はもっと古くから存在しており、「御霊信仰」「御霊会《ごりょうえ》」という形になるまでに、さまざまな「対怨霊政策」とでも言うべきものが行われた歴史が存在しているのです。

そのことをもっとも顕著に表しているのが、二〇一〇年に「平城遷都1300年祭」を迎え、多くの人々が訪れた奈良東大寺の大仏です。

もちろん教科書に大仏建立《こんりゅう》の記述はあります。しかし残念なことに、そこに怨霊信仰の記述は一つもありません。でも、なぜ大仏がつくられたのか、そして、これが重要なのですが、なぜ大仏が見捨てられたのかを考えれば、大仏が対怨霊政策の一つとしてつくられたことは、明らかなのです。

◇歴史の真実を見極めるには？

奈良の大仏をつくったのは聖武《しょうむ》天皇（在位七二四年〜七四九年）ですが、奈良の大仏はなぜつくられたのでしょう。

なぜ大仏をつくったのか、教科書では次のように説明しています。

天皇は仏教の力によって政治・社会の動揺をしずめようとはかり、741（天平13）年に国分寺建立の詔、つづいて743（天平15）年には盧舎那《るしゃな》大仏造立の詔をだした。

（『もういちど読む山川日本史』42ページ）

政治情勢や飢饉《ききん》・疫病《えきびょう》などの社会的不安のもと、仏教をあつく信仰した聖武天皇は、仏教の持つ鎮護《ちんご》国家の思想によって国家の安定をはかろうとし、741（天平13）年に国分寺建立《こくぶんじこんりゅう》の詔《みことのり》を出して、諸国に国分寺《こくぶんじ》・国分尼寺《こくぶんにじ》をつくらせることにした。ついで743（天平15）年には近江《おうみ》の紫香楽宮で大仏造立《だいぶつぞうりゅう》の詔《みことのり》を出した。

（『詳説日本史　改訂版』42ページ）

教科書がこの記述の拠《よ》り所《どころ》としている聖武天皇が出した「大仏造立《ぞうりゅう》の詔《みことのり》」とは次のようなものです。この詔の原文は『続日本紀《しょくにほんぎ》』に載っていますが、漢文でわかりにくいので、ここでは現代語訳したものをご紹介します。

「天平十五年十月十五日をもって、衆生《しゅじょう》救済・仏法興隆の大願をたてて盧舎那《るしゃな》大仏の金銅像一体をつくることにする。国中の銅を尽くして像を鋳造し、大山から木を伐《き》り出して仏殿を建て、広く世界中にひろめて仏道成就の同志として、ともに仏恩にあずかり悟りを開きたいと思う。天下の富と権威をあわせ持つ者は私（聖武天皇）である。この富と権威をもってすれば、尊像をつくることは困難ではないであろうが、それでは発願の趣旨にそわないものとなる。かえって無益な労働に酷使するだけになり仏のありがたさを感じず、またお互い中傷しあって罪人を生ずるようなことも恐れる。……もし、一枝の草や一握りの土でも持ちよって造像に協力を願い出る者があれば、許し受け入れよ。国郡の役人は、この造立事業にことよせて人民の生活を乱し無理な税を取り立ててはならない。全国遠近にこの旨を布告して私の気持ちを知らせるようにせよ」

こうした詔が出されたことは、たしかに事実だと思います。でも、詔として出されたことが、そのまま天皇のご本心だったのか、というと、私は違うのではないかと思います。なぜなら、詔（天皇の命令）とはいえ、これはあくまでも公文書だからです。

公と私の間には、常に建前と本音があるものです。

少々下世話な例で恐縮ですが、官僚が痴漢事件を起こしてしまったとしましょう。不祥事を起こした場合、ひどいときは懲戒免職になりますが、それほどでもないときは自主退職というかたちが取られます。自主退職であれば退職金が出るので、本人が反省しているというような場合は、温情措置としてそういうかたちが取られるのです。

官僚が辞職すると官報に載りますが、こうした場合、官報に「痴漢をやったのでその責任を取って辞めた」と書かれることは絶対にありません。国や官というものは、自分の恥は絶対に記録に残さないからです。

このことからもわかるように、公文書だからといって必ずしも正しいということにはならないのです。

直近の例で言えば、アメリカ同時多発テロの後、アメリカはイラクに軍隊を送り、フセイン政権を打倒して占領しましたが、その理由として掲げたのは、イラクに大量破壊兵器が隠されており、このままだと世界平和が脅《おびや》かされるからだということでした。これが政府の公式見解として発表された理由です。そのため当時の公文書には、イラクには大量破壊兵器があるということが事実として記されています。

でも、これが事実ではなかったことは、すでに皆さんもご存じの通りです。

個人でも国家でも、目的のためには嘘をつくのは当たり前です。ところが、そういう常識が教科書を執筆していらっしゃる学者先生にはおわかりいただけていないようです。

当時の人が書いたものだから間違いない、公文書だから正しい、頭からそういう思い込みで史料を見ている限り、歴史の真実を見極めることはできません。

◇女性天皇と女系天皇の違いとは？

公文書で謳《うた》っている「衆生救済・仏法興隆」が真の目的でないとしたら、大仏は何のためにつくられたのでしょう。

これを述べるために、大仏を建立した聖武天皇に至る歴史を少し確認しておきましょう。

ことの起こりは「壬申《じんしん》の乱」（六七二年）でした。壬申の乱とは、天智《てんじ》天皇の皇太子・大友皇子と天智天皇の弟の大海人《おおあま》皇子（後の天武《てんむ》天皇）の間で繰り広げられた、天皇の位を巡る争いです。

天智天皇は最初、弟である大海人皇子に、「俺が死んだらお前に天皇の位を譲る」と約束していました。ところが、自分に子供が生まれると、実の子に皇位を譲りたいと思うようになり、とうとう約束を破ってしまったのです。「約束が違う！」、そう怒った大海人皇子は、天智天皇の死後、反旗を翻《ひるがえ》し、壬申の乱を起こして天智天皇の皇太子である大友皇子を殺して、自ら皇位に即《つ》きました。それが天武天皇です。――というのが壬申の乱についての「公式発表」です。

実はこれにも「裏」があり、いろいろ申し上げたいことはあるのですが、今回のテーマからは外れてしまうので今回は割愛《かつあい》します。ご興味のある方は、「まえがき」で述べた『逆説の日本史』第二巻（小学館刊）をご参照いただくとして、ここでは壬申の乱の結果、天武天皇の系統が勝ち、男系の皇統を嗣《つ》いだということだけご記憶ください。

七一〇年に奈良の都「平城京」を開いたのは、この天智天皇系の元明《げんめい》天皇ですが、元明天皇は女性天皇です。そして、元明天皇の後は元正《げんしょう》天皇が皇位を受け継ぐのですが、この天皇も女性です。女性天皇が二代続いた後、待望の男性天皇が即位します。それが、大仏を建立した天武天皇系の聖武天皇です。

女帝は是か非かという論議がありますが、「女性天皇」と「女系天皇」を混同している人が多いようですので、ここでその違いを解説しておきたいと思います。

「女性天皇」というのは、天皇であって女性であることです。これに対して、**「女系天皇」とは、母親から天皇家の血を受け継ぐ天皇という意味です。**たとえば、元明天皇や元正天皇が天皇家とは別の血統の人と結婚して子供が生まれたとしましょう。その子は天皇家の血を母親から受け継いでいますが、父系からは受け継いでいません。そういう人が天皇に即位した場合、女系天皇となります。

元明天皇も元正天皇も女性天皇であって女系天皇ではありません。日本には女性天皇は何人もいますが、未《いま》だかつて「女系天皇」は一人も存在していないのです。女性であっても、天皇はあくまでも男系なのです。これは今の皇室典範にも明記されているルールです。

話を戻しましょう。ここで問題なのは、天皇は男系でなければならないのに、なぜこの時期に二代も女性天皇が続いたのか、ということです。

実は、天武天皇の孫に当たる文武《もんむ》天皇が亡くなった後、後に聖武天皇となる首皇子《おびと》はすでに生まれていたのですが、まだ幼かったため、皇位に即くことができませんでした。そこで、首皇子が無事に育つまでの「つなぎ」として、元明・元正と二人の女件天皇が皇位を継いだのです。

その後、なんとか成長した首皇子は、当時権勢を振るっていた藤原不比等《ふひと》の娘・光明《こうみょう》子《し》を后《きさき》に迎えます。ただし、后と言っても、「皇后」ではありません。この時代、天皇は何人もの后を持つことができましたが、皇后だけは皇族でなければならないというルールがあったからです。

なぜ皇后は皇族でなければならないのかというと、天皇が亡くなったとき、後を継ぐべき男子が幼いような場合に、その子が成長するまでの間、皇后が天皇になることがあるからです。男系で天皇の血を受け継いでいないと天皇にはなれませんから、皇后は皇族に限られたのです。

実際、天武天皇の皇后で、その皇位を継いだ持統《じとう》天皇は天智天皇の娘ですし、もっと遡《さかのぼ》れば、聖徳太子を皇太子とした推古《すいこ》天皇は、敏達《びだつ》天皇の皇后ですが、欽明《きんめい》天皇の娘でもありました。

光明子は藤原不比等の娘なので、天皇の后にはなれても、皇后には絶対になれないはずでした。ところが、七二七年に光明子が聖武天皇の皇子を産んだことによって、光明子を皇后にしようとする藤原氏の陰謀が始まります。これに激しく反対したのが長屋王でした。

◇聖武天皇はなぜ遷都を繰り返したのか？

天武天皇の孫である長屋王は、男子の少ない当時の皇室で非常に皇統に近い位置にありました。彼は七二〇年に不比等が没したことにより右大臣に、七二四年に聖武天皇が即位すると左大臣になり、朝廷に大きな発言力を持つようになっていました。

その長屋王が、光明子を皇后に格上げすることに徹底的に反対したのです。

こうなると藤原氏にとって長屋王は邪魔な存在です。なんとかして長屋王を排斥する方法はないものか、藤原氏がそんなことを考えていた矢先、光明子が産んだ聖武天皇の皇子が一歳になることなく亡くなってしまいます。

このとき藤原氏は、この不幸な出来事を長屋王の追い落としに利用することを思いつきます。つまり、皇子が亡くなったのは長屋王の行った呪詛のせいだ、長屋王は謀反《むほん》を企《たくら》んでいる、と罪を捏造《ねつぞう》し追い詰めたのです。

●天皇家と藤原氏の系図

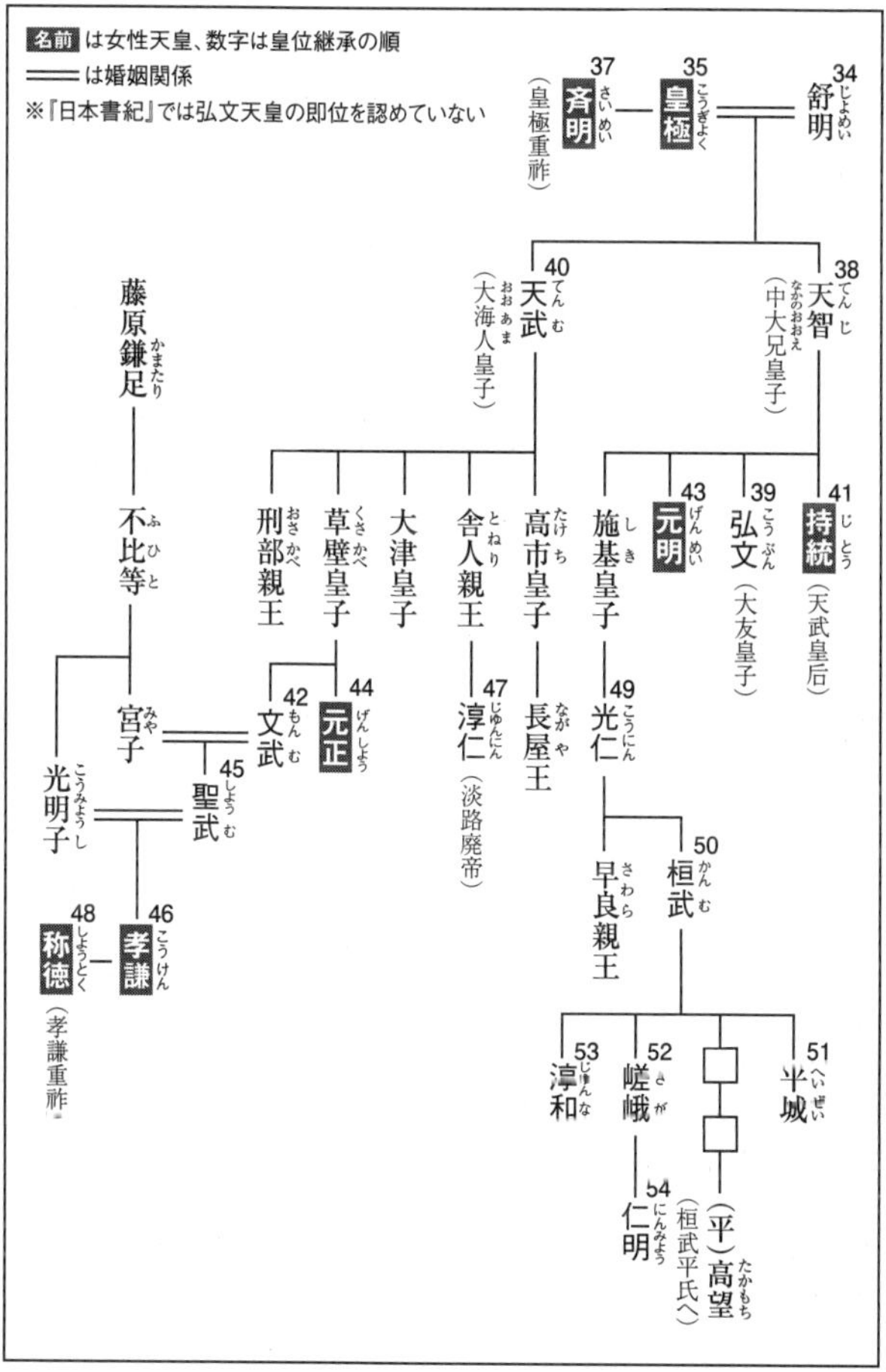
名前 は女性天皇、数字は皇位継承の順
＝＝ は婚姻関係
※『日本書紀』では弘文天皇の即位を認めていない
34 舒明《じょめい》
35 皇極《こうぎょく》
37 斉明《さいめい》
（皇極重祚）
38 天智《てんじ》
（中大兄皇子《なかのおおえのおうじ》）
40 天武《てんむ》
（大海人皇子《おおあまのおうじ》）
藤原鎌足《かまたり》
不比等《ふひと》
41 持統《じとう》
（天武皇后）
39 弘文《こうぶん》
（大友皇子）
43 元明《げんめい》
施基皇子《しきのおうじ》
高市皇子《たけちのおうじ》
舎人親王《とねりしんのう》
大津皇子
草壁皇子《くさかべのおうじ》
刑部親王《おさかべしんのう》
宮子《みやこ》
光明子《こうみょうし》
42 文武《もんむ》
44 元正《げんしょう》
45 聖武《しょうむ》
47 淳仁《じゅんにん》
（淡路廃帝）
長屋王《ながやおう》
49 光仁《こうにん》
48 称徳《しょうとく》
（孝謙重祚）
46 孝謙《こうけん》
早良親王《さわらしんのう》
50 桓武《かんむ》
51 平城《へいぜい》
52 嵯峨《さが》
53 淳和《じゅんな》
54 仁明《にんみょう》
（平）高望《たかもち》
（桓武平氏へ）

これは真っ赤な嘘、冤罪《えんざい》なのですが、屋敷を取り囲まれた長屋王は、妻子とともに自ら命を絶ちます。これを「長屋王の変」と言います。

邪魔者がいなくなった藤原氏は、長屋王の死後わずか半年で光明子を皇后にします。**日本史上初めての天皇の血統を持たない皇后が誕生したのです。**

長屋王の死後、政治の実権を握ったのは、藤原四兄弟と言われた光明子の四人の兄たちでした。妹は正式な皇后になり、病弱な聖武天皇はその妹の尻に敷かれている、もはや藤原氏に逆らう者はなく、栄耀栄華《えいようえいが》は思いのまま——、そう思っていた矢先の七三七年、藤原氏は天罰としか思えないような痛手を被《こうむ》ります。天然痘の大流行によって、藤原四兄弟全員が僅《わず》か一年のうちに相次いで亡くなってしまったのです。

悲しみの淵で、無実の長屋王を死に追いやったという後ろめたい思いを抱えていた藤原氏の人々は、この不幸な天災を「長屋王の祟り」だと恐れました。

藤原氏の不幸はさらに続きます。藤原広嗣《ひろつぐ》という藤原氏の一族が反乱を起こしたのです。

現在は戦争は天災ではなく人災だと考えるので、戦争が起きたからといって「祟りだ」とは思いませんが、**昔は悪いことはすべて、人災であれ天災であれ、怨霊（悪霊《あくりょう》）の仕業だと考えられていました。**戦争を起こそうと思った人間がいた、そもそもその人がそうした心根《こころね》になったのは、悪霊の働きによるものだ、というわけです。今でも「悪魔に魅入《みい》られた」というような言葉が使われることがありますが、当時の人は戦争はまさにそのようにして起きると信じていたのです。

うち続く「不幸＝祟り」を恐れた藤原氏は、ここで一つの選択をします。それが「遷都」でした。

遷都とは都を移動するということですが、より具体的に言えば天皇の住まいである皇居を移すことと言えます。昔は天皇が変わるごとに皇居の場所が移されていましたが、これは長屋王の祟りと天皇の死という大きな怨霊と穢《けが》れから逃《のが》れるためでした。

それから僅か五年の間に、聖武天皇は「恭仁京《くにきょう》」「難波宮《なにわのみや》」「紫香楽宮《しがらきのみや》」、そして再び平城京に戻るという四度の遷都を繰り返します。

これほどの短期間に都を何度も変えるというのは尋常なことではありません。しかも最後にはもとの平城京に戻ってきているのです。これはごく簡単に言えば、いくら遷都しても効果はなかった、祟りが治まらなかったということです。

遷都してもムダだと悟った天皇は、新たな方法を考えつきます。

実は、それこそが「大仏の建立」だったのです。

◇大仏をつくった本当の目的

それにしても、あの時代にあれほど大きな仏像を、しかも鋳物でつくろうというのはすごい発想です。

大仏を造立するということ自体は、このときすでに中国に先例（ただし石仏）がありました。ですから、悩める聖武天皇に誰かが、恐らくは唐に留学した僧の誰かが「唐には大きな功徳《くどく》をもたらす大仏というものがございます。その唐にもないような立派な大仏をおつくりになって、そのお力にすがってみてはいかがでしょうか」と勧めたのだと思います。『続日本紀』には七四〇年（天平十二）に聖武天皇がある寺にあった仏像を見て大仏を造ることを考えたとあります。

仏教を深く信仰していた聖武天皇は、この提案に飛びついたのではないでしょうか。

さて、私はこの項の初めのほうで、「大仏造立の詔」に書かれている目的は建前だと述べました。では、本当の目的は何だったのか。

それは、聖武天皇が心から恐れている長屋王の祟りによって生じた、現実的な問題の解決です。聖武天皇最大の悩みとは、自分が、後継ぎとなる皇子に恵まれていないことでした。

このときすでに光明子が産んだ娘・阿倍内親王（後の孝謙天皇）が皇太子となっていましたが、彼女が女性天皇となったとしても、女系天皇が認められていない以上、彼女がバトンを渡すべき皇子がどうしても必要だったのです。つまり、**皇統を受け継ぐことのできる男子の誕生。これこそが聖武天皇が大仏をつくる本当の目的だったのだと思います。**

聖武天皇は生まれつき体が弱く、長寿は望むべくもありません。自分でもそのことがわかっていたので、聖武天皇は焦っていました。

この時期の聖武天皇の焦りを強く感じさせるものがあります。それは改元です。

改元とは「元号」を改めることです。現在、元号は天皇一代につき、一つと決まっていますが、当時は天皇のご意志で改めることが可能でした。では、どのようなときに改めるのかというと、良きにつけ悪しきにつけ、何か特別なことがあったときです。

七四八年、天皇の母親代わりだった元正上皇が亡くなったのをきっかけに、その翌年、聖武天皇は元号を「天平感宝《てんぴょうかんぽう》」と改めます。なぜ「感宝」とつけたのかというと、当時、大仏の造立のために必要としていた黄金が陸奥（東北）で見つかったからでした。恐らく聖武天皇は、元正上皇の死という悲しい出来事を、黄金の発見という嬉しい兆《きざ》しで払《ふっ》拭《しょく》したいと思ったのでしょう。

ところが、その改元した同じ月に、聖武天皇は自ら建設途中の大仏にひれ伏し、「三宝《さんぼう》の奴《やつこ》」、つまり、自分は仏教の下僕《げぼく》であると宣誓するという儀式を行いました。このとき大仏建立の詔から六年が過ぎていました。恐らく、聖武天皇の健康状態はこのときすでに限界に近づいていたのでしょう。儀式を終えた聖武天皇は、皇太子である阿倍内親王に譲位し、自らは男性としては初の太上天皇（＝上皇）となります。

天皇が交代すると改元されるので、孝謙天皇のもと天平感宝は僅か三カ月で「天平勝《しょう》宝《ほう》」へと変わります。

それから三年後の七五二年（天平勝宝四年）、ついに悲願の大仏開眼《かいげん》が行われますが、その僅か四年後に、聖武天皇はとうとう皇子に恵まれることなく亡くなります。

◇称徳天皇はなぜ道鏡を天皇にしようとしたのか？

かわいそうなのは、皇位を譲るべき相手が明確でないままに即位した孝謙女帝です。一応、聖武天皇が亡くなるときに天武天皇の孫に当たる道祖王《ふなどおう》を皇太子とするように遺言しているのですが、どうも孝謙天皇は、お父さんが決めたその道祖王という男が嫌いだったらしく、僅か一年で皇太子を同じく天武天皇の孫に当たる大炊王《おおいおう》に替えてしまいます。

孝謙天皇にも、唯一、皇族の男子を婿に迎えて自ら産んだ子供に後を継がせるという道が可能性としては残されていましたが、彼女の婿になれるような皇族男子は存在しませんでした。

結局、即位から九年後の七五八年、彼女は大炊王に皇位を譲り、上皇となります。聖武天皇の血を受け継いではいませんが、大炊王も天武天皇の血を男系で受け継いだ天皇です。やっとこれで政局も安定するだろうと思っていた矢先、またしてもトラブルが発生します。

大炊王のバックについていた藤原仲麻呂が反乱を起こしたのです。実はこの人物はもともとは孝謙天皇のお気に入りの家臣で、「恵美押勝《えみのおしかつ》」という美しい名前まで拝領した人物でした。

この仲麻呂の反乱に怒った孝謙上皇は、吉備真備《きびのまきび》という優秀な部下とともに乱を鎮圧し、天皇であった大炊王を廃し、自ら再び皇位に即いたのです。

ちなみに、先ほどから私が即位後も天皇名ではなく「大炊王」と言っていたのには、実は意味があります。この方は正式に天皇になってはいるのですが、廃されたので諡《おくりな》がなく、明治時代に「淳仁《じゅんにん》天皇」と追号《ついごう》されるまで「淡路廃帝《はいてい》」と呼ばれていたからなのです。

なぜ明治時代に追号されたのかというと、本項の冒頭でも述べたように、久しぶりに天皇のもとに政権が戻ったので、歴代の天皇のなかで恨みを残していそうな方々の思いをなぐさめることで日本を守護してもらおうと思ったからです。そのため、先に触れた壬申の乱のときに大海人皇子（天武天皇）に敗れ、命を落とした天智天皇の皇子・大友皇子にも、このとき「弘文《こうぶん》天皇」の名が追号されています。

孝謙上皇は、再び天皇となりました。一度、天皇の位を退いた人が再び天皇の位に即くことを「重祚《ちょうそ》」と言います。重祚した天皇には、前の治世と区別するために新たな名が贈られます。孝謙天皇が重祚した後の名は、「称徳《しょうとく》天皇」と言います。

称徳天皇の治世に、天皇が天皇家の血を受け継いでいない人物に皇位を譲ろうとするという、前代未聞の事件が起きます。有名な「道鏡《どうきょう》事件」です。

これについては、称徳女帝が皇位を自らの愛人である破戒坊主・道鏡に譲ろうとしたとか、道鏡が称徳女帝をたらし込んで天皇になろうとしたと言われていますが、私は、実際はそうした色恋ごとから生じた事件ではないと思っています。

天皇になれるのは男系で天皇家の血を受け継ぐ人間だけです。天皇の血を受け継いでいても母系ではもう資格がありません。そのことは称徳女帝が誰よりも身にしみて知っていたはずです。

では、そんな彼女が、どうして天皇の血をまったく持たない道鏡という僧侶を天皇にしようとしたのでしょう。称徳女帝の立場になって、彼女の悩みを考えていくと、その意図が見えてきます。

彼女の最大の悩みは「誰に皇位を譲ればいいのか」ということでした。父が決めた皇太子は気に入らず、自らが決めた大炊王には仲麻呂の謀反というかたちで裏切られてしまいました。もはや皇室に皇位を譲るべき男子は見つかりません。

そんな女帝の心の支えとなっていたのが弓削《ゆげの》道鏡という僧でした。

皇室に皇位を継ぐに相応《ふさわ》しい人間がいないのであれば、クリーンで能力もある道鏡に譲ったほうが、いっそ変な者が皇位に即くよりよほど国のためになるのではないか。彼女はそう考えたのではないでしょうか。

さらに言えば彼女は、当時の先進国である唐には「禅譲《ぜんじょう》」という考え方が存在していたことも知っていたはずです。禅譲というのは、血縁関係や利害関係のない相手に、その人物の徳を見込んで政治権力者が自らの地位を譲るということです。中国では古代においてこの禅譲が行われたと伝えられていましたが、あくまでも伝説上のことで、実際に行われたことはなかったと私は思っています。しかしここで大切なのは、**たとえそれが理想論だったとしても、先進国中国にはそうした考え方があり、それが当時の日本にもすでに伝わっていたということです。**

称徳女帝が道鏡に皇位を譲ろうとした理由は、この禅譲を実際に行おうとしたためなのではないでしょうか。

もちろん、本来なら天皇の血を受け継いだ男子に譲るべきです。そのことは充分承知していたのですが、現実の皇室にはろくな男子がいない。ならばいっそのこと、優秀で高潔な道鏡に譲ったほうがいい。禅譲は先進国である唐が認めるもっとも徳の高い権力の継承法なのだから、きっと神も認めてくれるはずだ。九州の宇佐八幡神も道鏡の即位を認めるお告げをしたというではないか――と、このように称徳女帝は考えた。そこで、その神意を聞くため、和気清麻呂《わけのきよまろ》が使いとなり、宇佐八幡に向かうことになったのでしょう。

神が道鏡の即位を認めることを信じて称徳天皇は宇佐神宮のご神託を待ったことでしょう。

しかし、勅使・和気清麻呂は、称徳女帝の望みとは逆のご神託、「道鏡に皇位を継がせてはならない」という言葉を持ち帰り、称徳女帝の願いは潰《つい》えます。

道鏡事件の翌年、称徳女帝は後継者を決めないまま亡くなります。

◇大仏と奈良仏教は捨てられた

皇位を誰が継ぐのがいいのか。朝廷は協議の末、天智天皇の第七皇子の第六子である白壁王を皇位に据えます。これが光仁《こうにん》天皇です。つまり、**壬申の乱以降続いてきた天武天皇**

の系統はここで絶え、壬申の乱の敗者である天智天皇系の血筋が皇統に返り咲いたのです。

光仁天皇は皇位に即いたときすでに六十歳を超えていました。そのため大事業は行っていません。本格的に天智天皇系の天皇として政治を動かすようになるのは、光仁天皇の後を継いだ桓武《かんむ》天皇の時代になってからです。

桓武天皇の治世における最大の事業は、なんと言っても平安京への遷都です。

さて、ここで思いだしていただきたい問題があります。それは、奈良の大仏はなぜつくられたのか、という問いとともに挙げたもう一つの問い、「なぜ大仏は見捨てられたのか」という問題です。

桓武天皇は遷都したとき、奈良に大仏を残していきます。

あんな大きなものを持っていけるわけがないだろう、という意見もあるでしょうが。もし、運ぶことがどうしてもできず、仕方なく残していったのだとしたら、折々に勅使を派遣して祈願をしたり、東大寺に寄付をしたり、何かしらあってよさそうなものですが、桓武天皇はそういうことを一切行っていません。まさに彼は大仏を見捨てたのです。

大仏の建立は国家の大プロジェクトでした。大変な時間と労力とお金をつぎ込み、国家鎮護のためにつくった大仏です。普通に考えれば、簡単に見捨てられる代物《しろもの》ではありません。

そんな大仏をなぜ桓武天皇は見捨てたのでしょう。

一応、この答えとなる記述が教科書にあります。

光仁天皇のあとをついだ桓武天皇は、あらたな政治基盤を確立するため、寺院などの旧勢力の強い奈良から、水陸交通の便利な山城の地に都を移すことを考え、まず長岡京へ、ついで794（延暦13）年平安京へ遷都した。

（『もういちど読む山川日本史』47ページ）

奈良の仏教勢力と手を切りたかったから、ということですが、本当にそうなのでしょうか？

桓武天皇は平安京に移転した際に、当時、もっとも優秀だった若き僧・最澄《さいちょう》を唐に留学させ、新しい仏教を持ち帰るよう命じています。この最澄と一緒に唐へ渡ったのが平安仏教のもう一人の雄、空海《くうかい》です。

最澄は帰国後、比叡山に延暦寺《えんりゃくじ》を開き、後に皇室から「伝教大師《でんぎょうだいし》」という大師号を賜《たまわ》っています。大師号とは、皇室が高徳な僧侶に授ける尊称のことです。

一方、空海は、高野山に金剛峯寺《こんごうぶじ》を開き、やはり後に「弘法大師《こうぼう》」という大師号を賜っています。

問題は、桓武天皇は、なぜ新しい仏教を持ち帰るように命じたのか、ということです。

いつの世も人が宗教に求めるのは、いわゆる普通の努力では得られないもの、たとえば長寿や幸運、国家の安寧《あんねい》などです。そして、宗教の力とは、そうしたものを与えてくれる人知を超えた力のことです。

教科書の記述通り、奈良仏教の勢力が強かったというのであれば、それは奈良仏教が宗教としての強い力を持っていたということに他なりません。なぜなら、力のない宗教を人は支持しないからです。もちろん、本当の宗教というのはもっと高級なものですが、基本的にはそういうものがないと宗教というのは成立しないわけです。

このように考えると、教科書に書かれているのとは異なる理由で、桓武天皇は大仏と奈良仏教を見捨てたことがわかります。

なぜ、奈良仏教ではダメなのか、なぜ新しい仏教を必要としたのか。

私は、大仏に象徴される奈良仏教が「役に立たなかったから」だと思っています。

少々不謹慎なたとえですが、大仏を「幸福を授ける壺」だと思ってください。

ここに幸福を授けてくれるというふれこみの壺があったとしましょう。壺の値段は一〇

○○万円。値段は高いけれど、この壺を買えば家は栄え、子宝に恵まれ、宝くじも当たり、みんな健康でいられると言います。何十億も持っているお金持ちなら、きっとこの壺をポンと買うでしょう。問題はその後です。もしもそれが全然役に立たなかったらどうするか。貧乏人なら、一〇〇〇万円もしたのだからなんとかして使おうと思うかも知れません。でも、お金持ちはそんなことは考えません。役に立たないなら捨ててしまえ、と思うでしょう。

桓武天皇が大仏を見捨てたのもこの心理と同じです。

大仏は役に立たなかった。だってそうでしょう、もともと聖武天皇が大金を費やして大仏を建立したのは、男の子が生まれることを願ってのことでした。しかし、大仏にひれ伏してまで祈ったのに、その願いは叶いませんでした。それどころか、娘の称徳天皇で天武系の皇統は絶えてしまったのですから、大仏は役に立たなかったのです。

役に立たないものなどいらない。しかも、役に立たないどころか、血統が絶えるなんて縁起が悪い。そんな縁起の悪いものは、天武系の都とともに捨ててしまって、自分はもっと力のある新しい仏教を輸入しよう。

少々不穏当な表現かも知れませんが、恐らく桓武天皇の思いはそうしたものだったのだと思います。

●奈良から京都へ

710	（和銅3）	平城京遷都
727	（神亀4）	藤原光明子、聖武天皇の皇太子を産む
728	（神亀5）	皇太子死す
729	（神亀6）	長屋王の変、天平と改元、光明子を皇后とする
737	（天平9）	天然痘大流行、皇后の兄、藤原4兄弟すべて死す
740	（天平12）	藤原広嗣の乱
741	（天平13）	国分寺建立の詔
743	（天平15）	大仏建立の詔
748	（天平20）	聖武天皇の叔母元正上皇死す
749	（天平感宝1） （天平勝宝1）	元号を天平感宝に定める。聖武天皇、建立途中の大仏に拝礼し「三宝の奴（仏教の下僕）」と称する。阿倍内親王（即位して孝謙天皇）に位を譲ったためわずか3月で元号が天平勝宝に改められる
752	（天平勝宝4）	大仏開眼
756	（天平勝宝8）	聖武上皇死す。遺言により道祖王が皇太子となる
757	（天平勝宝9）	皇太子を大炊王にかえる。天平宝字に改元
758	（天平宝字2）	孝謙天皇、大炊王に譲位し上皇となる
764	（天平宝字8）	恵美押勝（藤原仲麻呂）の乱。孝謙上皇、天皇を廃位し天皇に返り咲く（称徳天皇）
765	（天平宝字9）	天平神護と改元。弓削道鏡を重用し太政大臣禅師とする
766	（天平神護2）	道鏡、法王となる
767	（天平神護3）	神護景雲に改元
769	（神護景雲3）	宇佐八幡神託事件
770	（神護景雲4）	称徳天皇死す。道鏡失脚。白壁王が即位（光仁天皇）宝亀と改元
794	（延暦13）	平安京遷都

◇平安京遷都の本当の理由

大仏が役に立たなかったということは、見方を変えれば、大仏では長屋王の祟りを鎮めることができなかった、ということでもあります。遷都でも鎮められず、大仏をもってしても鎮められなかった長屋王の祟りによって天武系の皇統は絶えてしまった、ということです。

実はこのことは、桓武天皇にとって深刻な問題でした。

なぜなら、彼もまた怨霊の祟りを恐れていたからです。

桓武天皇が恐れていたのは、彼の弟・早良《さわら》親王の怨霊でした。

光仁天皇は、桓武天皇に皇位を譲るにあたり、「兄弟仲良く力を合わせて」という意味を込めて、「お前の息子じゃなく、弟の早良親王を後継ぎにするように」と命じました。

ところが桓武天皇は、やはり自分の息子に皇位を譲りたいと思うようになり、早良親王が謀反を企てているという罪を捏造し、邪魔な弟を島流しにしてしまったのです。

「私は謀反など企んでいない！」

無実を訴える早良親王は、島流しにされる旅の途中で、自らの潔白を訴えるためにハンガーストライキを行い、その結果、餓死してしまいます。いわゆる憤死です。

早良親王が亡くなったのは七八五年。桓武天皇が平城京を捨てて最初に都を移した長岡京での出来事です。

すると間もなく、長岡京でさまざまな変事が起こり始めます。飢饉に疫病、皇太子の病気、大雨による川の氾濫《はんらん》。占いの結果、早良親王の祟りと告げられた桓武天皇は、これ以上の災厄が起きることを恐れ、長岡京を捨てて平安京へ遷都します。

祟りを恐れていた桓武天皇は、平安京を守るためにさまざまな手段を講じています。その一つが「風水」でした。

今は風水を科学に分類する人はいませんが、物理も化学もない当時、風水は立派な科学でした。なぜなら風水は、風はなぜ吹くのかとか、人間はどういう活力で動くのかというような、説明がうまくつかないことを説明する力を持っていたからです。

そんな当時の最先端科学・風水はとりわけ「場所」というものを重要視しました。たとえば、都はどのような場所につくれば栄えるのか。風水でもっとも都に適した場所は「四神相応《じんそうおう》」と呼ばれる場所です。

四神相応とは、北に山があり、南に水があり、西に大きな道があり、東に川が流れている場所のことです。なぜこうした場所がいいのかというと、こうした地形ではそれぞれの方角を守る神獣、北の玄武《げんぶ》、南の朱雀《しゅじゃく》、東の青龍《せいりょう》、西の白虎《びゃっこ》が、中央に位置する都を守護してくれるとされていたからです。

桓武天皇が新たな都とした平安京（現在の京都）は、まさにこの四神相応の地でした。北には小さな山ですが船岡山があり、南には、現在はなくなってしまいましたが大きな池がありました。東には鴨川が流れ、西には山陰に向かう大道があります。

風水的には完璧な都でしたが、怨霊を心から恐れていた桓武天皇は、都として理想的な場所に位置する平安京を、さらに新しく輸入した仏教でも守ることにしました。

まず、災厄の入ってくる方角とされている「鬼門」（方角で言うと北東）を塞《ふさ》ぐために、最澄に土地を与え、比叡山延暦寺を建立します。鬼門の次は都の入り口「南大門」です。こちらは南大門の左右（＝東西）に「西寺」と「東寺」という二つの寺を建立し守りを固めます。

現在、西寺は失われていますが、空海に勅賜された「東寺」は今も健在です。

◇身分の高い怨霊ほど祟る力が強い

風水と仏教、思いつく限りの方法で早良親王の祟りから都を守ろうとした桓武天皇でしたが、祟りを完全に払拭することはできなかったようです。

なんとかして祟りから皇統を守りたい、そうした切実な恐れの中から生まれたさらなる

●四神相応となっている２つの都

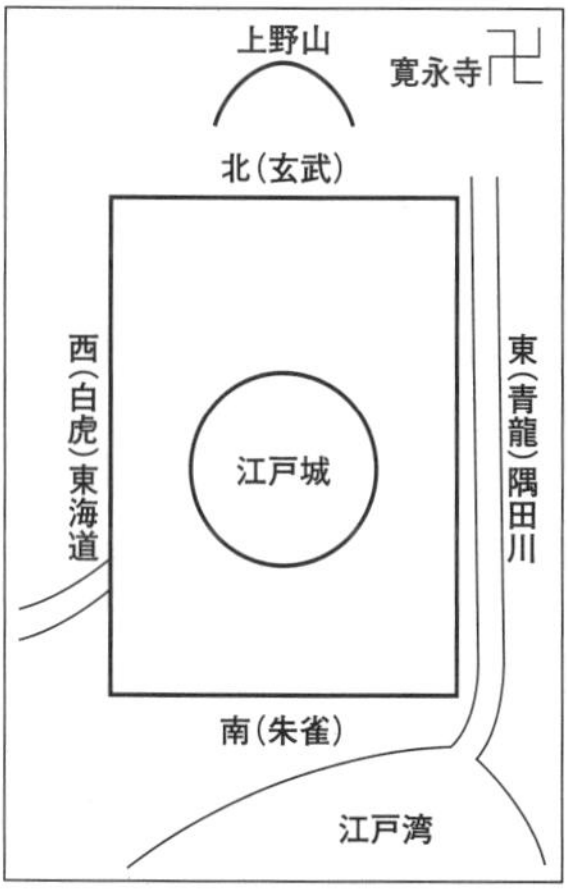

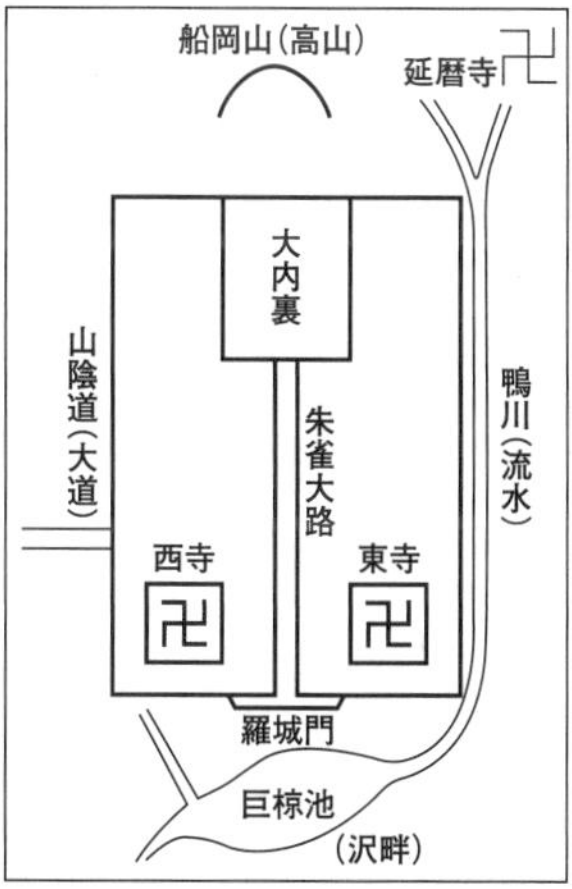

方角	東	西	南	北	北東
四神	青龍	白虎	朱雀	玄武	鬼門
地勢	流水（大きな川）	大道	大池（海・湖・沼）	丘陵	
平安京	鴨川	山陰道	巨椋池	船岡山	比叡山 延暦寺
江戸	隅田川	東海道	江戸湾	上野山	上野山 寛永寺

怨霊鎮魂方法というのが、怨霊の恨みをなぐさめ、神として丁重に祀ることによって、その強い力を祟りではなく国家守護に使っていただく「御霊信仰」なのです。

平安時代を通して、御霊信仰に基づく鎮魂の行事「御霊会」は宮中行事として行われますが、現在確認できる最古の御霊会は、桓武天皇の死から五十七年が過ぎた八六三年に神泉苑《しんせんえん》で行われたものです。このとき早良親王の霊も祀られています。

そして、**こうした御霊信仰が一つの完成形を見せたのが、平安中期の菅原道真を祀った「天神信仰」です。**

菅原道真は醍醐《だいご》天皇のもとで右大臣まで上り詰めた非常に優秀な人でした。ところが、あまりにも優秀だったがゆえに、左大臣藤原時平の恨みを買い、無実の罪を着せられ九州の大宰府へ左遷されてしまいます。それから二年後、道真は大宰府で無実の罪を背負ったまま亡くなります。

道真が亡くなると、京の都で異変が相次いで起きるようになります。道真を陥《おとし》いれた政敵藤原時平の突然の病死、皇太子、皇太孫の相次ぐ死、そしてついには天皇の居所である清涼殿に雷が落ち、死傷者が出るという大事件が発生してしまいます。このとき亡くなった人物が道真を陥れた事件に関わっていたこともあり、相次ぐ禍《わざわい》は道真の祟りだと考えられました。

なんとかして道真の怨霊を鎮めなければならない。そう考えた朝廷は、彼の左遷を撤回し、官位を元に戻し、さらに上の官位まで授け、「大変申し訳なかった」とお詫びをするとともに、「天満宮」を建て、道真を「天神」として祀ったのです。

ここまで長々と述べてきましたが、結局何が言いたいのかというと、**怨霊信仰は教科書にあるように平安中期に御霊信仰として始まったものではなく、もっとずっと古くから存在し、日本人に恐れられてきた信仰だということです。**

そのかたちは、最初は祟りを避ける「遷都」として行われ、次に怨霊の祟りから守ってもらうことを願って「仏教」にすがるようになります。このもっとも顕著な例が「奈良の大仏」でした。

しかし、大仏ですら怨霊に敵《かな》わないとわかると、今度はより新しい仏教を唐に求めるとともに、当時の最新科学である風水の力を借りて怨霊に対抗しました。

ところが、そのうちに怨霊のパワーが強くなったのか、人間の心が弱くなったのかわか

Point

御霊信仰の始まりは、菅原道真からではない！

りませんが、風水と新仏教の力をもってしても怨霊に敵わなくなります。

そこでついに、**怨霊を名指しして謝罪し、礼を尽くして鎮魂するという「御霊信仰」が生まれるのです。**

なぜ最初から謝罪するという鎮魂方法が取られなかったのか、疑問を持たれる方もいるでしょう。それについてははっきりとしたことは言えませんが、私の仮説としては、やはり最初は自らの罪を認めるのがいやだったからだと思います。できることなら自分があくどい手口で人を陥れたなど認めたくない。だから、最初のうちは遷都というかたちで怨霊から逃げたり、仏に守ってもらうという対抗策を考えたのでしょう。

しかし、遷都も仏教も風水も怨霊を鎮めることはできず、ついに自らの罪を認めて謝らざるを得なくなってしまった。それが平安中期のことなのだと思います。

ですから、**御霊信仰というのは、怨霊信仰の始まりではなく、怨霊信仰の発展系として完成したもの、つまり怨霊信仰の最終形態なのです。**

恐らく、それまでさんざんいろいろなことをやってもうまくいかなかった鎮魂が、天神信仰に代表されるかたちで、神様として祀り上げたところうまく祟りが収まり、この方式が怨霊鎮魂のスタンダードになったのだと思います。

日本の怨霊信仰では、生前の身分の高い怨霊ほど、祟る力も強いと考えられました。そのためエスタブリッシュメントほど怨霊信仰の影響を強く受けています。これは、日本の支配階級の選択、政治的判断には怨霊信仰が色濃く関わっているということでもあります。ですから日本史を正しく理解するためには、怨霊信仰を正しく知ることが必要不可欠なのです。

そういう意味で、怨霊信仰を正しく教えることのできていない現在の教科書は、やはり問題があると言わざるを得ないのです。

キーポイント⑦

『源氏物語』は怨霊鎮魂の書だ！

作者の紫式部は藤原一族の女性である。その紫式部がなぜ藤原氏にとって都合の悪い物語を書くのか？ このおかしさが『源氏物語』の謎を解く鍵である。

◇平清盛がした人生最大の失敗とは？

日本人は、本質的には競争が嫌いです。

競争すると勝者と敗者が生まれ、敗者は怨霊《おんりょう》となって祟《たた》りをもたらすからです。だから、怨霊を深く恐れた日本人は、競争をせず、できるだけ「和」を大切にする社会を育《はぐく》んできたのです。

ところが、そんな競争を嫌う日本人が、唯一、競うことを厭《いと》わなかったことがあります。

それは、政治闘争です。

公共工事なら、お互いに回し合うことでやっていこうという「談合」が可能ですが、政治権力のポストとなると、一つしかないのでそういうわけにいきません。

長屋王や早良《さわら》親王、崇徳《すとく》上皇が「怨霊」になってしまったのは、たった一つしかない政権の座「天皇位」を巡って競い合い、負けてしまったからです。

もちろん、現在のように任期という期限があれば、かつての自民党総裁のように仲間内で回していくことはある程度可能です。でも、それにしたって仲間内で回すのがせいぜいです。今回は自民党の○○さん、次は民主党の××さん、その次は公明党の△△さん、というように派閥どころか党を超えて回していくということは不可能です。

事実、平安時代、権力を握ったのは藤原氏ですが、彼らは最高権力の座に就《つ》けるのは、藤原氏のなかでも五つの家に限ることを決めています。後に詳しく述べますが、これが「五摂家《ごせっけ》」と言われるものです。政権だけは仲良くみんなで回したくても回せない。できたとしても、藤原氏や一時期の自民党がやったように、政権を取ったものが仲間内で回すのがせいぜいなのです。

政治権力の座だけは、どうしても奪い合いが避けられない。その結果、必ず勝ち組と負け組が生まれます。

さらにここで問題なのは、政治権力を巡る争いの場合、後顧《こうこ》の憂いを断つために敗者を殺さなければならないケースがどうしても多くなるということです。

なぜ敗者を殺さなければいけないのでしょう？

現在では考えにくいかも知れませんが、敗者を生かしておくと、勝者の命が脅《おびや》かされてしまうからです。このもっともわかりやすい例が平清盛と鎌倉幕府を開いた源頼朝です。

平清盛は非常にワンマンで恐ろしい人として描かれることが多いのですが、実は心根《こころね》の優しい立派な人だったようです。

当時、清盛は平氏のトップ、ライバルの源氏のトップは源義朝《よしとも》という人でした。二人は武家の棟梁《とうりょう》の座を争い、清盛が勝利を収めます。このとき、義朝は逃げる途中に部下の裏切りによって殺され、残された義朝の子供たちの生殺与奪が清盛の手に委《ゆだ》ねられました。

義朝の長男である義平は、捕まってすぐ首を切られているのですが、まだかぞえで十四歳だった頼朝の命はギリギリのところで救われます。

実を言えば、このとき清盛は、義朝の子供たちを全員殺すつもりでいました。子供まで殺すというと、なんて残酷なことを、と思うかも知れませんが、これは必ずしも残酷な行為とは言えないのです。なぜなら、今はまだ幼くても、十五年から二十年も経《た》てば立派な若人《わこうど》になるからです。災いの芽はできるだけ小さなうちに摘《つ》んでおいたほうが安全です。

ところが、意外な人物が義朝の子供たちの命乞いをします。それは、清盛の父親の後妻、つまり義母にあたる池禅尼《いけのぜんに》という人でした。

彼女は清盛に「頼朝という子は、ちょうどあのぐらいの年齢のときに亡くなった私の子によく似ています。なんとか命を助けてやってくれないだろうか」と頼みます。

もしこのように命乞いをしたのが清盛の実の母親であれば、恐らく清盛はキッパリ断ったと思います。しかし、義母であるがゆえに清盛は断ることができませんでした。

『平治物語』には、渋る清盛を決意させた池禅尼の言葉が書かれています。

「お前の父親が生きていたなら、お前はそんなつれないことは言わなかっただろうね」

こう言われてしまったら、義理の息子としては辛《つら》いところです。そして、心根の優しい清盛は、とうとう義朝の子供たちを生かしてしまったのです。

でも、その結果はどうなったでしょう。皆さんもご存じの通り、平家は助けた頼朝・義経兄弟によって滅ぼされてしまいました。

平家からすれば恩を仇で返されたようなものですが、近代以前というのは力のある者が勝つ世の中なので仕方がないのです。そして、だからこそ、勝ったときには相手の息の根を、子供まで含めてきっちり止めておかなければならないのです。

この例は武士同士の争いでしたが、奈良時代の皇位争いも、平安時代の政権争いも基本的には同じです。勝者は敗者を殺しておかなければ危ないのです。だから敗者は争いに敗れた上に殺されてしまう、いや、敗れたからこそ殺されてしまうのです。

しかし、そうした非業《ひごう》の死は怨《うら》みを増大させ、敗者が怨霊になってしまう危険性も高くなってしまうのです。

◇藤原氏に唯一対抗した源氏

平安時代、厳しい政治闘争で、最終的に勝利を収めたのは「藤原氏」でした。

藤原氏の権力構造は、彼らが律令にはない「関白《かんぱく》」という職をつくり出し、それを藤原氏が独占することで完成します。

「関白」とは、ごく簡単に言えば「天皇の代理人」です。

天皇が女性だったり子供だったりして政治が充分に執り行えないとき、それを補佐・代理する「摂政《せっしょう》」という役職があります。これは、藤原氏が力を持つ以前からあった役職で、有名なところでは聖徳太子が時の天皇・推古《すいこ》女帝の皇太子であるとともに摂政を務めています。

関白も天皇の補佐または代理をするということでは摂政と同じなのですが、決定的な違いが一つあります。それは、補佐・代理を行う相手の天皇が女性や子供ではなく立派な成人男子であるということです。

「関白」という名は、「関《あずか》り白《もう》す」という言葉を語源としたもので、「政務にあずかって意見を言上《ごんじょう》する者」という意味です。誰に言上するのかといえば当然、天皇です。つまり関白の職務は、本来は天皇に意見を言上するまでで、最終的な決断は天皇がすることになっているのですが、それは建前だけで、実際には関白が「天皇の代理人」という威光を利用して権力を振るうようになっていったのです。

この関白の力を如実に物語っているのが、関白に対する「殿下」という敬称です。「殿下」というのは、普通は皇族に対する敬称です。臣下に用いることのできる呼称ではありません。臣下が就くことのできるもっとも高位の役職は太政大臣ですが、大臣に対する敬称は「閣下」です。藤原氏はあくまでも天皇家の臣下なのですから、皇族に対する敬称である「殿下」を用いることはできないはずです。にもかかわらず、関白になった人は「殿下」と呼ばれるのです。これは何を意味しているのかというと、関白は臣下ではないということです。

こうした藤原氏の専横を、ライバルの貴族たちが苦々しく思ったことは言うまでもありませんが、実はそれ以上に不愉快に思っていた人たちがいました。それは「天皇家」の人たちです。

天皇家の人たちは、藤原氏の勢力増長をただ黙って見ていたわけではありません。天皇家が対抗策の一つとして行ったのが、宇多《うだ》天皇・醍醐《だいご》天皇による菅原道真《すがわらのみちざね》の重用でした。菅原道真という非常に優秀な人を重く用いることで、なんとか藤原氏の専横を抑えようとしたのです。

しかし菅原道真は、結局、藤原氏に陥《おとしい》れられて、無実の罪で九州の大宰府へ左遷させられてしまいます。

かつて、日本が中国大陸、朝鮮半島と交流が盛んだった頃の大宰府は、日本政府の出先機関として、「遠《とお》の朝廷《みかど》」という別名で呼ばれるほど栄えていました。しかし、道真が左遷させられたときには、遣唐使が廃止されてから六年以上が経過しており、すでに往時の賑《にぎ》やかさはありませんでした。

ちなみに、皮肉なことですが、かつて遣唐使の廃止を建言したのは道真自身でした。唐では八七四年頃から起きた黄巣《こうそう》の乱が中国各地に広がり、徐々に物事を学ぶ環境に適さなくなってきていたのを危惧してのことです。この道真の建言は入れられ、八九四年、日本は遣唐使の派遣を止《や》めることを決めます。唐が滅亡したのは、それから十三年後のことでした。

これ以後、日本は貿易を除いて中国大陸との正式な交わりを断つことになります。その結果人々の気持ちは国内に向き、いわゆる「国風文化の時代」を迎えます。私たちが持っている平安時代のイメージ、十二単《じゅうにひとえ》や寝殿造り、或《ある》いは百人一首の世界というのは、この遣唐使廃止以降に始まるものだと思ってください。文化的にはそうした穏やかな時代ですが、藤原氏と天皇家の権力闘争は続いていました。

そして、最後に藤原氏に立ちふさがったのが「源氏」です。

私たちは「源氏」というと、源頼朝・義経たち「武士の源氏」をイメージしますが、ここで言う「源氏」は彼らとは違います。

実は「源」とは、皇族、つまり天皇一族が「臣籍降下《しんせきこうか》」する際に賜《たまわ》る「姓」の一種類です。

「臣籍降下」とは、読んで字のごとく、皇族を離れ、臣下の籍に降りるということですが、その際になぜ姓を授けるのかというと、これは今でもそうですが、皇族にはもともと姓がないからです。ですから臣籍降下させるためには、同時に姓を与えなければいけないので、この二つはワンセットになっているのです。そのため、多くの天皇の時代に、それぞれ異なる源氏が生まれています。

天皇から「源」という姓を賜った人々を、総称して「賜姓《しせい》源氏」と言いますが、同じ賜姓源氏ではあっても、後に武家の棟梁を出す源氏と、ここでお話しする源氏は、そのルーツとなった天皇が違うということです（武家の源氏のなかには、清和《せいわ》源氏だけではなく、これからお話しする藤原氏のライバルとなった源氏の子孫で、田舎に都落ちし、その土地に土着することで武士になっていった人もいるので、きれいに区別がなされているわけではないのですが）。ちなみに、源氏と武家の棟梁の座を争った平氏の「平」も、賜姓の一つです。

武家の源氏は、「清和源氏」と呼ばれるもので、第五十六代清和天皇の子孫の源氏です。それに対し、ここでお話しする源氏は、清和天皇より四代前の「嵯峨《さが》天皇」をルーツとする「嵯峨源氏」と呼ばれる人たちです。

第五十二代の嵯峨天皇という方は、平安京遷都を行った桓武天皇の皇子で、平城《へいぜい》天皇の弟です。この嵯峨天皇は、多くの皇子皇女を臣籍降下させ、源姓を与えています。なぜ、自分の子供たちをわざわざ臣下の身分に落としたのかというと、皇族のままでは朝廷の要職に就くことができないからです。右大臣、左大臣という名前に「臣」の字がつくことからもわかるように、朝廷の要職というのは、家臣のポストです。

当時、すでに朝廷の要職の多くは藤原氏によって占められていました。このままでは政権を藤原氏に奪われてしまうことになります。危機感を感じた嵯峨天皇が考えたのが、たくさんいる自分の息子に姓を与え、臣下の身分にすることで、朝廷の要職に就けるということだったのです。

この嵯峨天皇の案は、うまくいきました。源信《みなもとのまこと》・源常《ときわ》・源融《とおる》といった嵯峨天皇の息子たちは左大臣となり、朝廷の一大勢力になりました。

こうして一時期、源氏は藤原氏の有力なライバルとなって、藤原氏が右大臣をやれば源氏は左大臣を取るというように、かなり激しく戦っていたのですが、最終的には藤原氏が勝ちます。その勝った証拠が、実は「関白」なのです。

◇『源氏物語』のおかしさに気づかない歴史学者

平安時代初期の政治闘争は、藤原氏の勝利で終わります。

こうして「関白」という、人臣を超えて「天皇の代理」を行える職を独占することで、藤原氏は実質的な権力者として平安社会に君臨していくことになります。

ところが、権力闘争に藤原氏が圧倒的な勝利を収めたその時代に、日本を代表する文学作品『源氏物語』が生まれます。

私は今、「ところが」という接続詞を使いましたが、それは、脈絡が合わないからです。

藤原氏全盛時代に『源氏物語』という文学作品がつくられたというのは、実はとても変なことなのです。このおかしさに気がつかないのは、今私が申し上げてきたような源氏と藤原氏の権力闘争と文学の誕生という文化的出来事が、今の教科書では乖離《かいり》した出来事として記述されているからです。

『竹取物語《たけとり》』などの伝奇物や『伊勢物語《いせ》』などの歌物語につづいて、光源氏《ひかるげんじ》という架空《かくう》の貴人の愛の遍歴《へんれき》をとおして、宮中での人間模様をえがいた紫式部《むらさきしきぶ》の『源氏物語』と、貴族の生活や自然を鋭敏な目でみつめた清少納言《せいしょうなごん》の随筆『枕草子《まくらのそうし》』という、国文学の最高傑作《けっさく》とされるすぐれた文芸が誕生し、宮中や貴族の女房に広く読まれた。

（『日本史B　改訂版』60〜61ページ）

この時代に『源氏物語』が書かれたことは教科書にも取り上げられていますが、それはあくまでも国風文化の一部として紹介されているだけです。

『源氏物語』は世界で最初にできた近代的な長編小説だと言われています。なぜ日本のような小さな国でこれほど素晴らしい文学作品が、これほど早い時期に生まれたのかと、世界の注目を浴びている作品です。

ところが、日本の歴史学者はこうした「なぜ」に答えることができません。**なぜなら、**

「なぜ源氏物語がこの時期に書かれたのか」、その歴史的背景がわかっていないからです。

実際、教科書は、なぜこの時代に『源氏物語』が生まれたのか、その理由には一言も触れていません。いえ、触れていないのではありません。教科書を書いている人たちはわかっていないのです。もしかしたら、彼らはこの時期に『源氏物語』が書かれたことが「おかしなこと」であることにすら気づいていないのかも知れません。

でも、考えてもみてください。『源氏物語』が書かれたときには、源氏はすでに権力闘争に敗れているのです。もしもこれが外国なら、書かれるのは『源氏物語』ではなく、間違いなく『藤原氏物語』のはずです。

このおかしさに気がつかなければ、『源氏物語』がこの時期に生まれた謎は解けません。

先に述べた前近代のセオリー通り、藤原氏は、源氏を徹底的に中央政界から排除していきます。多少は源氏が中央に残ってはいましたが、彼らに政治力はなく、この時期に源氏が大臣以上になる道はもはや完全に断たれていました。

Point 『源氏物語』が生まれる前、藤原氏と源氏の対立があった！

そんな時代に、なぜ『源氏物語』はつくられたのでしょう。

◇紫式部は藤原道長の愛人だった!?

教科書では「架空の貴人」と言っていますが、主人公の光源氏が「賜姓源氏」であることは『源氏物語』の中にはっきりと書かれています。

登場する天皇は、実在の天皇ではなく、桐壺帝という架空の天皇です。この桐壺帝と身分の低い女性との間に生まれた皇子が、「源」の姓を賜って源某となった、というところまでは書いてあるからです。

この臣籍降下した源某のフルネームは書かれていません。でも、あだ名は書かれています。このあだ名というのが「光源氏」です。

『源氏物語』はこの光源氏の「愛の遍歴をとおして、宮中での人間模様をえがいた」と教科書は言いますが、わかりやすく言うと、光源氏という輝くように美しくて、女性にもモテモテの男が最終的にはライバルをねじ伏せ、宮中の高位に上り詰めるという、一種の出世物語なのです。

ここで非常に興味深いのは、光源氏のライバルです。このライバルの名前ははっきりとは書いていないのですが、「右大臣家」となっています。しかし、この時代、源氏のライバルになり得る朝廷内の有力な氏族など、誰がどう考えても藤原氏しかいないのです。

ということは、右大臣家とは、はっきりとは書いていないけれど、当時の人が読めば「これは藤原氏よね」とわかってしまうということです。

おわかりでしょうか。

つまり、『源氏物語』とは、現実の世界では源氏が藤原氏に負け、完全に中央政権から駆逐された後に書かれた、「源氏が藤原氏をやっつけ、出世する」というストーリーの作品なのです。

おかしいですよね。でも、おかしいのは内容だけではありません。作者もおかしいのです。

『源氏物語』を書いたのは、紫式部という女性です。この女性がどんな身分の人かご存じですか？

一条天皇には、藤原道隆の娘の皇后定子《ていし》と、道長の娘の中宮彰子《しょうし》があり、後宮においても、この両者は対立関係にあった。清少納言は定子に、紫式部は彰子につかえた女房で、ともに下級貴族の家にうまれたが、豊かな学識と文才にめぐまれていた。

（『もういちど読む山川日本史』61ページ）

この教科書を書いた人は、ここまでわかっていて、なぜ紫式部が『源氏物語』を書いたことに疑問を感じないのか、私には不思議なくらいです。

聡明な読者の皆さんはもうおわかりだと思いますが、作者の紫式部は藤原一族の人間なのです。それも宮中で道長の娘に仕《つか》えていたのですから、政治と密接につながる立場にいた人間と言えます。

しかも、教科書には書かれていませんが、『古事談』という平安時代以降のスキャンダルゴシップ集のような本には、紫式部は、藤原道長の愛人だったと書かれているのです。そしてこれはどうも嘘ではないようなのです。「愛人」という言葉を使うと、スキャンダルめいた印象を受ける人も多いかと思いますが、昔は今より結婚・離婚は自由でしたし、同時に複数の女性と関係を持つことは貴族にとっては当たり前のことだったので、今のように不道徳な行為とされていたわけではありません。

誤解しないでください。私はなにも道長と紫式部の愛人関係を正当化しようとしているわけではありません、私が言いたいのは、「藤原氏の権力者と深くつながっている女性が、かつてのライバルである源氏が、藤原氏をやっつけて権力を握るというストーリーの物語を書くなんておかしくないですか？」ということなのです。

●女流作家と藤原氏の関係系図

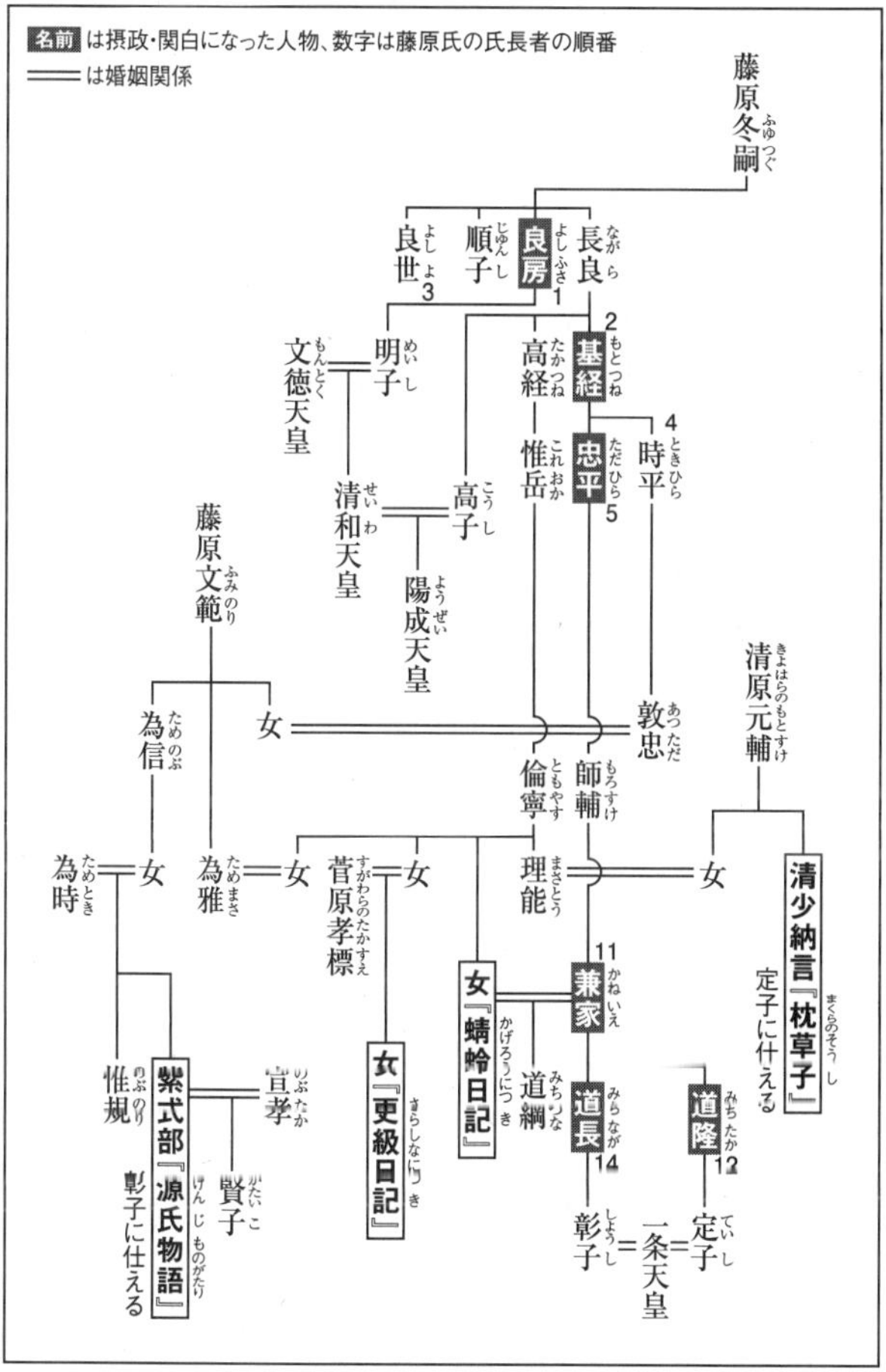

源氏は藤原氏のライバルなのです。それも不倶戴天《ふぐたいてん》の敵です。

このおかしさは、現代に置き換えてみるとわかりやすいと思います。

たとえば、読売新聞社の所有球団、読売ジャイアンツの球団事務所に勤めている女性が、直木賞でも取ってやろうと小説を書いたとしましょう。

作品は見事に直木賞を受賞、大ベストセラーとなります。

その小説のタイトルは『光タイガース物語』。タイガースという球団を所有する大阪の某鉄道会社が、金にものを言わせて選手を集めている東京のとある球団をコテンパンにやっつけ、見事にリーグ優勝を果たすストーリーでした。もちろん、作品の中には読売新聞社という名前も、読売ジャイアンツという名前も出てきません。

この作品で直木賞を取った女性を、ジャイアンツのオーナーは、果たして褒《ほ》めてくれるでしょうか？

ジャイアンツの球団事務所の女性のところへ行って、「よく書いたね。とても面白かった。わしも応援しとるよ」と、――言うわけがないのです。

ところが、藤原道長は、この本来なら言うはずのないことを、紫式部に言っています。

藤原氏の生まれで藤原氏の陣営にどっぷり浸《つ》かっている人が、ライバルの源氏が勝つという物語を書き、なおかつそれを、藤原氏のなかでも一番偉い人である道長が応援している。

外国なら絶対にあり得ないことです。もしも、こうしたものを書いたら、恐らく書いているとわかった段階で処罰されるはずです。それが当たり前のはずなのに、道長は紫式部に、『源氏物語』を書くために必要な紙まで提供して「がんばってね」と応援しているのです。

このおかしさに日本の歴史学者の先生は気づかないのです。

なぜ彼らは気づかないのか。**その理由は、やはり日本史全体を見ておらず外国とも比較していないから、さらには同時代であっても政治と文学を別のものとして見ているからだと思います。**『源氏物語』しか見ていないから、このおかしさがわからないのです。

◇『古今和歌集』に『源氏物語』の謎を解く鍵がある

道長が紫式部を応援したということは、考えられる理由は一つです。

それは、道長が紫式部に『源氏物語』を書かせたからです。

では、なぜ道長は、わざわざライバルが勝つストーリーの物語を書かせたのでしょう。

この問いを解くヒントとなる文学作品が、『源氏物語』の書かれる百年ほど前に生まれています。

それは、『古今和歌集』です。

『古今和歌集』というのは勅撰和歌集です。「勅」は天皇の命令という意味ですから、天皇がつくることを命じた歌集ということです。ですから『古今和歌集』は、誰か一人の人の作品を集めたものではなく、多くの人の作品を一冊にまとめた「アンソロジー」です。

日本の有名な和歌集というのは、『万葉集』も『百人一首』もそうですが、基本的にアンソロジーです。この後、同じような勅撰和歌集が二一冊編纂《へんさん》されるので、「二十一代集」という言い方もされます。その一番最初のものが『古今和歌集』なのです。

実はこの『古今和歌集』も、おかしなところがあるのです。

まず、第一の疑問は選者です。

天皇の命を受けて『古今和歌集』の選者となったのは、紀氏の一人、紀貫之《きのつらゆき》という人物です。紀氏というのは、紀州（現在の和歌山県）を流れる紀ノ川という川のあたりを本拠とした一族です。

歴史学者は文学作品についてほとんど関心を払わないのですが、当時の紀氏は力のある氏族ではありません。なぜ紀氏が選者に選ばれたのでしょう。

学者の先生方は、これは文学の話なのだから政治とは関係ないと言います。たしかに、今でも文化的行政と政治的なものでは、選ばれるメンバーはまったく違います。ですから、そう言われれば不思議はないのかもしれませんが、平安時代は今と違って、歌が詠《よ》めないと政治の世界でも出世できない時代です。たとえば、今だったら外務省の外交官は、英語ができなければなりません。それも単に会話ができるというレベルではなく、互いに意志やニュアンスを伝えられるだけの語学力が必要とされます。平安時代における和歌も同じでした。ただ単に歌が詠めるだけではダメなのです。教養として歌がうまくないと出世はできなかったのです。

教養を持っていない人間は朝廷から排除されてしまうので、権力闘争をリードしていた藤原氏がその教養を身につけていないはずがないのです。

にもかかわらず、なぜか『古今和歌集』には藤原氏の影がないのです。

これはとてもおかしなことです。

そこで、紀貫之が書いた『古今和歌集』の「序文」を読むと、さらに不思議なことが見つかりました。

実は『古今和歌集』の序文には、和文で書かれた「仮名序《かなじょ》」と、漢文で書かれた「真名《まな》序《じょ》」の二種類の序文があります。なぜ漢文のものを「真名序」と言うのかというと、当時は漢文のほうが正式とされていたからです。ですから公文書はすべて漢文で書かれていました。

のです。残念ながらここではそのすべてを取り上げる余裕がないので、『源氏物語』の謎を解くヒントとなるものを一つだけ取り上げます。

それは「六歌仙」の不思議です。

紀貫之は、「古今和歌集仮名序」において、具体的な六人の歌人の名を挙げて、彼らを六歌仙、つまりまるで仙人のように歌のうまい六人と讃《たた》えているのです。

その六人は、いずれもこの勅撰和歌集がつくられた時にはすでに亡くなっているのですが、一時代前の歌人の代表として絶賛しています。その六人とは、僧正遍照《そうじょうへんじょう》、在原業平《ありわらのなりひら》、文屋康秀《ふんやのやすひで》、僧喜撰《きせん》、小野小町、そして大友黒主《おおとものくろぬし》という人たちです。

なんだ、先人の遺業を讃えているだけじゃないか、と思われるかも知れませんが、実はこれ、とても不思議なのです。

何が不思議なのかというと、こう申してはなんですが、この人たち、全部が全部、歌がうまいわけではないのです。もちろんなかにはうまい人もいます。小野小町と在原業平は評価していいと思いますし、文屋康秀も下手ではありません。でも、僧正遍照と大友黒主、そして宇治山の僧である喜撰法師、彼らは申し訳ありませんが、六歌仙と讃えられるほどうまいとは思えません。

「世の中に絶えて桜のなかりせば春の心はのどけからまし」

「つひにゆく道とはかねて聞きしかど昨日今日とは思はざりしを」

この二首はいずれも在原業平の歌ですが、とてもいい歌です。小野小町も、けっこういい歌を残しています。

「思ひつつ寝《ぬ》ればや人の見えつらん夢と知りせばさめざらましを」

なかなかステキですよね。

ところが、

「わが庵は都の辰巳《たつみ》しかぞすむ世を宇治山と人はいふなり」

これは『古今和歌集』に選ばれた喜撰法師の歌です。この歌は、百人一首にも入っていますが、あまりいいとは思えません。

「私の家は都の辰巳の方角（南東）にあって、鹿の住むその土地を人々は宇治山と呼びます」という意味で、一応、「宇治の山裾に住んでいる」ということと、「世を儚《はかな》む」という意味の「世をうじる」という言葉の掛詞《かけことば》にはなっているのでテクニックは感じられるのですが、たいして面白い歌ではありません。

でも、喜撰法師はまだいい方で、大友黒主にいたっては、『百人一首』にすら選ばれていない歌人なのです。この人の歌は『古今和歌集』に四首ありますが、どれもうまいとは言い難いものです。

こんなバカな話、ないでしょう。

古今集の選者が、この六人の人たちは、ここ最近の歌人の中で特に素晴らしい歌の名手だと讃えているにもかかわらず、その中の三人は明らかに名人ではなく、その中の一人、大友黒主にいたっては、作品の数すら極めて少ないのです。

ちなみに、『百人一首』というのは、一〇〇人の歌人から一首ずつ歌を収めた歌集ですから、『百人一首』に歌が載っているということは、いわばその時代の歌人の「ベスト一〇〇人」に入っているということです。

明らかにおかしい話です。**ここ最近の歌人の中で特に素晴らしい歌の名手だと讃えられている六人なのに、ベスト一〇〇人に入っていない人がいるのです。**

どうしてこういうことになったのでしょう。

そこで、この六歌仙と呼ばれる人たちがどういう人たちだったのかを見ていったところ、実はある共通性が見つかったのです。そしてそれこそは、『源氏物語』の謎を解く鍵となるのでした。

◇六歌仙に隠された秘密

実は、紀氏もまた藤原氏と政権を争って敗れた氏族だったのです。

藤原氏が圧倒的にいろいろなポストを占める中、紀氏は地位を追われていきました。ところがあるとき、逆転のチャンスが訪れます。それは『古今和歌集』が編纂される少し前、文徳《もんとく》天皇の時代です。

文徳天皇は、最初に藤原氏から后《きさき》をもらったのですが、子供ができませんでした。天皇は紀氏の女性も后にしていたのですが、その紀氏の后との間に男の子が生まれたのです。文徳天皇にとっては初めての男の子です。

その皇子は惟喬《これたか》親王と言い、長男ですから未来の天皇候補として、紀氏一族の期待を一身に集めました。もし惟喬親王が天皇になれば、紀氏のトップが引き立てられ、藤原氏との力関係が逆転することも夢ではなかったのです。

ところが、なぜか惟喬親王は後継ぎになれず、後から藤原氏との間に生まれた皇子が僅《わず》かかぞえ年九歳で皇位を継いでしまうのです。

つまり、はっきり言えば、藤原氏の妨害によって惟喬親王は第一皇子であるにもかかわらず、天皇になりそこねてしまったのです。その惟喬親王が最後に隠棲《いんせい》したのが滋賀県の小野の里と言われる場所です。ここは、その名前からもわかるように、小野小町の一族の土地です。

在原業平という人は、紀氏から嫁をもらっていますし、文屋康秀、僧正遍照といった人たちも朝廷における惟喬親王派でした。

つまり六歌仙はいずれも、藤原氏の妨害によって天皇になりそこねた惟喬親王の関係者だったのです。

さらに、気づかれた方もいるかも知れませんが、実はこの六歌仙のなかには日本一の美女と日本一の美男子が含まれているのです。そう、日本一の美女、小野小町と、日本一の美男子、在原業平です。歌がうまい上に最高の美男美女、なぜ彼らはこれほど讃えられているのでしょう。

美女の方がわかりやすいと思います。

人はどういうときに「美女」と言われるでしょう。もちろん、本当に美しい場合は除いてです。明治時代、こんな習慣があったのをご存じでしょうか。

明治時代、水死した女性はなぜかみな「美人」または「美女」と新聞に書かれました。

若い方はご存じないかも知れませんが、かつて水死体は「土左衛門《どざえもん》」と呼ばれました。

なぜ土左衛門と言われたのかというと、人間の水死体は、時間が経つと水を含んでぶくぶくのぶよぶよになってしまうのですが、その姿が成瀬川土左衛門という力士に似ているというので、そう呼ばれるようになったのです。

女性も男性も水死体は「土左衛門」です。生前どんなに美人だったとしても、土左衛門になった女性の遺体が美しいわけがありません。それでも、女性の土左衛門が上がると、必ず「美人の水死体発見」と書いたのです。

私はこれもやはり怨霊信仰なのだと思います。

特に入水《じゅすい》自殺した人などは、世をはかなんで死んだ人が多いわけですから、ただでさえ怨念《おんねん》を抱えているわけです。そんな人の遺体を醜いと言ったら、怨霊がどれほど怒るか……。つまり、怨霊をなぐさめるために、見た目に関係なく、いやむしろ醜い土左衛門だからこそ「美人」と書いたのです。

そう考えると、**日本一の美人と言われている小野小町は、本当に美人だったからというよりは、不幸な死に方をしたから「美人」とされたのではないか、という仮説が生まれます。**

そもそも、なぜ小野小町が日本一の美女と言われるようになったのかというと、実は先に紹介した「古今和歌集仮名序」に、次のように書かれていたからなのです。

「小野小町はいにしへの衣通姫《そとおりひめ》の流《なが》れなり（りゅうなりと読む人もいますが）。あはれなるやうにてつよからず」

衣通姫というのは、『日本書紀』に出てくる伝説の美女です。この方は古代の允恭《いんぎょう》天皇の妃（『日本書紀』では皇后の妹）なのですが、どれほど美しいかというと、その美貌は衣を通して光り輝くほどだったといいます。小野小町は、その衣通姫の流れを汲んでいると言っているわけです。

よく読むとわかりますが、実は紀貫之は、はっきりと小野小町は美人だと言っているわけではありません。ただ「衣通姫の流れもある」と言っただけです。それを後世の人が「あんな美女の流れを汲んでいるなら、美人に違いない」と勝手に思ってしまったのです。ですから、厳密に言うと、これは誤解なのです。そもそも、ここで言っている「流れ」というのは、姿・かたちのことではなく、歌の様《さま》がそうだと言っているのです。同様に、続く「あはれなるやうにてつよからず」というのも人柄ではなく歌の調子のことです。

ただし、人々が誤解したというのにもちゃんと意味はあるのです。つまり、「あの人は美人だった」と言っておいたほうがいいのではないか、という思いが人々の中にあったということです。その思いの正体が、土左衛門の美人と同じものなのではないかと、私は思うのです。

日本一の美男子と言われる在原業平にはこんな話が伝わっています。

当時、朝廷には藤原氏の血を引く女性が一人しかなく、藤原氏はこの娘をとても大切にしていました。なぜなら、その娘にもしものことがあれば、その娘を天皇の后とすることができなくなるので、藤原氏としては天皇とのつながりを持つことができなくなってしまうからです。

そのことに気づいたのが、藤原氏のライバル紀氏と関係の深い在原業平でした。

そして、在原業平は、その娘を天皇のもとに上がらせないために、彼女にいつわりの恋をしかけたというのです。

一応これは伝説ですが、充分あり得ることですし、実際、これは単なる伝承ではなく史実だと考えている人たちもいます。ことの真偽はともかく、重要なのは、六歌仙と讃えられた人たちが、たしかにそういう政治状況にあったということです。

◇怨霊を祀ることで御霊へ転換させる

紀氏が望みを託した惟喬親王は、結局、皇位に即《つ》くことなく八九七年に、隠棲地である小野の里で亡くなります。『古今和歌集』の編纂が、紀氏の子孫である紀貫之に命じられるのは、その八年後の九〇五年のことです。

その『古今和歌集』の序文で六歌仙として讃えられているのは、すべて惟喬親工、そして紀氏につながる人々、それもすでに亡くなっている人たちでした。

ここまで言えばもうおわかりでしょう。

そうです。『古今和歌集』は怨霊鎮魂《ちんこん》のために編纂された歌集だったのです。怨霊を御霊《ごりょう》として祀《まつ》ることで鎮魂しようとしたのと、基本的な考え方は同じです。

そして、この百年後に、藤原道長が自分と関係の深い女性に、かつてのライバルが大出世する物語『源氏物語』を書かせたのも同じです。『源氏物語』もまた「鎮魂」を目的として書かれた作品だったのです。

要するに、道長はこう考えたのです。

現実の世界の政権闘争では我々藤原氏が勝った。そのために多くの氏族が命を絶たれた。それは仕方のないことであった。しかし、いくら仕方のないこととはいえ、彼らはそのことを怨みに思っていることだろう。彼らの怨念をこのまま放っておけば祟りをなすかもしれない。では、どうすればいいか。

菅原道真のときは、個人だったので、個人・菅原道真の霊を呼び戻して、「すみませんでした。あなたを流罪にしたのは間違いでした」と、まず罪状を取り消し、謝罪して、官位を二階級特進させて左大臣に出世させ、それでも祟りが治まらないので、最終的には立派な神社を建立《こんりゅう》して、天神様として祀ったのです。

そして、紀氏に対しては、彼ら紀氏の子孫に勅撰和歌集の編纂という名誉を与えるとともに、そこで惟喬親王とともに非業の死をとげた六人の関係者を、「六歌仙」と讃えることで、怨霊をなぐさめたのです。

怨霊は祟りをなす、とても怖いものです。

しかしその一方で、それを丁重に祀り上げて、穏やかになだめれば、怨霊は御霊というい い神様になって、その強い力で私たちを守ってくださる。

怨霊の怨みを鎮める「鎮魂」と、怨霊を祀ることで御霊へ転換させること、これが日本のあらゆる分野で行われていると考えれば、『源氏物語』もまた、明らかに怨霊鎮魂のためにつくられたものだと言うことができるのです。

今の日本史の世界では、『源氏物語』は国文学者のものだから、歴史学者の先生はそこに手も口も出さないというのが暗黙のルールとなっています。そのため歴史の教科書でも、『源氏物語』に関する記述は成立論と作者ぐらいで、内容まで踏み込んだ記述はされていません。

Point

六歌仙も源氏も藤原氏にとっての怨霊だ！

もしも内容まで見れば、そのおかしさに気がつくはずです。何しろジャイアンツの職員が書いた『光タイガース物語』なのですから。

西洋の歴史はキリスト教と深く関わっています。

実際、中世のヨーロッパ美術作品は、教会建築であれ、音楽であれ、油絵のようなものであれ、すべてキリスト教を讃美するという一つの方向性を持っています。そしてそのことは、歴史を研究する人はみな基礎知識として理解しています。キリスト教の理解なくして西洋史は理解できないということがわかっているということです。

でも日本史は、「宗教」の部分が歴史からごっそり切り離されてしまっています。

私に言わせれば、だから日本史がわからないのです。

日本にも西洋と同じように、人々の行動原理として関与している宗教があります。

その宗教は、仏教や神道《しんとう》とおおざっぱに言われているようなものではありません。それは、**大和朝廷の成立時から今に至るまで、日本人の心を支配し続けている「怨霊信仰」なのです。このことを日本史のベースとして認めるならば、日本史の理解はもっと容易になるはずです。**

なぜ『古今和歌集』ではさして歌がうまくもない人が六歌仙と讃えられているのか？

なぜ藤原氏の女性が『源氏物語』を書いたのか？

今の教科書では絶対にわからない、こうした問いの答えは「怨霊信仰」というフィルターを通して初めて見えてくるものだからです。

キーポイント⑧

琵琶法師がなぜ『平家物語』を語るのか

仏教には本来ない怨霊《おんりょう》鎮魂《ちんこん》の力があると信じられていた。その大きな力によって平家の大怨霊を封じ込めようとした。

◇"なぜ"が書かれていない日本の歴史教科書

祇園《ぎをん》精舎《しやうじや》の鐘の声
諸行無常の響きあり
娑羅《しやら》双樹《さうじゆ》の花の色
盛者《じやうしや》必衰《ひつすい》の理《ことわり》をあらはす

おごれる人も久しからず
ただ春の夜の夢のごとし
たけき者もつひには滅びぬ
偏《ひとへ》に風の前の塵に同じ

これは『平家物語』の冒頭の部分です。学生時代に覚えさせられたという人も多く、暗唱できる人は意外とたくさんいます。

そんな有名な『平家物語』ですが、皆さんは作者が誰か知っていますか？

即答できた人はほとんどいないのではないでしょうか。

それもそのはずです。実はこれほど有名な作品なのに、『平家物語』の作者はまだ確定されていないのです。

わからないのは作者だけではありません。成立時期も鎌倉時代初期というぐらいで正確な年代はわかっていません。そのため、教科書の記述も実に曖昧《あいまい》です。

歴史が武士を中心に動くこととなったことから、『平家物語』などの武士を主人公とした軍記物語の傑作《けっさく》がうみだされた。これらの物語は琵琶法師《びわほうし》によって日本国中に語りひろめられ、武士の自信をいっそうふかめさせた。

（『もういちど読む山川日本史』90ページ）

軍記物では『保元物語《ほうげん》』や『平治物語《へいじ》』についで書かれた『平家物語』は、仏教にもとづく無常《むじょう》観を背景に平家の興亡《こうぼう》を簡潔《かんけつ》な文章で生き生きとえがき、盲目の僧侶の琵琶法師《びわほうし》によって平曲《へいきょく》として語られ、各地の人びとに親しまれた。

（『日本史B　改訂版』97ページ）

これらの記述には二つの共通点があります。まず「琵琶法師によって語られた」こと。もう一つは「日本各地の人々に親しまれた」ことです。

この二つはそれまでの文学作品には見られない特徴です。それなのに、なぜ琵琶法師によって語られたのか、そして、なぜ日本中の人に親しまれたのか、という、この記述を読んだら誰もが感じるであろう、基本的な疑問に対する答えは書かれていません。

前項のキーポイント⑦でも申し上げましたが、この時代の文学作品は、怨霊信仰と深く関わっています。『古今和歌集』は紀氏の怨霊を鎮魂するために編纂《へんさん》されたものでしたし、『源氏物語』は藤原氏との政争に敗れた源氏の怨霊を鎮魂するためのものでした。

こうした流れを知っていれば、この『平家物語』も、平氏の怨霊を鎮魂するためにつくられたものであることが容易に想像できると思います。

『源氏物語』と『平家物語』はタイトルが似ているので、中身も似ていると思っている人がいるのですが、両者には決定的な違いがあります。それは、『源氏物語』が実在の「源氏」をモデルにした完全なるフィクションであるのに対し、『平家物語』は創作部分も多く含まれてはいますが、基本的にノンフィクションだということです。

これはとても大きな違いです。

なぜこうした違いが生まれたのでしょう。

◇仏教の教えよりも仏教の呪力

『平家物語』は、一般的には教科書の記述にもあったように「軍記物」というジャンルに分類されます。この時代の軍記物は、一〇〇％ノンフィクションではなく、脚色したとしか思えない武勇伝があったり、時には亡霊が出てきたりと、明らかにつくられた部分、つまりフィクションの部分もたくさんあるのですが、その骨子となっているストーリーはノンフィクションです。

ですから、『源氏物語』は、実際の源氏が完全に叩きのめされ、没落してしまったのに、作品の中の源氏は素晴らしい栄達を遂げるという現実とは正反対のストーリーになっていますが、基本がノンフィクションの『平家物語』では、作品の中の平氏も現実と同じく壇ノ浦で滅亡してしまいます。

『平家物語』が『源氏物語』と同じように鎮魂を目的とした文学作品だと考えると、ここでちょっとした疑問が生じます。それは、現実と同じように滅亡してしまうストーリーで、本当に怨霊を鎮魂することができるのか、という疑問です。

この疑問を感じたとき、私はここでそれまでの文学による鎮魂と、大きな発想の転換があったことに気づきました。これまでと同じように文学を使って鎮魂をしているのですが、発想が大きく違っているのです。

ここで、初めにご紹介した『平家物語』の冒頭部分を思いだしてください。

おわかりでしょうか。**『平家物語』は明らかに仏教思想がベースとなっているのです。**

その思想を一言で言えば「諸行無常」です。この世の中に常なるものは一つもない。どんなに栄えているものでも必ず滅びる。長嶋茂雄さんは引退のスピーチで「わが巨人軍は永久に不滅です」と言いましたが、そんなものはこの世には存在しないというのが仏教の教えです。

お釈迦様の教えをもっとも厳格に守っていたとされるインドの寺院「祇園精舎」も今は

消えてしまっているし、お釈迦様が亡くなるときに上に真っ赤な花を咲かせていた「娑羅双樹」も盛りが過ぎれば枯れてしまう。このように、どんなものにも必ず衰えがあるのだから、「おごれる人も」「たけき者も」、ついには滅んでしまうのは仕方のないことなのだ。『平家物語』の冒頭部分は、そう語っています。

これは誰に語りかけているのかというと、平氏の怨霊たちにです。つまり、仏教の教えを亡霊たちに聞かせて、平家が滅亡してしまったのは「仕方のないことだったんだ」となぐさめているのです。

『源氏物語』では、物語の中という架空の世界で、怨霊となった人々の果たせなかった望みを叶えてあげ、いい気持ちにすることでなぐさめるという方法がとられていました。しかし、このやり方は一種のごまかしです。

そして、そんなごまかしができたのは、ことの真実を知っているのがごく狭い範囲の人々に限られていたからだと考えられます。

『平家物語』でそれをしなかったのは、したくてもできなかったからだと思います。平家の滅亡は、あまりにも大事件です。何しろ政権が平氏から源氏に変わるのはもちろん、時の天皇である安徳天皇までもが平氏の滅亡に殉じてお亡くなりになってしまっているのです。

世の中の誰もが平氏が滅んだことを知っているのです。そんなごまかしの効かない状況の中で平氏の怨霊を鎮魂するためには、これまでのようなごまかしではなく、新しい方法、新しい力が必要でした。

そして、その役を担ったのが「仏教」だったのです。

たとえば、時代はずっと下りますが、「四谷怪談」という有名な怪談話があります。あの話に登場するお岩さんは、明らかに怨霊です。

お岩さんはかわいそうな女性です。子供を産んだばかりだというのに、愛する夫に裏切られた上、毒を飲まされて死んでしまうのですから、怨霊になっても仕方ありません。夫に祟《たた》るのもわかります。でも、ここで注目してほしいのは、そんなお岩さんの祟りを鎮めるために周囲の人々が何をしているか、ということです。

実は、人々はなんとかしてお岩さんの怨みを鎮めようと、一生懸命お経を唱えるのです。

恐らく、多くの人が「えっ、それのどこが変なの？」と思ったのではないでしょうか。日本人は今でも、お経は幽霊や怨霊といったものへの有効な対抗策だと思っているからです。

でも、考えてみてください。お経というのは本来、仏様の教えを説いたものであって、怨霊を鎮めるための呪文《じゅもん》ではありません。それでも怨霊に対してお経を唱えるということは、お経を唱えれば、仏様の力で怨霊を鎮めることができると信じているということです。

つまり日本人は、仏教の教えそのものよりも、仏教の呪力に期待しているのです。

そして、そんな日本人の仏教への期待感を生み出したのが、『平家物語』だったのです。

◇「耳なし芳一」の話は仏教の力を表す

仏教の力で怨霊を鎮める。

こうした『平家物語』における鎮魂の考え方がとてもわかりやすいかたちで表れているのが、「耳なし芳一《ほういち》」の話です。

「耳なし芳一」は、ラフカディオ・ハーンの『怪談』に収録されている話ですが、もとは下関地方の壇ノ浦の近くに建つ阿弥陀《あみだ》寺を舞台とした奇怪な伝説です。

壇ノ浦の近くの阿弥陀寺というお寺に寄宿する盲目の琵琶法師・芳一は、若いながらも琵琶の名手でした。寺の者が法事で出払っていたある日、芳一は、この地にやってきた身分の高い人がお前の琵琶をぜひ聞きたいと言っているからと、呼び出されます。

使者に連れられ、貴人の前に出た芳一が「何をご所望《しょもう》ですか」と聞くと「平家物語を」

と言います。求めに応じて芳一が弾《ひ》き語りをすると、貴人はたいそう喜び、その日以来、芳一は毎晩その貴人のもとへ連れて行かれ、『平家物語』を語り続けました。

そんなことが続いたある日、住職は芳一があまりにもやつれ果てていることに不審を抱き、弟子の一人に芳一の後をつけさせます。後をつけた弟子が見たのは、恐ろしい光景でした。なんと芳一は、人魂《ひとだま》が飛び交う安徳天皇のお墓の前で、琵琶をかき鳴らしながら『平家物語』を語っていたのです。

弟子の報告を聞いた住職は、芳一を平家の怨霊から守るために、芳一の全身に般若心《はんにゃしん》経《ぎょう》を書きます。般若心経を書けば、芳一の姿は怨霊から見えなくなるというのです。

「いいか芳一、こうしておけばお前の姿は怨霊たちには見えない。だから、呼ばれても絶対に返事をしてはいけないよ。声さえ出さなければ、お前は必ず助かるからな」

住職はそう言い聞かせました。ところが、住職は芳一の耳にお経を書くのを忘れてしまいます。そのため、芳一を迎えに来た怨霊（貴人）には、誰もいない部屋に耳だけが浮いているように見えました。呼んでも芳一は答えません。仕方なく怨霊は、見える芳一の耳だけをもぎ取って帰っていきました。

こうして芳一は、耳は失ってしまいましたが、命だけは助かります。

この「耳なし芳一」の話には仏教による怨霊鎮魂の重要なポイントがいくつも含まれて

います。そのなかでも特に注目してほしいのが、平家の怨霊が自ら「平家物語を語ってくれ」と言い、芳一の弾き語りを涙を流しながら熱心に聞いていることです。

これは、怨霊が『平家物語』を聞き、一門の滅亡は「仕方のないことだったのだ」「この世に永遠に続く繁栄はないのだ」と自らに言い聞かせることで鎮魂していることを表しています。これこそが、ノンフィクションであるにもかかわらず、鎮魂を可能にした仏教方式のカラクリです。

さらに、般若心経を体に書くことで芳一の姿が怨霊から見えなくなるということは、仏教には人を怨霊から守ってくれる力があるということを意味しています。

「耳なし芳一」の話は、『平家物語』よりずっと後のものですが、『平家物語』における鎮魂の方法論がとてもよく表れていると言えます。

これほど巧《たく》みに仏教を怨霊鎮魂に用いるには、仏教に対する深い知識と理解が必要です。さらに、『平家物語』は平家の勃興から、栄耀栄華《えいようえいが》を経て壇ノ浦で滅亡するまでの長いストーリーです。そのため、この作品を書き上げるには、仏教だけでなく、武士の世界に関する知識も、朝廷に関する知識も必要です。いったい、誰にこれほどの作品が書けたのでしょう。

◇『平家物語』の作者は誰か

『平家物語』は誰がつくったのか。

この謎を解くためにも、もう少し詳しく『平家物語』の特徴を見ていきましょう。

まず基本的に重要なことは、『平家物語』は、『源氏物語』や『枕草子』のような和文ではなく、「和漢混淆文《こんこう》」で書かれているということです。

和漢混淆文というのは、日本古来の大和言葉に漢語を交ぜた文体のことですが、その特徴は非常にリズミカルでわかりやすいということです。本項の初めに『平家物語』の冒頭部分を暗記している人は多いと言いましたが、実は長く記憶に留めることができているのも、和漢混淆文という非常にリズミカルな、しゃべりやすい文体だからなのです。

このことは、和文で書かれている『源氏物語』の冒頭部分を声に出して読み比べてみるとすぐにわかります。

いづれの御時《おほんとき》にか。女御《にょうご》・更衣《かうい》、あまたさぶらひ給ひけるなかに、いと、やむごとなき際《きは》にはあらぬが、すぐれて時《とき》めき給《たま》ふ、ありけり。

（『源氏物語㈠』岩波文庫）

耳なし芳一像（赤間神宮）

安徳天皇阿弥陀寺陵（赤間神宮）　　（写真提供：下関市）

和漢混淆文は、読みやすいのはもちろんですが、実はリズミカルなので、同時に「聞き取りやすい」という特徴も持っています。

これはとても重要なことです。

なぜなら、もともと『平家物語』は読むものではなく「聞くもの」だったからです。教科書の記述にもあったように、『平家物語』は、琵琶法師が琵琶の音に乗せて談じたのを、人々は耳で聞いていたのです。

そして、こうした和漢混淆文が用いられたのは、どうも最初から「語り聞かせるためのもの」としてつくられたからのようなのです。

つまり、現代風にわかりやすく言うと、もともと和文で書かれた原作があり、それを琵琶法師たちがひとり語りの劇として演じるために脚本に仕立てたのではなく、最初から演じるための脚本としてつくられた作品だということです。

実は、このことを証明するとともに、『平家物語』の作者を突き止める史料が存在しています。それは、皆さんもよくご存じの有名な文学作品、鎌倉時代に吉田兼好によって書かれた『徒然草』です。

吉田兼好は『徒然草』に、『平家物語』の起源について、次のように記しています。

後鳥羽院《ごとばのゐん》の御時《おんとき》、信濃前司《しなののぜんじ》行長《ゆきなが》、稽古《けいこ》の誉《ほまれ》ありけるが（中略）この行長入道《ゆきながにふだう》、平家《へいけの》物語《ものがたり》を作りて、生仏《しやうぶつ》といひける盲目《まうもく》に教へて語《かた》らせけり。

（『新訂　徒然草』岩波文庫　２２６段）

後鳥羽院というのは、幕府に対して反乱を起こし、最終的には隠岐島《おきのしま》に流されて、そこで生涯を終えられた鎌倉時代初期の上皇、後鳥羽上皇のことです。その頃に、「信濃前司行長」という男がいて、その人物が『平家物語』を書き、「生仏という盲目」の琵琶法師に語らせたというのです。

なんだ、『平家物語』の作者はわかっているんじゃないか、と思いますよね。でも、実はこの史料は「あてにならない」として、学者の先生たちからごく最近まで無視されていたのです。しかし、最近になって、この史料の価値が見直され、まだ確定はさ

Point

大怨霊の鎮魂には大きな力を持つ仏教が必要だった！

れていませんが、行長作者説も有力な説の一つとされてきているのです。

では、なぜこの『徒然草』の記述は最初「あてにならない」とされ、最近になって価値が見直されたのでしょう。

当初、あてにならないとされた理由は二つあります。一つは書かれた時代に約百年の開きがあることです。年代が開きすぎているので信用できない、というわけです。

もう一つの理由は、作者とされる「信濃前司行長」の実在が確認できなかったからです。

「信濃前司行長」というのは、現代語に訳すと「信濃の国で以前、国司をしていた行長という人」ということになります。つまり、かつての役職が書いてあるだけで姓はわからないのです。ちなみに、「稽古の誉ありける」とは、古典とか歌道に非常に習熟して、「こいつはすごい優秀な男だ」と言われていた、ということです。

年代に開きがある上、「行長さん」というだけで姓もわからないのでは、ということで「あてにならない」と考えられていたのです。

ところが、近年の研究で、この行長さんが実在の人物であることがわかったのです。「信濃前司行長」の正体は「藤原行長」という人物でした。当時、藤原氏はあまりにも多くなっていたので、偉くなればなるほど「藤原」姓を名乗らなくなっていました。たとえば五摂家《ごせつけ》は全員藤原氏ですが、普段は藤原姓ではなく、近衛《このえ》、九条、一条、二条、鷹司《たかつかさ》と名乗っていました。このことから、行長さんは藤原氏の中でもあまり身分の高い人ではないことがわかります。

さらに、長くなるので引用しませんでしたが、『徒然草』には、天台宗総本山である比叡山延暦寺《えんりやくじ》の座主《ざす》であった慈円大僧正《じえんだいそうじょう》が行長を「扶持《ふち》していた」、つまり行長のスポンサーになって『平家物語』執筆を援助していたと記されていたのですが、この藤原行長というう人は、スポンサーとして名前の挙がっていた慈円の実兄、関白九条兼実《くじょうかねざね》に仕《つか》えていたことがわかったのです。

行長のスポンサーとされる慈円は、日本史の教科書に『愚管抄《ぐかんしょう》』の作者として登場する人物です。当時は、家の後継者は男子一人だけで、余った兄弟たちは大きな寺に預けられて、そのままその寺のトップになるということが、平安貴族、それも名家にはよくあることでした。慈円もそうして比叡山のトップである「座主」になった人です。

当然、九条家と慈円は交流がありました。そこで行長と慈円が結びついても何の不思議もありません。

こうして実在の人物の来歴と『徒然草』の記述が一致したことで、それまで学者たちに一蹴されていた行長作者説がにわかに注目されるようになったのです。

◇武士、公家、僧侶がタッグを組んだ一大プロジェクト

『平家物語』の作者は誰なのか。

結論から言うと、私は、『平家物語』は、『徒然草』の記述通り、スポンサー兼プロデューサーである慈円が、藤原行長と生仏という非常に優秀なライターを選んで書かせたものだと考えています。

そう考える第一の理由は、先ほども少し述べましたが、『平家物語』の作者は博識でなければつとまらなかったからです。

『平家物語』の作者は実に博識です。武士のこともよく知っているし、公家のこともよく知っている。さらには仏教思想も身につけている。百科事典などない当時、それだけの知識を一人で持つのはほぼ不可能です。

では、なぜそれができたのか、『徒然草』の記述はその謎を簡単に解いてくれています。まず武士については、生仏という人物が、武士から多くの話を聞いた琵琶法師であることが記されているので、武士や戦《いくさ》についての知識は彼が提供したのでしょう。一方、信濃前司行長は公家の世界の出身です。しかも関白九条家に仕えていたとなれば、公家社会に詳しいのは当然です。では、仏教思想はどうでしょう。これはもちろん、天台座主の慈

円がいます。

つまり、武士、公家、僧侶というそれぞれの世界のエキスパートが協力することで『平家物語』は書かれたのです。


さらにもう一つ、私が『徒然草』の記述で注目していることがあります。

それは学者の先生方も、意外に見逃《みのが》してしまっていることですが、慈円が「パトロン」になって書かせた、と明記されていることです。この時代（これより前の紫式部の時代もそうなのですが）、物語を書くということは、パトロンがいないと成立しない作業なのです。

今なら原稿を書いて雑誌や新聞に載れば、出版社や新聞社などから原稿料がもらえます。書きためた原稿でも、出版社に持っていって運よく出版してもらえれば、印税が入ります。ですから物語を書くことを収入に結びつけることができるのですが、当時は書いてもお金になりません。なぜなら、そもそも「印刷」というものがないからです。

当時、本を書くということは、手書きで最初は一つだけです。それを借りて読んだ人が、これは素晴らしいと思ったら手書きで写していく、そういう世界なのです。

ですから、書いた時点では一文《もん》にもなりません。それどころか、書くのは大変な手間ですから、その間の生活は誰かに面倒を見てもらわないと到底できない作業なのです。

『平家物語』は長編です。あれほどの作品を書く間、作者はどのように生活していたのだろう。当時の事情を知る人であれば、当然湧《わ》いてくる、そんな疑問にも『徒然草』はきちんと答えているということです。

では、慈円はなぜ『平家物語』を行長らに書かせたのでしょう。

たとえば私の場合なら、書く前提として読み手、つまり読者の存在があります。こうした内容の本を書けば、その世界に興味を持つ人たちが買ってくれるだろうという予想があるからこそ書くことができるのです。

ところがこの時代は、読者なんて最初から想定されていないのです。

『源氏物語』は、たまたま女官たちの間で評判になって、宮廷の人たちが貸し借りをする中で手書きで写したものが少しずつ広がっていったものです。

ですから、宮廷内で評判になったと言っても、どのぐらいの読者がいたのかというと、せいぜい数百人止まりだと思います。

平安時代の古典文学が好きで、学校で勉強された方はご存じだと思いますが、当時は本を書くのはもちろん、読むのも大変手間のかかる作業でした。

たとえば、こんな話があります。

菅原孝標女《すがわらのたかすえのむすめ》という人は、かねがね『源氏物語』を読みたいと思っていましたが、なかなか読むことができないでいました。当時は本屋などないので、どこに行けば手に入るかさえわかりません。いろいろ手を尽くして探したのですが、手に入らず、もう一生読めないのだろうとあきらめかけていたところ、伯母がひとそろい持っているからと譲ってくれたのです。念願の『源氏物語』を手に入れた彼女は、嬉しくて嬉しくて、朝から晩まで読みふけったというのです。

当時の本というのは、そういうものなのです。だからまずつくるということ自体、書き手の問題なのです。この場合は、ライターである行長というよりは、**スポンサーである慈円の問題です。慈円にとって必要だから『平家物語』は書かれたのです。**

『源氏物語』の場合は、源氏と争って勝者となった藤原氏が、敗者である源氏の怨霊を恐れて、鎮魂のために書いたものでした。

『平家物語』も平氏の怨霊を鎮めるために書かれたものなのですが、平氏を滅ぼしたのは源氏であって、慈円の実家である藤原氏ではありません。

では、なぜ慈円は自らがスポンサーとなって『平家物語』を書かせたのでしょう。

◇なぜ貴族が平氏の怨霊を鎮魂したのか？

この謎を解くには、慈円とはどのような人だったのか、ということを見ていく必要があります。ここでヒントになったのが、彼の書いた『愚管抄』です。『愚管抄』は、日本人が書いた最初の史論と言われている書です。誤解している人も多いのですが、史論というのは、いわゆる歴史書とは違います。なぜこのような世の中になったのか、このような出来事が起きた原因は何なのか、といったことを分析したものが史論です。

その史論である『愚管抄』を読むと、とても面白いことがわかります。

慈円は天台宗の僧侶なので、『愚管抄』は仏教思想に基づいて書かれていると思われがちなのですが、実はまったく違うのです。彼は、「この世の乱れはすべて怨霊が原因だ」と書いているのです。つまり、彼もまた怨霊信仰の信者だったのです。

慈円が『平家物語』を書かせたのは、平氏の怨霊を鎮魂するために間違いありません。慈円は『愚管抄』を見ても明らかなように、怨霊というのは放っておいたら大変危険だと考えていたからです。

でも、なぜ慈円が鎮魂をしなければならなかったのでしょう。

それは恐らく、平氏を滅ぼしたのが源氏だったからです。

源氏は武士です。皆さんは「侍に怨霊なし」という言葉をご存じでしょうか。これは有名な言葉なのですが、誰が言ったものなのかはわかりません。ただ、昔からそう言われているのです。

「侍に怨霊なし」

これは、ごく簡単に言えば、侍＝武士は怨霊信仰を持たないということです。なぜなら、武士はそもそも殺し、殺されるのが当たり前の世界の住人だからです。相手を殺す度に怨霊になることを恐れていたのでは、とてもではありませんが武士などつとまりません。

怨霊を恐れない者は、当然ながら鎮魂もしません。

でも、**当時の貴族階級は、みな怨霊信仰の信者です。怨霊をまったく恐れず、鎮魂をしようともしない源氏の姿に、慈円を始めとする貴族たちは大きなショックを受けたことでしょう。**

そして、そのショックはやがて恐怖に転じます。

なぜなら、慈円も言っているように、「この世の乱れはすべて怨霊が原因」だと信じているからです。このまま鎮魂をしなければ、世の中は大変なことになってしまう。

私は、『平家物語』のプロデューサーである慈円が、時の関白九条兼実の実弟であり、なおかつ天台座主であったのは、偶然ではないと思っています。恐らく、源氏が鎮魂しようとしないことを恐れた貴族階級が、平氏という巨大な怨霊を鎮めるという大役を果たせる者は誰かと考え、天台座主である慈円を選んだのではないでしょうか。何しろ天台座主と言えば、日本仏教の法王のような存在です。

恐らく、自らも怨霊信仰の信者である慈円は、人々の思いを汲み、この国の将来のためにという使命感を以《もっ》て、平氏の怨霊鎮魂という大プロジェクトのプロデュースを引き受けたのだと思います。

◇『平家物語』、語り部の謎を解く

安徳天皇を含む平家一門という巨大な怨霊を鎮魂するためには、やはりより多くの人に鎮魂に携わってもらうことが必要だと慈円は考えたのではないでしょうか。

平氏の怨霊は、これまでもっとも強力な怨霊となる危険性がありました。なぜなら平氏は一時天下をその掌中に収めたうえ、天皇までも握っていたからです。その、清盛の娘・徳子が産んだ安徳天皇は、平氏滅亡とともに壇ノ浦の海に沈みました。天皇ごと滅ぼされたのですから大変なことです。

日本最大の怨霊になる危険がある平氏の怨霊を鎮魂するためには、今までにない徹底的な鎮魂法が求められました。もはや宮廷や寺院の一部で『平家物語』を文字で書いて回し読みをするという程度では、とても鎮魂できるものではないと考えられたのです。もっと大がかりに、宮中だけでなく、一般庶民をも巻き込んで、国を挙げて行わなければ平氏の怨霊を鎮めることは叶わないだろう。

そこで、琵琶法師に、音楽に乗せて物語を語らせるという画期的な方法を編み出したのです。いくら素晴らしい『平家物語』を書いても、それが書物である限り、『源氏物語』のようにそれを読むことができるのは一部の貴族だけです。それでは鎮魂に携わる人数もたかが知れています。

しかし、琵琶法師に語らせれば、鎮魂に携わる人の範囲は大きく広がります。なぜなら聞くだけでいいので、文字の読めない庶民にまで範囲が広がるからです。

この画期的な方法を考えついたのは、恐らく慈円だと思われます。なぜなら、彼の身近にはそのヒントとなるものがあったからです。

それは、お経に節をつけて朗々と歌い上げる「声明《しようみよう》」です。これはキリスト教で言うと聖歌かオラトリオのようなものです。

ただし声明の場合、楽器による伴奏はつきません。メロディーはありますが、いわゆるアカペラなのです。そこに琵琶という楽器を結びつけたところが慈円の卓越したところです。

実は「琵琶」という楽器は伝統的にはあまり高級な楽器ではないのです。もちろん宮廷でも使われていましたし、正倉院の御物にある「螺鈿紫檀《らでんしたん》五絃琵琶」のように立派なものもあります。でも、それは特別なモノで、基本的には琵琶は大衆的な楽器なのです。

しかし、この場合はより多くの人に聞いてもらうことが目的なので、あまり高級すぎない方が適していたのです。そういう意味で琵琶は丁度いい楽器だったと言えるでしょう。

実際、琵琶法師が語ることで『平家物語』は爆発的に普及しました。慈円の目論見《もくろみ》は見事に成功したのです。

ここで、最初に教科書の記述を読んだときの疑問を思いだしてください。

「なぜ琵琶法師によって語られたのか」そして、「なぜ日本中の人に親しまれたのか」という疑問です。

後者の疑問の答えはすでに出ました。限られた人にしか読めない本ではなく、文字を読めない人でも、さらに言えば、一度に大勢の人が同時に楽しめる「琵琶法師による弾き語り」というかたちだったため、多くの人に親しまれたのです。

でも、もう一つの疑問はまだ残っています。

なぜ琵琶法師だったのでしょう。

琵琶を使った弾き語りをするだけでよければ、弾き語りをする人が必ずしも「法師」、つまり僧侶である必要はないはずです。

しかもただの法師ではありません。『平家物語』を語るのは、盲目の法師です。『平家物語』の語り部《べ》は、鎮魂のための「巡回僧」のようなものなので、僧侶であることが相応《ふさわ》しいということはあったでしょう。さらに、他の職業に就《つ》くことが難しい「盲人」を救済するという社会貢献的な目的もあったと思います。

でも、それは結果論です。なぜなら、『平家物語』には最初から生仏という盲目の琵琶法師が関わっているからです。

なぜ『平家物語』を語るのは、盲目の琵琶法師でなければならなかったのでしょう。

私は、『平家物語』の語り部という仕事がそれだけ「恐ろしい」ものだったからなのではないかと考えています。

考えてみてください。怨霊信仰を持つ者にとって、琵琶法師ほど恐ろしい仕事はありません。なぜなら琵琶法師は、四六時中「平氏の怨霊」のことを口にしていなければならないからです。もっとも怨霊に取り憑《つ》かれる可能性が高い職業と言えます。

この恐怖が現実となったのが、「耳なし芳一」の物語です。芳一は、怨霊に取り憑かれながらも、住職の機転でなんとか命だけは助かりますが、耳を失ってしまいます。

そんな怨霊に取り憑かれる危険性が高い仕事だったからこそ、仏に仕える「法師」でなければならず、またできるだけ怨霊に魅入《みい》られないようにするために、怨霊と目を合わす

ことのない人間、つまり盲目であることが必要だったのではないでしょうか。

◇琵琶法師が日本の識字率を上げた！

歴史上のことというのは、当人がこうしようと思ってやったこともあれば、まったく意図していなかったにもかかわらず結果的にそうなったことというものがあります。

これからお話しすることは、まさに後者の典型のような事例です。

そしてもちろん、教科書には書かれていない、日本の歴史です。

慈円は平氏の怨霊に怯《おび》える貴族社会の期待に応え、見事に日本中の人々を巻き込んだ「鎮魂」を実現しました。慈円が目指していたのはそこまでです。

ところが、彼がプロデュースしたこの鎮魂方法が、この後、日本に思わぬ副産物をもたらすことになるのです。

『平家物語』が多くの人に親しまれたのは、琵琶法師がいろいろな土地へ赴《おもむ》いて、そこで弾き語りをしたからでした。もともとできるだけ多くの人に鎮魂に参加してもらうことが目的だったので、琵琶法師は日本中、人がいるところならどんな僻地《へきち》へも赴いて、土地の人々に『平家物語』を語り聞かせました。

人々も琵琶法師を歓迎しました。何しろ娯楽らしい娯楽などない時代です、琵琶法師が語る『平家物語』という都を舞台とした栄枯盛衰《えいこせいすい》の物語は、今私たちがハリウッド映画を見たときに感じるより何倍も大きな刺激を感じさせたことでしょう。ですから地方の人々は特に、琵琶法師が来たと聞くと、喜んで集まり、その語りに耳を傾けました。

『平家物語』は、もともと盲人が語るためにつくられたものなので、非常にわかりやすく、また覚えやすくつくられています。和漢混淆文でもともとリズミカルな文体を、さらに琵琶の音に乗せて調子よく聞かせるので、人々は楽しみながら、その内容を無理なく覚えていくことになりました。まさに「門前の小僧、習わぬ経を読む」という諺《ことわざ》通りのことが日本中で生じたのです。

このことが、後に日本人の識字率のアップに大きく貢献しました。

日本は世界的に見ても異常に識字率の高い国なのです。明治維新のときに日本がいち早く近代化できたのも、日本人の識字率が高かったからだと言われています。

では、なぜこれほど日本人の識字率は高いのでしょうか。

Point

弾き語りには怨霊に強い琵琶法師が最適だった！

実はこれに対するきちんとした説明はなされていません。明治維新の頃のことを引き合いに出すと、江戸時代に寺子屋が普及していたからだということがよく言われるのですが、では、なぜ多くの人が寺子屋へ通ったのか、というと、もうわからないのです。

そもそも、文字を学ぶ上でもっとも難しいことは何だと思いますか？

識字というと、まず「読み・書き」と言われるのですが、実は「読み・書き」の前にとても大切なことがあるのです。それは「読み書きできるようになりたい」と思うことです。当時の寺子屋は義務教育ではありません。基本的に庶民階級に文字の読み書きは必要なかったのです。その、字を読み書きする必要のない人たちにどうやって「字を読みたい、字を書きたい」という気を起こさせるか、実はそれこそがもっとも難しいことなのです。

読み書きに興味を持つ第一歩は、「言葉を知る」ことです。

たとえば、『平家物語』の冒頭に登場する「祇園精舎」という言葉、これを何の予備知識もない人に覚えさせるのは大変です。

でも、『平家物語』を聞いたことがある人なら、字を書いて見せて、これが『平家物語』の最初に出てくる「ギオンショージャですよ」と教えると、「これがあのギオンショージャなのか」と理解し、興味が湧くのですぐに読めるようになります。そして、「読める」ということは、言うまでもなく「書ける」ための第一歩です。

つまり、『平家物語』の存在が、日本人の「文字を学ぶ素地」をつくったと言っても過言ではないのです。

しかも『平家物語』は、単に覚えやすいだけの文章ではありません。当代一の仏教者である慈円と貴族のなかでも特に教養が高いと絶賛されていた藤原行長が書いた、非常にレベルの高い文章なのです。

いつの時代のどこの国でも、その国の代表的な文学作品を暗唱することは、基本教育の第一歩です。それでも、その国の庶民階級が自国の文学作品を暗唱できるのかというと、できないのが普通です。

ところが、**日本は『平家物語』を琵琶法師が語りとして広めてくれたお陰で、文字を読めない庶民であっても日本を代表する文学作品を暗唱できてしまうという信じられないような状態が生まれたのです。**

さらに言えば、『平家物語』を聞くことで学べたのは言葉だけではありませんでした。歴史や日本中の地名や地理、世間の常識やしきたりのようなことも、楽しみながら学ぶことができたのです。こうして、習ったわけではないけれど、『平家物語』を聞いているうちに基礎教養が身についたという人は、たくさんいました。

たとえば室町時代の初期に能を完成させた世阿弥《ぜあみ》という人がいますが、彼もまたそうした人の一人だと私は思っています。

実は世阿弥というのは、貧しい旅芸人の子供として生まれました。当然のことながら、文字を教えてもらったことなどありません。

にもかかわらず、彼は、今で言う中学生ぐらいの年齢で当時の最高の知識人である二条良基《にじょうよしもと》に弟子入りし学問を学びます。するとどうでしょう、彼は瞬く間《またたくま》に素晴らしい教養人となり、晩年には日本を代表する芸術論の一つである『風姿花伝《ふうしかでん》（花伝書）』を書くまでになっているのです。このようなことは、他の国ではまずあり得ません。

では、そのあり得ないことを、なぜ世阿弥はできたのでしょう。

私は、これもやはり『平家物語』がもたらした基礎教育のお陰だと思っています。

さて、ここまでだいぶ『平家物語』の功績を褒《ほ》めてきましたが、実を言うと、『平家物語』だけが日本の識字率アップの基礎をつくったわけではありません。『平家物語』の後の話をすると、この流れは南北朝時代末期にできた『太平記』が後押ししていくことになるのです。

『太平記』は、もともとは文章として書かれたものでしたが、『平家物語』という「語り」の伝統があったからなのでしょう、やがて『太平記』は「講釈」というかたちで庶民の耳を楽しませるようになっていきます。

『平家物語』は琵琶による弾き語りなので、琵琶による伴奏が必要不可欠です。一方、「講釈」は独特の語りだけで楽器は使いません。そんな講釈は、後に職業化し、独特なリズムで語る「講談」へと発展していきます。少々節回しは難しいですが、それさえ身につければ楽器が演奏できなくても行えるので、庶民への普及という点では、『平家物語』よりもさらに、底辺を広げていくことにつながったのです。

慈円も『平家物語』をつくったときには、まさかそれが将来、日本人の識字率を高めることになり、日本をアジアの中でいち早く近代化させる礎《いしずえ》になるとは思いもしなかったことでしょう。

でも、思いもしないと言えば、現在の歴史教科書を読んだだけでは、なぜ『平家物語』がつくられたのかも、なぜ琵琶法師が語るという独特のスタイルが生まれたのかも、それがその後の日本にどのような影響をもたらしたのかも、何もわかりません。恐らく、今の歴史教科書を書いている学者さんたちは、『平家物語』が日本人の識字率を高めるのに役立ったとは思いもしていないのではないでしょうか。

第三章のまとめ

・昔は悪いことはすべて、人災であれ天災であれ、怨霊（悪霊）の仕業だと考えられていました。うち続く「不幸＝祟り」を恐れた藤原氏は、一つの選択をします。それが「遷都」でした。

・皇統を受け継ぐことのできる男子の誕生。これこそが聖武天皇が大仏をつくる本当の目的だったのです。

・怨霊の怨みを鎮める「鎮魂」と、怨霊を祀ることで御霊へ転換させること、これが日本のあらゆる分野で行われていると考えれば、『源氏物語』もまた、明らかに怨霊鎮魂のためにつくられたものだと言えます。

・日本人は、仏教の教えそのものよりも、仏教の呪力に期待しているのです。そんな日本人の仏教への期待感を生み出したのが、『平家物語』だったのです。

・恐らく、自らも怨霊信仰の信者である慈円は、人々の思いを汲み、この国の将来のためにという使命感を以て、平氏の怨霊鎮魂という一大プロジェクトのプロデュースを引き受けたのでしょう。

第四章

武士が天皇家を滅ぼせなかった本当の理由

なぜ日本人は軍隊が嫌いなのか

キーポイント⑨

武士は穢れ思想から生まれた

平安時代後半、軍隊の不在によって治安は悪化した。なぜ軍隊はなくなったのか。その原因には天皇家・貴族たちの「穢《けが》れ思想」が隠されている。

◇なぜ私たちは武装しなくても大丈夫なのか？

外国人から見た日本史最大の謎とは何か、知っていますか？

それは、「源頼朝は、なぜ天皇家を滅ぼさなかったのか」ということなのです。

頼朝は幕府を立てたとき、天皇家を滅ぼすことができたのに、なぜかそれをしなかった。そのため、明治維新のときにまた権力を奪われてしまった。なぜ、きちんと天皇家を滅ぼしておかなかったんだろう、と外国人は疑問に思うのです。

私たち日本人は、幕府と天皇家が共に存在した「朝幕併存」時代が長く続いていたことをもともと知っています。ですから歴史を学んだときに、武士による政権である「幕府」ができたとき、朝廷もまた存続したということに何の疑問も感じないのですが、実はこれは、世界的に見るとあり得ないことなのです。

新しい支配者は前の支配者を滅ぼすことで支配を確立させる。これが世界の常識です。

たとえば、お隣の中国は、おおまかに言うと、古代の殷《いん》から始まって、周、秦、漢、三国時代を経て、隋《ずい》、唐、宋、元、明《みん》、清《しん》と、いろいろな王朝時代がありますが、王朝が交替するときは、一つの例外もなく前王朝は新しい王朝によって滅ぼされています。これはローマ帝国でもイスラム帝国でも、世界中どこでも同じです。そんなごく当たり前のことをなぜ頼朝はしなかったのか、ということです。

なぜ頼朝は天皇家を滅ぼさなかったのか。

この疑問に答えるためには、まず、そもそも武士とは何なのか、武士はどうして生まれたのか、ということからお話しする必要があります。なぜなら、今の教科書にはこの肝心なことが書かれていないからです。

9世紀末から10世紀にかけて地方政治が大きく変化していくなかで、地方豪族や有力農民は、勢力を維持・拡大するために武装するようになり、各地で紛争が発生した。その鎮圧のために政府から押領使《おうりょうし》・追捕使《ついぶし》に任じられた中・下級貴族のなかには、そのまま在庁官人などになって現地に残り、有力な武士《ぶし》（兵《つわもの》）となるものがあらわれた。

（『詳説日本史　改訂版』72〜73ページ）

地方豪族や有力農民が武装するようになり、それが武士の誕生につながったことはわかりますが、肝心の「なぜ武装しなければならなかったのか」はこの記述ではわかりません。九世紀から十世紀にかけて地方政治が大きく変わったと言うのなら、何がどう変わったのか、その原因は何なのか、ということまで書くべきです。

なぜ地方の豪族や有力農民は武装するようになったのでしょう。人が武装するのは、そうする必要があったからです。

私たちは今、武装していません。なぜ武装しないのかと言えば、武器を持ってはいけないと法律で決められているということもありますが、それ以上に大きな理由となっているのは、警察や自衛隊によって「守られている」からです。

今の日本では大都市であれ、地方都市であれ、１１０番に電話をかけると十分以内にパトカーが来てくれます。警官は拳銃を持っていて、何かあれば私たちをその拳銃を使って守ってくれます。だから、我々は自ら武装をする必要がないのです。

このことがわかれば、地方の豪族や有力農民が自ら武装した理由がおわかりだと思います。そうです。彼らは守ってくれる人が誰もいなかったから、自ら武装したのです。

このように考えると、武装し始めたのが地方の豪族や有力農民だった理由も納得がいきます。彼らは有力であったがゆえに多くの財産を持っていました。いつの時代も狙《ねら》われるのは持てる人々です。つまり、彼らは自分で自分の命と財産を守るために必要に駆られて武装したのです。

◇平安中期以降、なぜ治安は乱れたのか？

皆さんは、黒澤明監督の名作『羅生門』という映画をご存じでしょうか。

映画は、ボロボロに痛んだ羅生門の建材を、浮浪者たちが引きはがして、たき火をしているシーンから始まります。ちなみに、この「羅生門」は、平安京の正門「羅城門《らじょうもん》」を摸《も》しています。

このシーンが何を意味しているか、おわかりでしょうか？

これは当時の平安朝政府の荒廃ぶりを表しているのです。

政府本来の機能がきちんと働いていれば、都の正門を破壊してたき火などしたら、すぐに捕まって罰せられてしまいます。そうした犯罪者が捕らえられないでいるということは、当時の都の治安状態が劣悪なものだった、ということです。

都でさえ、その有様なのです、地方が無法状態であったことは容易に想像がつきます。平安時代の日本は律令制度が用いられていました。律令というのは、今で言う「憲法」のようなものです。ですから、この時代の日本は法治国家だったと言えます。

律令制度では行政機関として八省が設けられ、そのなかには現在の防衛省に相当する「兵部省《ひょうぶしょう》」もあれば、警察庁と法務省の機能を併せ持った「刑部省《ぎょうぶしょう》」もありました。桓武《かんむ》天皇が平安京を開いたとき、政府は充分に機能し、治安は決して悪くありませんでした。

では、いつ頃から平安京の治安は悪くなっていったのでしょう。時期的には平安中期以降です。実はこれにはある出来事が関係していました。

平安初期の日本は、まだ国内の統一が完全にはなされていませんでした。当時東北は未開の地で、大和朝廷はそこに住む「蝦夷《えみし》」という異民族と争っていました。征夷大将軍として有名な坂上《さかのうえの》田村麻呂《たむらまろ》が活躍したのがこの時代です。

坂上田村麻呂は武士ではなく軍人です。彼は朝廷の官吏の一人であり、征夷大将軍というのも律令制度の中で定義された役職の一つだからです。

彼らのような軍人の活躍のお陰で、大和朝廷は東北地方から異民族を一掃し、日本全土（北海道を除く本州、九州、四国）の支配を完成させます。

この頃、奇妙な、他の国ではあり得ない変化が起こりました。

大和朝廷が次々と軍備を廃止し始めたのです。このことは教科書にも記されています。

兵士の質が低下したことを受けて、792（延暦11）年には東北や九州などの地域をのぞいて軍団と兵士とを廃止し、かわりに郡司の子弟や有力農民の志願による少数精鋭《せいえい》の健児《こんでい》を採用した。しかしこれらの改革は、十分な成果をあげるところまではいかなかった。

（『詳説日本史　改訂版』52〜53ページ）

兵士の質が低下したから軍を廃止して民間の志願者にやらせるなんて、考えてみれば不思議な記述です。兵士の質が低下して必要な治安維持ができなくなったのであれば、兵士を訓練して軍事力の強化に努めるのがごく普通の発想でしょう。

たしかに、異民族を征服したのですから、それほどの軍事力は必要なかったのかも知れませんが、それなら軍を縮小することで少数精鋭を目指すべきです。どんなに平和な国であっても、国内の小規模な混乱や政変は必ずあるのですから、軍を廃止するという発想自体が異常です。しかも、この教科書の本文では健児を「志願による少数精鋭」と書いていますが、それも怪しいものです。健児については、欄外に説明が載っているのでそれを引用しましょう。

国の大小《だいしょう》や軍事的必要に応じて国ごとに20～200人までの人数を定めて、60日交替で国府の警備や国内の治安維持にあたらせた。

（『詳説日本史　改訂版』53ページ　欄外）

この欄外の記述を読むと、健児が民間からかき集められたにわか警備隊にすぎないことがわかります。

実は、この異常な軍備撤廃はその後も続き、平安中期以降になると、国の機構としての兵部省は存在しているのに、そこに属する正式な兵士は一人もいないという異常事態になります。

さらに驚くべきことに、こうした縮小・撤廃の動きは兵部省だけで終わらず、刑部省にも広がっていったのです。兵部省に人がいなくなるということは、今で言えば国の軍隊がなくなるということですが、刑部省から人がいなくなるということは、国から警察官がいなくなるということですから、事態はさらに深刻になっていきます。

軍は、最悪、戦争がなければなんとかなりますが、警察官がいなくなったら、日常の治安そのものが失われるということだからです。

これが地方の豪族や有力農民が武装した理由なのです。

◇罪も災いも過ちもみな同じく穢れ

教科書には国から軍と兵士がいなくなったという事実は書かれていますが、なぜいなくなったのか、なぜ民間の志願に頼らなければならなくなったのか、ということは記されていません。

恐らく、教科書を書いた学者先生方は、その理由がわからないのだと思います。**なぜわからないのかというと、今の日本の歴史学は「宗教」を無視しているからです。**

宗教とは、目に見えないもの、実在が確認できないものの存在と力を信じることです。そういう意味ではこれまでお話ししてきた「怨霊《おんりょう》信仰と和のセット」も立派な宗教です。

そして平安時代の日本に、この軍備撤廃という異常な状態をもたらしたものも実は、日本人が古くから信仰しているもう一つの宗教だったのです。

その宗教とは「穢《けが》れ」です。

では、「穢れ」とは何なのでしょう。日本の歴史辞典のなかではもっとも権威があると言われている『国史大辞典』（吉川弘文館）を見ると、次のように書かれています。


一般に罪（つみ）とともに罪穢という。宗教的な観念で、日常普通のものから区別して、特別なものを神聖視することをタブー taboo というが、その神聖 sacré というちにも、また清浄なものと不浄なものとがある。その不浄がすなわち穢であり、……


まず重要なことは、穢れが「宗教的な観念である」ということです。これは別の言葉で言うと、科学的には実在を証明できないものである、ということです。

たとえば、私たちは普段、「地球」を見ることはできませんが、それは信じようと信じまいとたしかに存在しているものであり、科学的にその実在を証明することができます。

しかし、「神」は、ある人は「いる」と言い、ある人は「いない」と言いますが、どちらも科学で証明することはできません。ですから神は「宗教的観念」となります。

穢れも同じです。信じる人間にとってはたしかに存在しているのですが、信じない人間にとっては存在しないものなのです。でもこれは「宗教の問題」なので、それがあるかないかではなく、信じているかいないかが問題なのです。そして、日本人は、間違いなく、この穢れを信じているのです。

では、日本人の信じている「穢れ」とは、どのような特性を持っているのでしょう。

『国史大辞典』は、タブーには、美しく素晴らしいものだから触れてはいけないものと、不浄、つまり悪いものなので触れてはいけないものの二つがあり、穢れはその二つのうちの悪いタブーのほうだと言います。

不浄なものに接触することを「触穢《しょくえ》」と言います。穢れは目に見えないものですから、物理的に汚れるわけではないのですが、触れれば汚染されます。だから触れてはいけないのです。

さらに穢れが厄介なのは、直接触れなくても、その穢れを見たり聞いたり、人を介しても汚染されるということです。

また穢れの種類も多岐にわたります。病気や死、出産、さらには風雨地震のような天災、鳥や虫による災い、狐狸《こり》や妖怪の仕業《しわざ》とされていた不可思議な災い、犯罪や刑罰に関するもの、時には外国人や仏法に関するものなど、非日常的なものに触れることも穢れ、またはその原因と考えられました。

つまり、穢れを信じる人にとっては「罪も災いも過ちもみな同じく穢れで、悪霊《あくりょう》の仕業と考える」ということなのです。

◇なぜ日本人は他人の湯飲み茶碗を使えないのか？

このように言うと、昔の人はそんな迷信を信じていたのか、と思うかも知れませんが、これは必ずしも昔のこととは言えないのです。なぜなら、たしかに昔の人ほど極端ではありませんが、今も日本人は「穢れ」を信じているからです。

穢れ思想が今も健在であることを表す象徴的なものが「湯飲み茶碗」です。

日本人はほとんどの人が自分の湯飲み茶碗を持っています。今風に言えば「マイカップ」です。これは、ご飯茶碗、味噌汁のお椀《わん》、箸《はし》などにも見られます。家族と暮らしている人で、茶碗や箸を誰のものと限定せずに、みんなで共有しているという人はほとんどいないと思います。

よく日本人は没個性的、集団志向で、外国人は個性を尊重すると言われますが、こと食器に関してはこれは当てはまりません。日本人はそれぞれ「自分専用」の食器を使うのに対し、外国ではお皿もフォークやナイフも共用するのが普通です。なぜ食器に関してこのような逆転現象が起きているのかというと、実はこれは個性の問題ではなく、穢れを信じているかいないかの違いだからです。

日本人が持っている「穢れ」という感覚を知るのに、わかりやすいたとえ話があります。

あるところに非常に仲の良い父と娘がいたとしましょう。

ある日、娘が嫁に行くことになり、父親に挨拶《あいさつ》をします。すると父親は、悲しみと喜びのない交ぜになった感情で、娘に贈り物をします。

「これは私が二十年間使った湯飲み茶碗である。大変良いものなので愛するお前に贈ろう。明日から使いなさい」

あなたが娘だったらどうですか？

私は嫌《いや》です。いくら「熱湯消毒もしたし、完全にきれいにしたから新品同様だよ」と言ったとしても嫌です。顕微鏡レベルで何も汚れが発見されなくても嫌です。

恐らく皆さんも同じだと思います。

では、なぜ嫌なのでしょう。

それは、汚れとは違うものの存在を感じるためです。目には見えないけれど「穢れている」と感じるから嫌なのです。

実は日本人がマイ食器を使うのも、同じ理由です。

「汚れ」と「穢れ」はまったく別のものです。汚れは目に見えるもの。或《あ》いは目に見えなくても、たとえば放射能のように、機械を使えば物理的・客観的に確認できるものです。

ところが穢れというのは、宗教的観念なので客観的に確認することができません。感じない人にとっては存在しないものです。

ですから、恐らく先ほどの湯飲み茶碗のたとえ話も、外国人だったら答えは違うものになると思います。彼らなら、「あっ、きれいに消毒してくれたなら、せっかくだから使おう」ということになると思います。

でも、日本人にとっては、その穢れはたしかに感じられるものなのです。いくら数値を見せつけられて「清潔だ」と言われても、頭では理解できても、やはりそこに感じる嫌悪感をぬぐい去ることはできません。そのぬぐい去ることのできない嫌悪感をつくり出しているものこそ「穢れ」なのです。

◇死の穢れはあらゆる不幸の根源

では、日本人はいつ頃から穢れを信じるようになったのでしょう。

私は「穢れ」もまた「怨霊」と同じように、大和朝廷が成立したときにはすでに、日本人に浸透していたと考えています。なぜなら穢れもまた神話に登場しているからです。

今、私は、神話に登場するという控えめな表現をしましたが、日本最古の古典である『古事記』など、実は「穢れ」のオンパレードです。

『古事記』を読むと、先ほどの『国史大辞典』に書かれていた「罪も災いも過ちもみな同じく穢れである」ということがとてもよくわかります。

人間にとって良くないものはすべて「穢れ」として描かれているからです。

そうした数多くの穢れの中でも、特に日本人が嫌ったのが「死の穢れ」でした。『古事記』や『日本書紀』を読むと、日本人がこの死の穢れから逃《のが》れるためにあらゆる努力を払ってきたことがとてもよくわかります。

その最たるものが「遷都」です。

日本の古代史を学んだとき、天皇が替わる度になんで遷都を繰り返すのだろう、という疑問を感じたことはありませんか？

Point

数ある穢れの中でも「死の穢れ」が最大だった！

『日本書紀』を読むとわかりますが、奈良の都（平城京）に都が固定するまでは、天皇一代ごとに遷都をしています。

こんなことをした国は、世界中で日本だけです。なぜなら、ものすごく非効率だからです。

お隣の朝鮮半島でも中国でも、或いはローマ帝国でもそうですが、首都は一度決まったらよほどのことがない限り動かしません。その方が絶対に有利だからです。

初代の皇帝が宮殿を建て、第二代の皇帝が付属の施設を建てる。さらに第三代の皇帝は離宮を建てる。そういうふうに代々積み重ねていくことで、首都のインフラが整備され、国は発展し大きくなっていきます。

誰がどう考えても、首都は動かない方がいいのです。

ところが、日本は手間も暇もお金もかかる上、都としての機能を蓄積できないという致命的なデメリットがあるにもかかわらず、遷都を繰り返していました。遷都といっても、当時は規模が小さいので、今の町役場程度の施設を移転するぐらいのことなのですが、それでもまだ使える宮殿を全部壊して、別の場所にまったく新しい宮殿を建て直すのは、ものすごく不合理です。

日本史に限らず、歴史の中から真実を探り出すコツの一つが、この「不合理なこと」に気づくことです。不合理なことが行われているということは、そこに何か必ず、それが行われなければならない、その民族固有の事情があったということだからです。

日本が遷都を繰り返さなければならなかった理由、実はこれこそが「死の穢れからの回避」だったのです。

死の穢れは、特に「死穢《しえ》」と言いますが、あらゆる不幸の根源と考えられ、穢れの中でも最たるものとされていました。

天皇が代替わりをするということは、前の天皇がお亡くなりになるということです。天皇が亡くなると、そこは天皇の死によって穢れてしまいます。その死穢から逃れるために、古代の日本人は遷都を繰り返していたのです。

天皇というのは高貴な方なので、一見すると穢れとはまったく逆の存在のように思いますが、亡くなるとこれが逆転するのです。これから申し上げることは私がよく使うたとえですが、このように考えてみると天皇の死がなぜ大きな穢れと考えられたのか、わかっていただけると思います。

バラの花があったとします。一本のバラと一〇〇本のバラ、どちらが香り高く美しいと思いますか？　どう考えても一〇〇本のバラの方ですね。我々平民が一本のバラだとすれば、神の子孫である天皇は一〇〇本のバラに相当します。

では、花が腐ったらどうなるでしょう。一本のバラと一〇〇本のバラ、どちらが汚《きたな》く悪臭が強いですか？ これもまた一〇〇本のバラの方なのです。生前の存在が大きければ大きいほど、**高貴であればあるほど、それが亡くなったときには巨大なマイナスになるということです。**

天皇の死穢が都を移さなければならないほどの穢れとされたのは、そういう理由です。ちなみに、教科書には、なぜ古代の天皇が一代ごとに遷都したのか、その理由は書かれていません。これは日本史に宗教的視点を持ち込んだ私の新説です。

でも、このように考えれば、それまで説明のつかなかった、不合理で不可解な遷都の理由が納得できます。

先ほども言いましたが、穢れは触れたものを汚染するという性質を持っているので、前の都で使われていた建材は、まだきれいで使えるものであったとしてもすべて「汚染されている」という理由で破棄されます。

天皇のお亡くなりになった都は、たとえるなら、原発事故が起きたチェルノブイリのようなものなのです。見た目にはわからないけれど、そこにあるものは土地も建材もすべて汚染されているので使うことができない。封鎖して二度と使わないようにすることしかできないのです。

ただし、チェルノブイリと過去の日本の都には決定的な違いが一つあります。それはチェルノブイリの放射能汚染は確認できるし、計測することができる「汚れ」による汚染ですが、日本の都の方は見えないし、測ることもできない「穢れ」による汚染だということです。

この「死穢」による汚染は、あくまでも宗教的な観念なので、信じない人には存在しないものです。でも日本人にとっては間違いなく存在するものなのです。

◇軍隊は「平和維持機能」を持つ

穢れを生み出す原因については、『国史大辞典』でも次のように明記しています。

すなわち死人と血の穢、きたない病気や腫物など、不義の関係、みだらな行為、鳥や虫の災、不慮の災害

つまり、細かいことを言えばいろいろと穢れになる悪いことはあるのですが、その最たるものは「死」であり「血」だということです。

死は誰にでも訪れるものです。天皇のような高貴な方でも死を免れることはできませ

ん。ですから、「死」自体は仕方がないものではあるのですが、やはり日本人にとっては死や血は悪いことなのです。そしてだからこそ、死と血を嫌い、それをできるだけ避けたいという気持ちが潜在意識の中に組み込まれてしまっているのです。

これは今の日本人ですら持っている感覚なのですから、いわんや古代に遡《さかのぼ》れば遡るほど強くなります。そして、**この死を嫌う気持ち、血を避けたいという気持ちが、実は平安時代に兵部省と刑部省から人材が失われた原因だったのです。**

さまざまな職業があり、なかには死穢に触れざるを得ない職業というのがあります。そのもっともわかりやすい例が兵士です。

兵士とは、場合によっては本人が死ぬことも厭《いと》わず、相手を殺すことも厭わず、自ら血にまみれて平和を守るという機能を担うことを仕事とする人です。ですから軍隊というのは、明らかに死穢にまみれた職業なのです。

それでも外敵がいれば嫌でも軍隊を組織して戦わなければなりません。事実、平安時代の前期まではきちんとした軍隊がありましたし、もっと遡れば、もっとも高貴であるがゆえにもっとも穢れを嫌ったであろう天皇でさえ、自ら剣を持って戦いました。

たとえば仁徳天皇あたりの時代のことを、歴史では中国の文献に残る「倭《わ》の五王」の時代に比定していますが、その中国の文献に何と書いてあるかというと、「我が先祖は甲冑《かっちゅう》に身を固めて征服すること何十国」、つまり、我々は自ら武器を取って戦ったということが書いてあります。

それほど昔ではなくても、天皇家の人間が自ら戦ったことがあります。たとえば、聖徳太子は物部《もののべ》氏との戦いに自ら出陣し、剣を取って戦っていますし、その少しあとの大化改新では、後に天智《てんじ》天皇となる中大兄皇子《なかのおおえのおうじ》が、自らの剣で蘇我入鹿《そがのいるか》の首を刎《は》ねています。

つまり天皇といえども、戦わざるを得ない場合は戦っていたということです。でも、彼らはそれがいいことだとは思っていませんでした。できることならやりたくないし、穢れには触れたくない。だから蝦夷を降伏させ、外敵が攻めてくる心配がなくなったのを機に、「もう穢れに触れるようなことはやりたくない」と思うようになったのだと思います。

穢れるのが嫌だから軍隊を廃止してしまう。

でも、そんな無謀なことができたのは、日本が小さな島国だったからです。

軍隊のない国というのは、古代においては必ず異民族の侵略を受けて滅んでしまうか、征服されてしまいます。ですから世界中を探しても、軍隊を持たない国なんてあり得ないのです。

たしかに、日本は海によって外敵からは守られていました。でも、外敵がいなければ軍隊は必要ないという考え方は間違っています。なぜなら、軍隊にはやはり「平和維持機能」というものがあるからです。

これはいわゆる「抑止力」と言われるものです。

いざとなったら軍隊が出てきてやられてしまう、そう思えば踏みとどまることができる犯罪も、軍隊がいないとなれば、やられる心配がないので躊躇《ちゅうちょ》なく行われてしまいます。

平安時代後半の治安の悪さは、こうした抑止力としての軍隊の不在が招いたものだったのです。

しかもこの時代、その治安の悪さに拍車をかけたのが、刑部省の形骸化、つまり警察と司法に就《つ》く人材も失われたことです。

先ほども述べた通り、穢れの原因となるものには「犯罪」も含まれます。そのため、罪人を捕まえて裁く刑部省もまた「穢れ仕事」として嫌われてしまったからです。

ですから、教科書の記述では「軍団と兵士とを廃止し」とありましたが、廃止したというよりも、やる人間がいなくなって機能を維持できなくなったという方が正しい表現だと思います。特に、高級貴族であればあるほど、穢れに触れるのを嫌う傾向が強いので、「お前を刑部係に任命する」と言われても、「いや、私はそんな穢れた役職はやりたくない」と断るようになり、ついには、誰もやる人がいなくなってしまったのです。

民間から健児として集めたのは、彼らの方が精鋭だからではなく、貴族がやりたくない嫌な仕事を身分の低い者に押しつけただけの話なのです。

この事実上、軍隊も警察もない時代に、都の治安を守るために設けられた役職があります。それが「検非違使《けびいし》」です。

先ほども言いましたが、抑止力がなくなった社会では、どうしても悪人や強盗が増加します。さすがの貴族たちも、自分たちの命は惜しいので、自分たちではやりたくないけれど、都を守る者は必要だと思うようになります。

そこで、**自分たち高級貴族はこんな穢れ仕事は絶対にやりたくないが、仕事のない、或いは貧乏な中級以下の貴族だったら喜んでやるかもしれないから、そういった人たちを警察に任命して都を守らせよう、というわけです。これが、「検非違使」なのです。**

この「検非違使」という職は、律令にない職ということで、「令外官《りょうげのかん》」と言います。

でも、検非違使が設けられたのは都だけでした。それ以外の地には基本的に高級貴族はいないので、悪い言い方ですが、政府にすれば「そんなこと、知ったこっちゃない」のです。

都には曲がりなりにも検非違使という警察官がいるが、地方にはいない。となれば、地方の財産家が狙われるのは理の当然です。

だからこそ、地方の豪族や有力農民たちは、自ら武装して身を守らざるを得なくなったのです。

◇なぜ源頼朝は天皇家を滅ぼさなかったのか？

武士と呼ばれるようになった人たちは、誰も守ってくれる人がいないので、仕方なく武装した人たちです。しかも、彼らのルーツは天皇につながり、貴族の中でもエリートでした。

後に武士の棟梁《とうりょう》の座をかけて戦う「源氏」と「平氏」は、キーポイント⑦に詳述したように、共に臣籍降下《しんせきこうか》した「賜姓《しせい》源氏」と「賜姓平氏」の末裔《まつえい》です。つまり、武士の親分は、由緒正しき天皇の末裔なのです。

彼らの祖先は中央での権力闘争に敗れ、地方に来て、そこでその血筋の良さを武器に人々を集め、大規模農場を開拓し、大農場主となった人々です。

ですから、彼らの中にも穢れ思想はあったと考えられます。

あったけれど、昔の天皇と同じです。そんなことを言っていられる状態ではなかったのです。武装して戦って、自分たちが苦労して地方でつくり上げてきた農場を守ることの方が、彼らには大切なことだったのです。

●穢ゾーンを担当した検非違使の機能

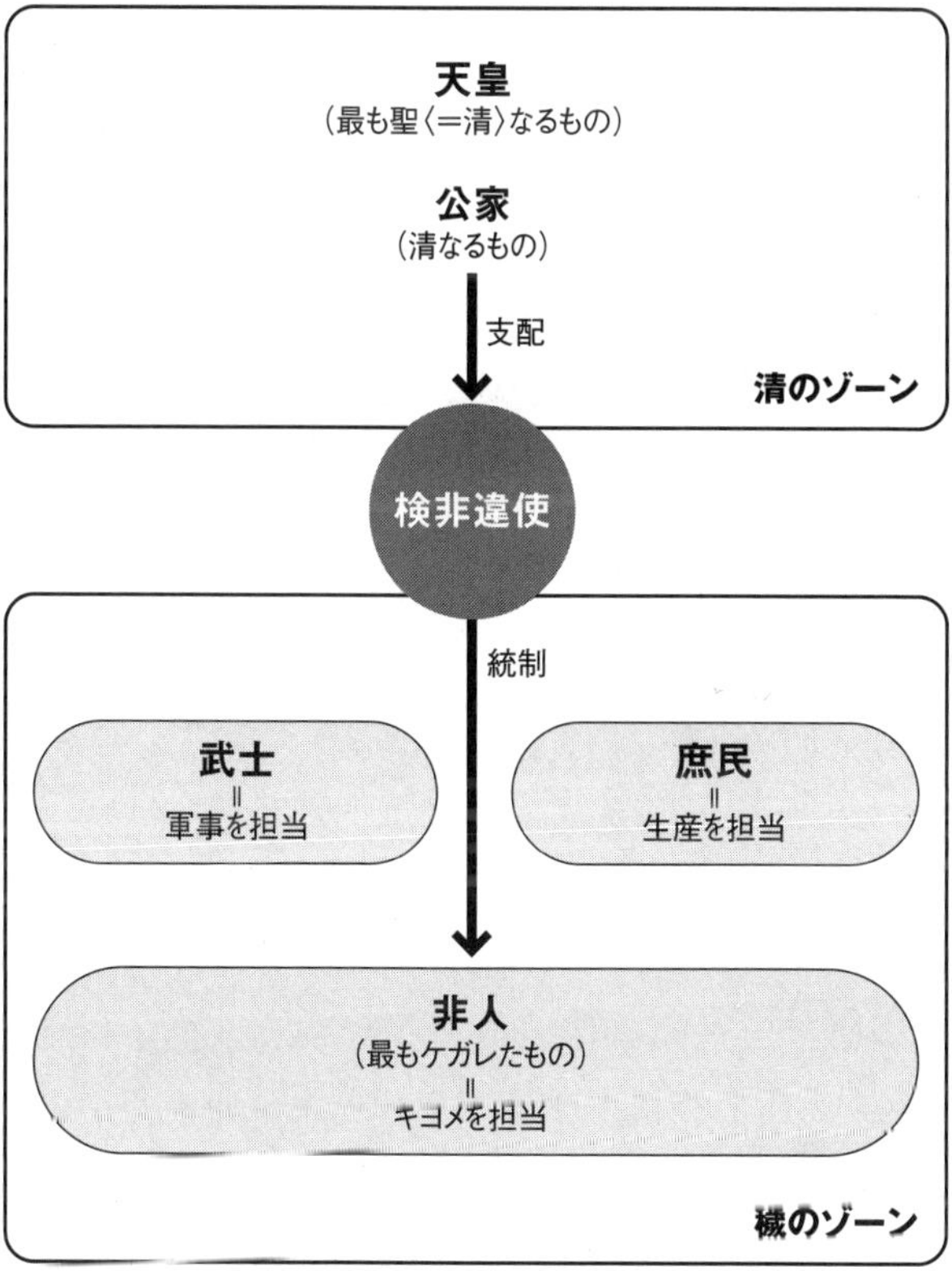

（出典：『逆説の日本史4』小学館）

武装し、武士階級として力を持った彼らは、その財力と武力にものを言わせて都へ返り咲きます。

そんな武士たちを中央の貴族たちは、「穢れた者たち」として蔑《さげす》みます。

しかし、天皇は少し違いました。『平家物語』を読むと、清盛の父である平忠盛が白河上皇に可愛がられて、宮中で異例の出世をしたことがわかります。なぜ忠盛が可愛がられたのかというと、それは当時の天皇家が藤原氏からやっと取り戻しつつあった権力を揺るぎなきものにするために、お金と武力を必要としていたからです。

『源氏物語』のところで述べたように、平安時代、権力闘争に勝利したのは関白《かんぱく》という役職をつくり、それを独占した藤原氏でした。この関白に対抗するために天皇家が考え出したのが「院政」というシステムでした。

「院政」とはごく簡単に言えば、引退し、上皇となった元天皇が、現天皇の父親であるという「権威」を以《もっ》て、政権を掌握するというものです。

この院政によって天皇家は復権を果たしましたが、長い年月をかけて藤原氏が築いた荘園システムを解体することはできず、権威はあっても資金がないという状態だったのです。そこにお金をふんだんに持った武士が登場してきたのです。しかも彼らは武力を持っているので、それを利用して藤原氏を抑えることができます。だから上皇は忠盛を可愛がったのです。

武士は当初、「地下人《じげにん》」と呼ばれました。貴族たちが殿上人《てんじょうびと》であるのに対し、御殿に上がれない、地面の上の人ということです。「地面の上の人」と言いましたが、当時貴族たちの武士蔑視は激しく、ほとんど人間扱いしていないのが実態でした。

天皇や貴族は一段高い御殿の床の上から見下ろし、それに対して武士たちは、御所の庭、地べたに這いつくばって彼らを拝礼しなければならなかったのです。

そういう身分から平忠盛は白河上皇のおぼえめでたく、武士として初めて御殿の上に上がることが許されます。当然、貴族たちは面白くありません。

そこで忠盛を闇討ちしようということになるのです。

昭和三十年代から四十年代にかけて訳された『平家物語』を見ると、注として、これは平忠盛を殺すことであったと書かれているのですが、それはあり得ないと思います。

なぜなら、彼らは貴族だからです。もしも平忠盛を殺したりしたらどうなるか、考えればすぐにわかります。殺してしまったら自分たちも御所も、平忠盛という卑しい武士の血によって穢されてしまうのです。そんな穢れを極端に嫌う彼らがやるはずはありません。

ですから、この闇討ちというのは、せいぜい「あいつ、気に入らないから布団でもかぶせて袋叩きにしよう」という程度のことだったと思います。

ここで袋叩きと言ったのは冗談でもたとえでもありません。なぜなら、袋叩きには大きなメリットがあるからです。

それはまず、穢れた忠盛に直接触れなくて済むということ。さらには叩いて相手が出血したとしても、布団にくるまれているので血が流れ出ないということです。血は穢れの元なので、それに触れないことは、彼らにとってとても大切なことだったというわけです。

忠盛はそんないじめにも負けず、出世をしていきます。それでも、彼が最初にもらった役職は何だと思いますか？

勘のいい読者はもうおわかりだと思いますが、「刑部卿《ぎょうぶのかみ》」です。ずっと空いていて、なり手のなかった刑部省のトップのポストが忠盛の最初の役職だったのです。

忠盛の後を継いだ清盛はさらに出世を重ね、ついには人臣としての最高位である太政大臣にまで上り詰めます。そして、娘を天皇の中宮《ちゅうぐう》とし、その娘の産んだ子をついには天皇の位にまで即《つ》けます。

こうして権力を握った平氏を倒したのが、源頼朝です。

彼もまた、賜姓源氏という天皇の血を祖先に持つ人間であることは、すでに述べた通りです。

では、ここで本項の最初に掲げた質問に答えましょう。

なぜ頼朝は幕府を立てたときに、天皇家を倒してしまわなかったのか。

私は、頼朝もまた、心の中に「穢れ」を嫌う気持ちを持った日本人だったからだと思います。

清盛にも頼朝にも、自分たちは天皇につながる血を持ちながら、武士という穢れた身になってしまった、という負い目のようなものがあったのではないでしょうか。

天皇は神の子孫であり、穢れなきものの象徴です。その穢れなき神の血こそが、天皇が日本の最高権威者であることの所以《ゆえん》です。

頼朝は自らの穢れを自覚しているがゆえに、その最高権威である天皇を殺すことはできなかったのだと思います。

天皇側から言えば、もともと治安維持や警察業務、戦争といった穢れ仕事はしたくないわけです。その部分は国の機構としては必要かも知れませんが、天皇はむしろその部分は頼まれても携わりたくない部分なのです。

Point

武士である源頼朝も穢れ思想におかされていた！

つまり、自らの穢れを自覚し、実権を握ることを希望した武士と、どうせいらないものなのだから武士に押しつければいいと思った天皇家で、利害が一致してしまったのです。これが朝廷と幕府が併存できた理由です。

朝廷は、花鳥風月を歌に詠《よ》んだり、神様を祀《まつ》ったりという穢れのない仕事をやる。一方、幕府は、犯罪人の逮捕や治安維持、場合によっては戦争といった穢れ仕事をやる。つまり、わかりやすく言えば、「棲《す》み分け」なのです。

◇武士といえども穢れは嫌い

武士の心の奥底にも「穢れ思想（正確には穢れ忌避《きひ》思想）」があったことは、幕府が何百年も続いた頃、上層部の武士たちが穢れを忌《い》み嫌う行動を取るようになることからも推察されます。

時代劇を見ると、江戸時代に警察官のような仕事をしていた人に、「与力《よりき》」や「同心《どうしん》」と呼ばれる人たちがいたことがわかります。厳密に言うと地方の藩と幕府とでは違うのですが、江戸の町奉行所の場合、彼らは今で言うとノンキャリアなのです。

当時は役職というのは基本は「世襲」でした。江戸の町奉行所には南町と北町がありますが、どちらも南町奉行、北町奉行になれるのはキャリアの旗本だけで、しかも旗本の座は原則として世襲です。

ところが、与力や同心は、一代限りの役職なのです。実際には与力の息子が与力を、同心の子が同心を継ぐことが多かったので、事実上は世襲のようなものだったのですが、名目上はあくまでも「一代限り」だったのです。

なぜそう決まっていたのかというと、与力や同心は、直接罪人に触れる「穢れ仕事」だからなのです。

ですから、最近の時代劇では聞かなくなりましたが、昔の時代劇には、武士が与力や同心に捕まりそうになったときに言う決まり文句に「不浄役人に縄目を受けてたまるものか」というのがありました。

武士は本来穢れた存在なのですから、その中で相手を「穢れ仕事」呼ばわりするのはおかしな話なのですが、武家政権が長くなり、仕事が分担されるようになると、武士といえども「穢れ思想」が頭をもたげてきてしまうということです。

◇外国人にとって理解不能の「部落差別」

穢れ思想は、いまだに日本人の潜在意識に染みついていることはすでにお話しした通りです。

ある意味穢れ思想は戦争を嫌い、犯罪を嫌い、清浄なもの、美しいものを尊ぶというい い面もあるのですが、同時に「職業差別」や「部落差別」という暗部をもたらしたことも きちんと言及しておくべきでしょう。

日本には部落差別というものがあります。実は部落差別というのは、外国人からすると わかりづらい差別だと言います。

外国にも差別はあります。でもそれは、アメリカの黒人差別が典型であるように、一目 見て違いがわかる相手を、その違いを理由に差別するというタイプのものがほとんどなの です。

俺の肌は真っ白だけど、あいつは真っ黒だ。だから仲間には入れてやらない。もちろん どんな種類のものであっても差別はいけないことですが、この場合、差別の理由は明白で す。

では、皮膚の色が同じなら差別はないかというと、あります。典型的なのが、キリスト 教徒によるユダヤ人差別です。

キリスト教徒は白人が多く、ユダヤ人も白人が多いので、私たちのような東洋人からす ると、両者は見分けがつきません。このように見た目が同じ場合に多いのが、宗教の違い を理由とした差別です。

でも、日本に存在する部落差別は、このいずれとも異なるタイプの差別です。外国人が見たら不思議がるのもわかります。同じ目の色、同じ髪の色、同じ肌の色、同じ言葉をしゃべり、習慣もほとんど変わらない。それでも、差別するからです。

部落差別の原因は、「穢れ」です。

今は差別用語だという理由で使われなくなりましたが、部落差別が行われている地域では、彼らは次のように呼ばれていました。

「穢多《えた》」

こんな差別用語を教えるべきではないと言う人もいますが、私は敢《あ》えてお伝えしたいと思います。**こういう言葉を隠すことが、差別の本当の理由を隠すことになると思うからです。**こういう言葉を教える中で、なぜ彼らがそう呼ばれたのか、歴史を踏まえて教えることが、正しい歴史認識と、差別の根絶につながるのではないでしょうか。

「穢多」とは「穢れ多し」という意味です。これはもう読んで字のごとしで、差別の原因が穢れであることを示しています。

では、なぜ「穢れ多し」人と断じられてしまったのでしょう。これは、一種の職業差別です。

穢れの原因が「死」と「血」であることを考えれば、どのような職業が差別されるか自《おの》ずと想像がつくと思います。

まずもっとも典型的なのが、皮革業です。

海外、特にヨーロッパにはグッチやフェラガモ、エルメスといった革製品のブランドがありますが、日本にはありません。これは日本の技術が劣っているからではありません。

革製品のもとは言うまでもなく動物の皮です。動物の皮を手に入れるためには、動物を殺して皮を剝がなくてはなりません。当然、「死」と「血」にまみれることになります。

そして、こうした穢れに常に触れていると、穢れがどんどん蓄積していって、取れなくなってしまう、と考えられていました。だから、こういう人たちは世間から隔離されることになるのです。これが差別の構図です。

実は、穢れというのは、少々のものなら落とすことができます。どのようにすれば落とすことができるのかというと、清浄な水で流すのです。これを「禊《みそ》ぎ」と言います。禊ぎは『古事記』にも出てくる穢れを取り除く唯一の方法です。

ちなみに、私たち日本人は、誰かが犯した罪を許すとき、「あなたの過ちは水に流しましょう」という言葉を使います。

なぜ水に流すのか、考えたことがありますか？

それは「罪＝穢れ」だからなのです。穢れを消す方法は禊ぎしかありません。だから、

日本人にとって罪は水に流すものなのです。

しかし、毎日のように穢れに触れている人は、穢れがあまりにも蓄積してしまうので、禊ぎをしても穢れをきれいに消し去ることはできないと考えられました。

そこで彼らを隔離したのですが、穢れは伝染するものなので、間に伝染を防ぐものが欲しいと考えました。そこで考えついたのが、間に「川」を挟むことだったのです。きれいな水は穢れを洗い流す力を持っているので、伝染を防ぐことができると考えたのです。

当然、この川には橋は架けません。架けてはいけないのです。だから被差別部落というのは、ほとんどが橋のない川の向こうにあります。

こういうことも日本史の特徴の一つとして、やはり知っておくべきだと思います。

日本人は、「穢れ」というものを諸悪の根源だと思っています。

その穢れを感じるがゆえに、人が使った茶碗はいくら洗っても使いたくないし、死や血に関する職業を嫌います。

自衛隊という実質上の軍隊があるにもかかわらず、憲法九条の改正を認めようとしないのも、やはり心のどこかに死につながるようなものは日本にはいらないという、平安貴族のような感性が現代日本人の中に息づいているからだと思います。

では、どうすればいいのか。まずは、そういうものを日本人は特性として持っているということを、しっかりと自覚することだと思います。もちろん自覚したからといって、すぐに差別がなくなるというものではありません。それでも、少なくとも知らないよりは知っていた方が、はるかにマシな判断ができると私は思います。

それに穢れ思想は「差別」の温床にもなりますが、悪いことばかりでもありません。すべての罪を水に流すという考えは、心機一転、まき直しをしようと決意するときなどには、よい方向へ向かうエネルギーとしても活用することができるはずなのです。

いずれにしても、まずは正しく知ることが大切だと思います。

キーポイント⑩

天皇家はなぜ農耕儀礼をするのか

かつて日本にも農耕民族と狩猟民族の激しい争いがあったとされる。「穢《けが》れ思想」には、農耕民族がもっとも恐れる出来事が根底に隠されている。

◇宗教を知らずに日本史は理解できない

人はどんな人も長所と欠点を持っています。そして、自分の欠点に気づき改めることで、成長していきます。

私は、こうしたことは、民族にも当てはまると思っています。

どんな民族にも、長所もあれば欠点もあります。その民族が持つ欠点を人々が自覚することができれば、その欠点を克服し、成長していくことができます。

自分の属する民族がどのような欠点を持っているのか、それを自覚するのにもっとも役立つのが「歴史を学ぶ」ことです。なぜなら歴史はその民族の履歴だからです。歴史を学ぶ意味もここにあるのではないでしょうか。

自分たちの民族は、過去にどんな成功や失敗をしたのか、それぞれの原因は何だったのか。そうしたことを学べば、自《おの》ずと長所を伸ばし、欠点を克服する道が見えてきます。

部落差別は日本民族の欠点の一つです。でもそれも、歴史を正しく学ぶことで克服していくことができる欠点だと思っています。もちろんすぐにというわけにはいかないと思いますが、逆に言えば、歴史を学び、自覚を持って反省していかない限り、この問題を解決する方法はないと思っています。

しかし残念なことに、現在の教科書は、民族が成長するための履歴としては、あまり役立っていません。なぜなら、起きた事象は細かく載っているのですが、「なぜそういうことが起きたのか」という肝心の自覚と反省につながる部分がごっそり抜け落ちてしまっているからです。

なぜ黒船が来たとき、あれほど驚いたのか。

なぜ古代の天皇は次々と遷都したのか。なぜ日本から談合がなくならないのか。なぜ出雲大社が日本で一番大きな建物だったのか。なぜ武士が生まれたのか。なぜ朝幕併存することができたのか。本書で私は、教科書ではわからないこうした「なぜ」にお答えしてきました。

では、なぜ教科書でわからないことに、私のような歴史の専門家ではない人間が答えることができているのでしょう。それは今の日本史学に欠けている、歴史を見る上でとても大切な二つのものを私は取り入れているからです。

一つは、歴史を一つの大きな流れで捉《とら》えること。 今の日本の歴史学は、非常に細分化されてしまい、各時代の研究者はその時代のことしか知りません。でも、実際の歴史には切れ目はありません。すべてがつながっているのです。その大きな流れには因果関係があり、時代では括《くく》りきれない範囲の出来事が原因となっていることも多々あります。古代の神話の中で起きたことが、現在の我々の生活に影響を与えていることもあるのです。

歴史を見る上で欠くことができないもう一つの要素は、「宗教」です。

西欧諸国の歴史はキリスト教的視点なくしては、語ることも理解することもできません。同様にイスラム圏の歴史はイスラム教を抜きにしては語れません。中国・韓国では儒教が、やはり重要なファクターになっています。

日本人は無宗教だと言われますが、それは間違いです。どんな民族も必ず宗教を持っています。もちろん日本人も持っています。

◇日本人の原思想

宗教が難しいのは、理屈ではわからない世界だからです。

なぜ日本民族は「穢れ」を諸悪の根源と考えるようになったのか。

たしかに「死」は人間にとって良くないことです。「血」がその良くない「死」につながっていることから嫌われるのもわかります。

でも、良くないものだからといって、それがどうして「穢れ」に直結してしまったのでしょう。

先にお断りしておきますが、日本人が古くから信仰している「和」や「穢れ」といった思想がどうして生まれたのか、なぜ日本民族はそれを信仰するようになったのかという問題は、史料もないし、そもそもわからないことなのです。

たとえば、キリスト教が生まれた背景はある程度わかっています。

キリスト教はイエス・キリストが死から復活したことを信じる人たちによって生まれた宗教ですが、そこには母体となったユダヤ教という宗教があります。では、そのユダヤ教は、なぜ神様は一つしかないと考えたのか、つまり一神教というのはなぜ生まれたのかというと、もうわからないのです。

ユダヤ教以前、世界の宗教は全部多神教です。古代エジプト、メソポタミア、ギリシャ、日本もそうです。そうした中で、なぜユダヤ民族は「神は一つ」と信じるようになったのか、これはわからないわけです。

それと同じように、日本人の原思想である穢れ思想（正確に言うと穢れを嫌う思想ですから、「穢れ忌避《きひ》思想」と言った方がいいと思いますが）がなぜ生まれたのかというと、正直言ってわからないのです。ですからここで申し上げるのは、敢《あ》えて想像してみると、ということです。

具体的な証拠があるわけではありません。それでも、神話や考古学的事実から推測したところ、私は、たぶんこういうことなのではないかと思っています。

それは、日本を支配した農耕民族による狩猟民族蔑視に穢れ思想が結びついた結果ではないか、ということです。いきなりこのようなことを言ってもわかりにくいと思いますので、私がなぜそう考えるに至ったか、順を追ってお話ししたいと思います。

◇狩猟文化と農耕文化の違い

まず私が注目したのは、部落差別はどの地域が激しいのか、ということでした。

日本の部落差別には地域差があります。実は関西地方が一番激しく、東へ行けば行くほど薄くなるのです。

関西の方では「部落」という言葉は日常的には使われません。それは部落差別と直結している言葉だからです。

ところが、東北の田舎などに行くと、みんな平気で「部落」という言葉を使います。自分たちの住んでいる集落を日常的に、何の抵抗もなく「うちの部落はさ」と言うのです。東北ではテレビ番組でも全国ネットでなければ、「村」の代わりに「部落」という言葉を使います。もちろん誰も文句など言いません。なぜなら、彼らにとって「部落」というのは決して悪い言葉ではないからです。

でも、関西のテレビで「部落」という言葉が使われることはまずありません。差別する意図がないとわかる場合でも、使われればやはり苦情が来るでしょう。

部落問題には、それぐらい地域差があるということです。

もう一つ、考える上でヒントとなったのは、**死や血を穢れとする文化は、どう考えても狩猟文化ではないということです。**

狩猟文化というのは動物を殺して、その皮から衣類や道具をつくり、その肉を食べ、乳を飲むことで命をつないできた民族の文化です。そうした文化に死や血を穢れとして嫌う思想が生まれるはずがありません。死や血がダメだと言っていたら生きていけないからです。

ということは、この思想は狩猟文化とはまったく違う文化を持つ人たちのもの、つまり狩猟民族とは対照的な生活をする、農耕民族の文化から生まれた思想だと考えられます。

狩猟民族と農耕民族、両者の宗教的思想の違いは、伝統的な祭祀《さいし》を見るとてもよくわかります。なぜなら、祭りとは神を讃《たた》えることによって、自分たちの願いを聞き入れてもらうための儀式だからです。儀式の内容を見れば、その祭りを行う人々が何を願い、何を恐れていたかがわかるというわけです。

日本の伝統的な権威である天皇家のお祭りは、一言で言えば「農耕儀礼」です。「農耕儀礼」とは、豊作を祈願する祭祀のことです。天皇家の祭祀では「新嘗祭《にいなめさい》」がこの典型例です。新嘗祭は毎年十一月二十三日に行われる宮中祭祀ですが、その年にできた最新の五穀《ごこく》を神様に捧げ、また天皇自らがそれを食すことで、神に豊作を感謝するとともに、来年の豊作を祈るというものです。**この祭りは、天皇というものが、日本における農耕文化の長であることを意味していると言えます。**

では、狩猟文化のお祭りとはどのようなものなのでしょう。

私がこの典型と考えているのが、アイヌの「イヨマンテの祭り」です。

これは農耕民族の常識からすると、すごく残酷な祭りに感じられるかも知れません。

どのような祭りかというと、まず、熊の子供を捕らえてきて丁重に育てます。丁重とはどの程度なのかというと、それは人間の子供を育てるのと同じように家の中で育てるほどの丁寧さです。食べものもいいものを与えます。子熊が幼すぎるときなどは、人間の乳を与えて育てることもあると言います。そうやって一年から二年、大切に育てた熊は、最後に集落の人全員で殺してその肉を食べます。

一見すると残酷ですが、彼らには彼らの理屈があります。彼らにとって動物というのは、神様が人間に与えてくれた贈り物なのです。だから、いつもいただいている贈り物を、今度は人間たちが大切にもてなして、大きくして、神々の世界にお返しする。そういう考え方です。

狩猟民族は概して、こういう考え方をします。ですから生け贄《いにえ》を捧げるというのもよくあることです。たとえば英語で他人の身代わりになるなど犠牲になることを「スケープゴート（scapegoat）」と言いますが、これは「神に捧げられた山羊《やぎ》」を語源とする言葉です。

また以前にも触れましたが、キリスト教には最後の晩餐《ばんさん》をモチーフとした、キリストの肉と血をいただく「聖体拝受」という儀式があります。こうしたことは、西欧キリスト教文化は、明らかに狩猟民族の文化を母体としていることを意味しています。

◇大和族は東へと勢力を広めていった

現在の日本は天皇家を中心とする文化的流れにありますが、天皇家はもともと外来民族であったことを日本の国譲《くにゆず》り神話は明らかにしています。

『日本書紀』や『古事記』には、先住民という言葉は出てきません。しかし、その内容を読めば、明らかに先住民とみなしていい人たち、具体的に言えばオオクニヌシを長とする出雲《いずも》族がかつて日本を治めていたことがわかります。

天皇家は、その出雲族から「この国を譲りなさい」と、要は取り上げたわけです。つまり、何が言いたいかというと、日本は元は天皇家のものではなかった、ということです。

まずは、このことをはっきりと知ってください。このことがわからないと、穢れと死がなぜ直結してしまったのかという謎は解けません。

いまだなくならない「天下り官僚」が問題視されていますが、なぜ「天下り」と言うの

Point

キリスト教国は狩猟文化、日本は農耕文化である!

かというと、かつて国を譲ってもらったアマテラスという偉い神様の孫、つまり天孫が、高天原《たかまがはら》という国からこの日本に「天下り」してきたという神話に基づいているのです。

その天下ってきた天孫の子孫が天皇です。初代の神武天皇は九州から東征して大和に入ったと神話に書かれています。これはあくまでも神話にすぎないと否定する人もいますが、私は神話には何かしらの真実が含まれていると思っています。

では、この神話から読み取れる真実とは何かというと、朝鮮半島なのか、中国大陸なのかはわからないけれど、とにかく海の向こうから天皇家はやってきたということ。またその民族は、農耕文化を持って、恐らく九州あたりに最初に上陸したであろうこと。そこで邪馬台国と言われる国を築き、それが後に東に移動し、大和で政権を確立したということです。

日本史には邪馬台国論争というものがあって、大きく分けて九州説と畿内説で互いに意見を主張し合っているのですが、私に言わせれば、どちらも正しく、どちらも間違っています。

なぜなら、そもそも「邪馬台国」の読みが間違っているからです。

本書の冒頭でも述べましたが、現在の教科書では「邪馬台国」を「ヤマタイコク」と読ませていますが、当時の中国の漢字の読みを調べると、「台」は「タイ」ではなく「ド」

なのです。つまり、当時の発音に従えば、「邪馬台国」は「ヤマドコク」と読むべきなのです。

「ヤマドコク」が大和朝廷であることは疑うべくもありません。

つまり、もともと九州にあった邪馬台国が東の大和に移ったと考えれば、すべての辻褄《つじつま》が合うのです。このような説を「邪馬台国東遷説」と言いますが、そう考えるのは何も私一人ではありません。**みんな神話を無視して、中国の文献だけに頼るので、大切なことがわからなくなってしまうのです。**中国の史料と、神話という日本の史料を付け合わせて考えれば、大陸から渡ってきた天皇家が、九州から関西に移動したと考えるのがもっとも自然な説なのです。

これもキーポイント⑤で述べたように、大和朝廷を開いた天皇家は農耕を主体とする「弥生人《やよいじん》」です。

では、彼らに国を譲った先住民族とは誰なのでしょう。

弥生人が入ってくる前に日本列島にいた民族と言えば、「縄文人」です。

最近の発掘や研究によると、縄文人も農耕のようなことをまったくしていなかったわけではないようなのですが、彼らは基本的には狩猟文化です。

さて、ここまで述べてきたことをまとめると、次のように考えられます。

そもそも日本列島には狩猟文化を主体とする縄文人が住んでいました。そこへ大陸から農耕文化を持った第一次弥生人(出雲人)が入ってきます。次いで第二次弥生人もやってきます。彼ら第二次弥生人こそ、後に天皇を頂点にいただく大和朝廷を開く人たち「大和族」です。

彼ら大和族は、初めは九州あたりに上陸しますが、どんどん征服の手を伸ばしていき、東へ東へとその勢力範囲を広げていきました。それに伴い、狩猟民族である縄文人たちは、多くは北へ北へと逃《のが》れて行くことになりました。とはいえ、すべての縄文人が北へ逃れられたわけではないと考えられます。一部は大和族の奴隷にされたり、土地の山深くに籠《こ》もった人々もいたでしょう。

北へ逃れた縄文人たちは良かったのですが、逃げ切れなかった人々、奴隷にされてしまった縄文人たちは、弥生人の社会の中で、差別の対象になったと考えられます。

つまり、「部落民」というのは、取り残された縄文人の末裔ではないかと、考えられるのです。

◇世界中に見られる永遠のライバル

嫌《いや》な話ですが、征服者が被征服者を差別するのはよくある話です。

たとえばこれも前にお話ししましたが、インダス文明を築いたドラヴィダ族と呼ばれる人たちは、後から侵入してきたアーリア人によって、カーストの最下層に落とされてしまいました。

その最下層の人たちは「アンタッチャブル」、日本語に訳すと「不可触賤民」と呼ばれます。触ってはいけないほど汚《きたな》いやつら、だということですから酷《ひど》い差別語です。

今はだいぶ変わりましたが、アメリカ人のネイティブ・アメリカンに対する仕打ちも酷いものでした。先住民を殺して土地を奪い、なおかつ、本当は彼ら白人の方が残虐行為をしているのに、「インディアン（当時、ネイティブ・アメリカンたちはそう呼ばれていました）は、白人の頭の皮を剝ぐとんでもない野蛮人だ」と吹聴《ふいちょう》し、それを大義名分に彼らを殺しまくったのです。

最近は、アメリカもかつて白人が先住民に残虐行為を働いたことを認め、反省し、彼ら先住民の文化を尊重するという立場を取っています。でも、今言ったようなことは、つい二百年前に実際に行われたことなのです。

日本で生じた征服者と被征服者の対立構造は、農耕民族と狩猟民族という、もともと相《あい》容《い》れない民族の対立構造でした。

世界中どこを見ても、狩猟民族と農耕民族というのは、永遠のライバルなのです。

両者の対立構造をもっともわかりやすく物語っているのが、実は世界遺産にもなっている「万里の長城」です。

「万里の長城」は、宇宙から見える唯一の建造物としても知られているほど巨大なものです。今、巨大と言いましたが、この場合常軌を逸しているのは、その「長さ」です。総延長なんと数千キロ以上。なぜあれほど長い城壁をつくる必要があったのでしょう。

実はあれは、農耕民族が狩猟民族（この場合は遊牧民族と言った方が正確ですが）の侵入から自分たちの文化・文明を守るためなのです。

馬や羊を飼うことで生活する遊牧民族は、一つの場所に定住することはできません。馬や羊はいつも新鮮な草を大量に必要とするうえ、狭い場所に閉じ込めて飼うことができないからです。ですから遊牧民は定住地を決めず、馬たちの都合に合わせて草原を移動します。そのため住居も立派なものを建てるのではなく、移動に便利なテントが用いられます。

一方、田畑を耕し農作物を得ることで生活する農耕民族は、一カ所に定住するのが基本です。当然ですが、田畑は動かすことができないからです。

農耕民族と狩猟民族、どちらが文化的に上かというような優劣はありませんが、どちらが「豊か」かということを物質的なことに限って言えば、定住できる農耕民族の方が豊か

万里の長城。現在ある長城は、ほとんどが明代にモンゴルの侵攻を防ぐために造営されたものである。

多賀城跡。日本の律令時代に蝦夷との境界となっていた陸奥国に設置された城。国府・鎮守府などに使われた。

になります。なぜなら、定住することによって「富の蓄積」が可能になるからです。

一方、どちらが武力的に強いかと言えば、これは騎兵の使える遊牧民族です。問題は、狩猟や遊牧に頼る民族には、何年かに一度は草原の草がうまく育たなかったり、山の実りが悪かったりと、生活が苦しくなることがどうしても起きるということです。草が生えなければ家畜は死んでしまいます。家畜が死ねば、彼らの命も危機にさらされます。

そうしたときにどうするかというと、肥沃な土地で農業を行い、富を蓄積している農耕民族のところへ行って、略奪してくるのです。

農耕民族は定住しているので、襲うにはとても都合がいいわけです。しかも遊牧民族は、騎兵という近代以前においては最強の武力を持っています。ですから結果は、いつも遊牧民族の圧勝でした。

しかし、農耕民族もいつまでも黙って略奪されるに任せておくわけにはいきません。そこで対抗策として考えついたのが、町を城壁で囲むことだったのです。

中国では都市はすべて城壁で囲まれています。しかもその城壁には、入り口は基本的には一つしかありません。大きな都市では四カ所の出入り口が設けられましたが、基本的には守りのためのものなので、出入り口はできるだけ少ない方がいいのです。

しかし、城壁で囲うと言っても、囲いきれるのは町だけで、農地まですべて囲うことはできません。ですから遊牧民族の被害から完全に免れることはできませんでした。

そこで、紀元前三世紀に中国を初めて統一した秦の始皇帝は、それまで七つの小国がそれぞれつくっていた防壁を一つにつなぎ、広大な国を囲う城壁としたのです。これが万里の長城です。

万里の長城の最初の目的は、遊牧民族の侵入を防ぐことだったので、最初につくられた長城は、今、皆さんがイメージするような立派なものではなく、土を積み上げて突き固めただけの馬防柵でした。それでも効果は絶大で、その後、漢民族は大きな繁栄を迎えます。

しかしそれもやがて、遊牧民族であるモンゴルに、チンギス・ハーンという英雄が現れて、その長城を越えて、中国を支配するわけですが、それは後のこととして、ここでは農耕民族と狩猟民族（遊牧民族を含む）というのは、常にライバルであり、争いを繰り返し

Point

穢れの意味は「毛枯れ」からきている⁉

てきた相手だったということをしっかりと憶《おぼ》えておいてください。

恐らく日本の部落差別というのも、こうした世界史全体の流れから見れば、先住民族である狩猟民族に対する、後から侵入してきた農耕民族の文化的な「差別」と言えるのだと思います。

農耕民族は、基本的には動物を殺す必要がないので、動物の血を見ることはほとんどありません。だから、「血」というものに慣れていないということもわかるのですが、だからといってあそこまで差別するのは、どうも納得がいかない、という人もいるのではないでしょうか。

実は、私もそう思いました。

そんなとき、私は、部落問題の高名な研究者であり、部落解放同盟有力メンバーの辻本《つじもと》正教《まさのり》さんから、次のような意見をお聞きする機会がありました。

辻本さんの説によれば、**たぶん農耕民族の人々は「穢れ（ケガレ）」という言葉を、「毛枯れ（ケガレ）」と捉えたのではないか**、というものでした。

ここで言う「毛」というのは、実は「作物」という意味です。

昔、皆さんも学校の社会科で「二期作」と「二毛作」というのを習ったことがあると思います。同じ田んぼで二回にわたって米をつくることを「二期作」、同じ土地で秋までは米をつくり、秋以降は芋など他の作物をつくることが「二毛作」です。

辻本さんの言う「毛枯れ」の「毛」は、この二毛作の「毛」、つまり作物です。

「穢れ」が「毛枯れ」であるということは、ケガレが単なる不幸の原因ではなく、農耕民族にとってもっとも恐ろしいこと、作物を枯らしてしまうものと捉え、だからこそ忌《い》み嫌われたのでないか、ということです。

これが、農耕民族である大和族が、「穢れ」を徹底的に忌避した理由なのでしょう。

狩猟生活を営む縄文人は、常に動物の死と血に触れている。それは「穢れ」に他ならない。しかも、その穢れは単なる禍《わざわい》、不幸ではない、大和族がもっとも恐れる「毛枯れ＝作物の不作」を意味する「ケガレ」に通じているのです。

「穢れ」も「毛枯れ」も共に音は「ケガレ」です。ということは、「ケガレ（穢れ）た人々」は、「ケガレ（毛枯れ）をもたらす人々」ということになります。

第四章のまとめ

・日本人はそれぞれ「自分専用」の食器を使うのに対し、外国はお皿もフォークも共用です。実はこれは日本人が汚れとは違うものの存在を感じるためです。目には見えないけれど「穢れている」と感じるから嫌なのです。
・高級貴族は死を扱う穢れ仕事は絶対にやりたくない。貧乏な中級以下の貴族だったら喜んでやるかもしれない。そういった人たちを警察に任命して都を守らせよう。これが「検非違使」なのです。
・天皇は神の子孫であり、穢れなきものの象徴です。源頼朝は自らの穢れを自覚しているがゆえに、その最高権威である天皇を殺すことはできなかったのです。
・穢れというのは、少々のものなら落とすことができます。どのようにすれば落とすことができるのかというと、清浄な水で流すものなのです。「罪=穢れ」を消す方法は禊ぎしかありません。だから日本人にとって罪は水に流すものなのです。
・「穢れ」は「毛枯れ」であるとしたら、農耕民族にとってもっとも恐ろしい「作物を枯らしてしまう」ことだからこそ、忌み嫌われたのではないか、ということです。

第五章

なぜ、日本人は無謀な戦争に反対できなかったのか

危機管理ができない日本人の大欠陥

キーポイント⑪

言霊信仰が太平洋戦争へと導いた

「明日は、雨になる」など、悪い予想を口にしてはいけないという言霊《ことだま》信仰は、日本人から危機管理の重要性を排除させる。

◇「明日は、雨になる」と言ってはいけない

私はここまで、日本人が信じてきた「怨霊《おんりょう》信仰＝和」と「穢《けが》れ忌避《きひ》信仰」という二つの宗教的要素についてお話ししてきましたが、実はもう一つ、日本人が心から信じている宗教的要素があるのです。

これは前の二つ「和」と「穢れ」とも深く結びつき、日本人の行動や思考を支配してきました。本章ではそんな日本史を理解するうえで欠くことのできないもう一つの宗教的要

素「言霊《ことだま》」についてお話ししたいと思います。

「言霊」も「穢れ」同様、とても古い言葉です。

「穢れ」は古典の中でも特に『古事記』に多く見られる言葉ですが、「言霊」は、『古事記』にも出てきますが、どちらかというと『万葉集』に多く見られる言葉です。

「言霊」とはどういう意味かというと、「言（コト）」は「言葉」、「霊（タマ）」は「霊力」という意味です。つまり「言霊」とは、言葉には物事を実現させる力があるという思想です。そして、これを信じるのが「言霊信仰」です。このように言えばもうおわかりだと思いますが、言ったことがそのまま実現するなんて、実際にはあり得ません。でも、そのあり得ないことを信じることが信仰なのです。

言霊を信じるということは、もし「明日は、雨になる」と言ったら翌日は雨が降る、と信じるということです。

言霊は、あるのかないのかと言えば、少なくとも物理的にはありません。では、そうした「霊力」があるのかないのかと言えば、わかりません。それでも、日本人は潜在意識の中で「言霊」を信じているのです。

言霊が単なる迷信なのか、それとも事実なのか、実はどちらでも大した問題ではありません。問題は、日本人が言霊を信じているということです。なぜなら、信じている人は、現実の出来事がどうかということ以前に、その信じているものに行動や思考が左右されるからです。穢れの場合と同じです。

皆さんは自分が言霊を信じているという自覚がありますか？

恐らくほとんどの方が「ＮＯ」と答えると思います。でも、実は信じているのです。

たとえば、あなたの尊敬する恩師が外国へ行くことになったとしましょう。

みんなで空港へ見送りに行ったとき、一人のへそ曲がりが、「最近、飛行機がよく落ちるから気をつけてくださいよ」と、言ったとします。

あなたはその人に対してどんな感情を抱きますか？　あまりいい感情は持たないのではないでしょうか。

そして、その後、たまたま本当に恩師の乗った飛行機が落ちたとしたら、別にその人のせいではないことはわかっていても、なんとなく、「アイツがあんな変なことを言ったから」と思ったり言ったりしませんか？

もし、そうした周囲の反応に対して、その人が反論するのであれば、「飛行機が落ちたことと、私が飛行機が落ちると口にしたこととは、本来まったく別次元の無関係なことです。飛行機が落ちたのは航空会社の責任であって、私が言った言葉とはまったく因果関係はございません。従いまして、私が謝る必要はないと思います」ということになるでしょう。

でも、もしもその人がこのようなことを言ったら、腹が立つと思います。

では、どのように言えば周囲の人の気持ちはおさまるのでしょう。

こう言えばいいのです。「私がつまらないことを申したばっかりに、かような事態を招き反省しています」。そうすれば、アイツも悪気があったわけではない、反省しているならいいだろう、ということになるわけです。

もう少し軽い例もご紹介しましょう。

たとえば、私がどこかの高校に講演に行ったとします。

たまには屋外で話を聞こうということになり、前日から生徒たちが校庭にイスを並べて、入場アーチまでつくって一生懸命準備をしてくれました。ところが、ここにも一人へそ曲がりがいて、「面倒くせぇな、明日は大雨になればいいんだよ」と言ったとします。

そして、翌日本当に大雨が降ったら……。一生懸命準備をした他のクラスメイトは、「お前が変なこと言うから雨になったじゃないか」と非難するでしょう。

もちろん、その生徒の言葉と天気に因果関係はありません。でも、その生徒を非難したくなる気持ちもわかるのではないでしょうか。

なぜ非難したくなるのか、それは言霊の力というものを潜在的に信じているからなのです。

今は少なくなったのかも知れませんが、少し前までは受験生に「すべる」「ころぶ」「おちる」という言葉を使うのは厳禁でした。別にそう言ったからといって本当に受験に失敗するわけではないのですが、「縁起が悪い」というのです。

このように、縁起が悪いという理由で使ってはいけない言葉を「忌《い》み言葉」と言います。日本人が言霊を信じている証拠に、今でも結婚式ではこの「忌み言葉」が守られています。皆さんも結婚式のスピーチを頼まれたとき、「別れる」「切れる」「終わる」「離れる」「逃げる」など使ってはいけない言葉があることはご存じでしょう。

そうしたしきたりが今でも生きているということが、私たちがいまだに言霊を信じ、支配されている証拠なのです。

◇「日本は負ける」と言ったら非国民

日本人は、今も言霊を信じています。

少なくとも、潜在意識では信じています。実はその言霊信仰がもたらすとても大きなデメリットがあります。言霊を信じていたがために、かつて日本は大変なことになってしまったことがあるのです。

もっともわかりやすい例が、太平洋戦争でした。

日本が戦争を始める前、実はアメリカと戦争しても勝てるわけがないのだからしてはいけない、と言った人がいました。その人は山本五十六《いそろく》という人です。

皆さんご存じだと思いますが、山本五十六という人は、大日本帝国海軍の軍人で、真珠湾攻撃とミッドウェー海戦で総指揮をとった人です。彼は、当時の日本の国力、軍事力を冷静に判断した上で、こういう理由で勝てないから止《や》めるべきだと言ったのです。

彼の意見は正論です。

ところが、彼の意見は圧倒的多数で却下されてしまいます。

その原因が、他ならぬ「言霊」だったのです。おわかりでしょうか。冷静な分析も、時局を見据《みす》えた判断も関係ありません、「日本は勝てない」「負ける戦争だ」と言ったことが、つまり縁起が悪いことを言ったことが問題なのです。

言霊を信じているということは、言葉には物事を実現する力があると信じているということです。ということは、**戦争したら負けると言うヤツは負けることを望んでいるヤツだ、ということになってしまうのです。**「負けることを望んでいるから、そういう言葉を口に出すのだろう」というわけです。

だから、山本五十六に限らず、戦前、もしくは戦時中に、日本が負けると発言した人は、「あいつは非国民だ」「人間のくずだ」「裏切り者だ」と非難されることになってしまったのです。

そして、これとは逆に褒《ほ》められたのが、「大丈夫。アメリカと戦争しても我々には不屈の精神があるから必ず勝てます」と言った人々です。でもこう言った人たちに、その言葉を裏付ける根拠は何もありませんでした。それでもいいのです。言霊を信じる者にとって大切なのは、どんな言葉を使うか、ということなのですから。

一九二五年（大正十四年）に、まるで太平洋戦争を予言したかのような本が、日本で発売されていたことをご存じでしょうか？　著者はイギリスの海軍史研究家、本のタイトルは『太平洋戦争』、これは原題の『The Great Pacific War』をそのまま翻訳したものです。

当時は、日本とアメリカが戦争をするなどほとんどの人が考えていませんでしたが、その内容は、恐るべき正確さでその後二十年間に起きることをシミュレーションしていました。開戦当初は日本が優勢だが、やがてアメリカが挽回し、雌雄を決める決戦が行われるのは南太平洋のヤップ島沖。

実際の決戦が行われたのはミッドウェーですから場所は少し違いますが、その後、両国の形勢が逆転すること、最終的には航続距離の長い爆撃機を開発したアメリカが、南太平洋沿いの、要するに日本に爆弾を落として帰ってこられる距離の島を占領して、絨毯《じゅうたん》爆撃を行うことで勝利を収めるという内容でした。

さすがに原子爆弾の開発・投下までは予言していませんが、当時はまだ存在していなかった長距離爆撃機が開発・使用されると予想しているところは見事なものです。

重要なのは、実はこの本が、昭和初期の日本で大ベストセラーになっているということです。

つまり、あの太平洋戦争を指導した大本営の幹部たち、或《あ》いは戦争を煽《あお》るような報道をしたジャーナリストたち、そして、一般国民でも軍事に関心のある人間は、ほとんど読んでいたということです。普通なら、ここまで的確なシミュレーションが出ていれば、「なるほど、こういうことになる可能性があるのか。ならば、そうならないように、これを回避するためにあらゆる手を打とう」と考えるでしょう。少なくとも日本以外の国ではそう考えます。

ところが、日本ではどうなったかというと、「日本が負けるとはけしからん」と反発し

Point　対米開戦前、日本敗戦データは葬られていた！

てしまったのです。そして、その後、アメリカと日本が戦争して日本が勝つという小説が、何のシミュレーションも根拠もないままにたくさん書かれたのです。それだけではありません。デパートなどで「日米未来戦博覧会」なるものまで開催して、戦争をすれば日本が勝つということを大々的に宣伝したのです。つまり、普通なら警告の書となって、日本人に反省と努力を促すものとなり得た本が、言霊という思想に取り憑《つ》かれていたために、却《かえ》って日本を無謀な戦争へと駆り立てる空気をつくり出してしまったのです。

◇自覚しなければいけない日本人の弱点

現在の日本史の教科書には、山本五十六が戦争に反対したのに却下された理由も、『太平洋戦争』という本に反発して「戦争したら日本が勝つ」という根拠のない大宣伝を打ったことも書かれていません。

当然ですが、日本人が持つ言霊信仰のせいで冷静な判断をできなかったことも書かれていません。

でも、私はこういうことこそ学校教育の中で教えるべきだと思っています。なぜなら、それが「日本の欠点」だからです。

――日本には昔から言霊という考え方があります。これは迷信なのですが、長い歴史の中で、多くの日本人の深層心理に深く刻み込まれてしまっています。その深層心理が働くと、場合によっては日本国を窮地に陥《おとしい》れてしまう危険すらあるので、注意が必要です。実際、太平洋戦争のときにはこういうことがありました。だから皆さんも、自分が言霊に惑わされていないか、気をつけて、冷静な判断をするように心掛けましょう――と、子供の頃から教えれば、日本は変わっていくはずです。

ところが、残念ながら教えていないので、自分が潜在的に言霊を信じ、振り回されてしまっていることに誰も気がつかないのです。

その結果、こんなことが起きてしまいます。

たとえば、ある地域で戦争が起こりそうな気配があり、各国のジャーナリストが取材に赴《おもむ》いたとしましょう。現地で見通しを聞くと、戦争が勃発《ぼつぱつ》する危険性はかなり高い状態だということがわかりました。

そんなとき、海外のジャーナリストは、集めた情報と自分の経験から検討し、戦争が起きる危険性がかなり高いと思ったら、「戦争が起こるだろう」と書きます。

ところが、日本人のジャーナリストの中には、間違いなく戦争が起きるだろうと思ったとしてもそうは書かない人たちがいるのです。

なぜ書かないのかというと、本人は自覚していないのかも知れませんが、やはり言霊を潜在的に信じているからなのです。自分が「戦争が起こるだろう」と書いてしまったら、**それによって本当に戦争が起きるかもしれない**、と思うからです。

では、そういう人はどうするのかというと、「かなり状況は厳しいが、まだ和平の可能性も残されている」という記事を書くのです。

「そううまくはいかないかもしれないけど、そうなるといいな」ということですから、いわゆる希望的観測です。

でも、ジャーナリストというのは、これは絶対にやってはいけないのです。なぜならそれはあくまでもその人個人の主観だからです。

ところが日本は、これをやるので、事実報道と希望的観測がごちゃ混ぜになり、結局は情報の精度が落ちてしまうのです。酷《ひど》い場合には、嘘の報道にもなりかねません。

希望的観測をまるで事実であるかのごとく報道する。これは何かに似ていませんか？

そうです。戦時下の大本営発表と根底にあるものは同じなのです。

これの始末が悪いところは、そうした嘘を書いているジャーナリストたちが、良心的な気持ちで書いているということです。

彼らは戦争が嫌《いや》だから、起きてほしくないから、起きると思ってもそう書けないのです。でも、自分が戦争など起きてほしくないと思っているから、事実を書けないでいるという自覚はないのです。

ですから、一緒に取材をした外国人ジャーナリストは、そうした日本人の記事を見ると、この人たちは正しい情報分析ができていないと思うのですが、実はそうではないのです。わかっているけれど書けないのです。これは、とても残念ですが、言霊信仰を持つ日本人特有の現象です。

◇なぜ日本人は危機管理がヘタなのか？

日本人は、危機管理が苦手だとよく言われますが、これも言霊の弊害です。

なぜなら、危機管理というのは、要するに「起こってほしくはないけれども、起こり得ること」に対する策を講じるということだからです。

もうここまで読まれた方にはおわかりだと思います。「起こってほしくないこと」だから、**言霊を信じる日本人は口に出せない、口に出せないので、充分な対策を講じることができない、**というわけです。

たとえば、危険な新型インフルエンザが蔓延《まんえん》するとか、隣の国からミサイルが飛んでくるとか、阪神淡路大震災クラスの地震に首都が見舞われるとか、起こってほしくないけれど、対策を講じておかなければならないことはたくさんあります。

でも、そういう危機を予測するという最初の一歩で、それを口に出すことができない日本人は躓《つまず》いてしまうのです。

最近、東日本大震災もあり、自然災害については、さすがにかなりきちんとしたシミュレーションが行われ、対策も講じられるようになってきていますが、実はこれは、阪神淡路大震災後のことなのです。

あの地震が起きるまでは、「縁起が悪い」という理由で、政治家が大地震対策をマニフェストに盛り込むことができなかったのです。

これは嘘ではありません。実際、地震対策に言及した政治家に向かって「お前は政治家のくせに、なぜそんな縁起でもないことを言うんだ!」と、非難した人もいたくらいです。

でも、いざ大都市で地震が起きたら、大きな被害が出ることはわかり切ったことなのですから、本来なら、政治家だからこそ、考えておかなければならないことなのです。でも、それができないのが日本人なのです。

ちなみに、ではなぜ阪神淡路大震災後、それができるようになったかはおわかりですか?

これは、あの地震で亡くなった方々には大変お気の毒なのですが、多くの人が亡くなったお陰なのです。日本人は、不幸な死に方をした人は怨霊になるという信仰を持っています。つまり、阪神淡路大震災で亡くなった多くの方々の死を無駄にしたら、彼らが怨霊になってしまう。だから、彼らの死を無駄にしないために、地震対策を練ることができるようになったのです。

ここでもまた、日本人は無意識のうちに宗教に翻弄されているのです。

◇結婚式における縁起でもない誓いの言葉

危機管理と並んで、日本人が不得意だとされているものに「契約」があります。

日本の契約書は紙切れ一枚だが外国の契約書は分厚い、というのはよく言われていることです。実際、私の友人が外国の会社で働くことになり、契約書を取り交わしたところ、分厚い契約書の中に保険という項目があったそうです。日本では珍しいので、その中の一つについて質問したところ、「ああ、これはあなたが会社のお金を使い込みしたときの保険です」と言われたというのです。

つまり、最初から彼が横領するということも含めて、危機管理がなされているのですが、これは日本人には受け入れがたいメンタリティーです。日本人はこういうことを書かれると、どうしても「オレを信用していないのか」と思って不愉快に感じます。

でも、向こうは別に「コイツは横領するかも知れない」と思って契約項目の中にその保険を入れたわけではないのです。人間なんだから、いろいろな失敗があるだろう。何が起きるかわからないから、考え得る項目をできるだけ多く盛り込んでおこう、というのが外国人の発想なのです。

日本で、こうした契約にもっとも近いかたちの契約方法を採用しているのが生命保険です。

生命保険には必ず分厚い「約款」という冊子がついてきますが、あれを読むと、片目をなくしたらいくら、半身不随になったらいくら、ガンを告知されたらいくら、というように、実に縁起でもないことがたくさん書かれています。保険はそうしておかないと成立しないので仕方ないのですが、それゆえ、明治の頃は保険に入るのが嫌だという人がたくさんいました。

奥さんがご主人に「保険に入らない?」と言うと、「お前は俺に死んでほしいのか!」と言って怒るご主人が、当時はたくさんいたのです。これも間違いなく「言霊」の弊害です。

最後に、言霊に支配されている日本人には難しい「契約」を、外国の人々はいかに自然に、そして軽々とやっているか、その例を一つご紹介しましょう。

それは何かというと、結婚式の誓いの言葉です。

最近は日本人にも教会で結婚式を挙げる人が増えているので皆さんご存じだと思いますが、まず、新郎が次のように聞かれます。

「あなたはここにいる女性、○○子さんを妻とし、良きにつけ悪しきにつけ、富める時も貧しき時も、健《すこ》やかなる時も病《やまい》の時も、死が二人を分かつまで変わらぬ愛を誓いますか」

新郎がこれに「はい（YES）」と答えると、今度は新婦が同じことを聞かれます。そして、新婦も「はい（YES）」と言うと、結婚は成立、二人は晴れて夫婦になるというわけです。

日本人の若い女性などは、ロマンチックな文句だとうっとりと聞いている人も多いのですが、これは実は全然ロマンチックではないのです。

私がこれと同じ意味のことを、少々意地悪に脚色して言ってみましょう。

「人生というものは、必ずしも順風満帆《じゅんぷうまんぱん》とは限りません。新郎の○○くん、新婦の○○さんは、大変清純そうな方ですが、結婚してみたら万引きの常習犯だということがわかるかも知れません。新婦の○○さん、新郎の○○くんの勤める会社は、今は一流の大企業だが、世界経済は何があるかわかりません。もしかしたら倒産するかも知れません。それに、お二人は今は非常に健康ですが、病にかかることなく一生過ごせるとは考えにくいもので、ガンのような病気になるかも知れません。仮にそういう不幸なことが起きたとしても、どちらかが死ぬまで生涯変わらぬ愛を誓えますか？」

どうでしょう。ロマンチックですか？

実は、あの誓いの言葉というのは「契約」なのです。

こういう良くないことがあるかも知れない。こんな悪い事態になるかも知れない。それでも途中でもう嫌だと言わずに、愛し続けることを誓えますか、と聞いているのです。しかも、この契約には期限も明示されています。期限は「死が二人を分かつまで」つまり、どちらか一人が死んだらこの契約は解消、後は好きにしていいよ、と言っているのです。

私の知人に経済評論家の大前研一さんがいらっしゃいますが、この話をしたところ、彼は国際結婚で、あの誓いの言葉に「YES」と答えていたのでとても驚いて、家に帰ってすぐ奥さんに聞いたそうです。

「俺はそんなつもりはなかったんだが、お前はそのつもりで答えたのか？」と。

すると奥さんに「ええ、そうよ」と言われて、愕然としたと言っていました。

考え方も行動も、そして、物事の受け取り方も、言霊を信じているかいないかで、これほど違ってくるのです。

日本人が国際社会で生きていくために、そして、同じ過《あやま》ちを繰り返さないために、やはり子供の頃から、きちんと教科書で、日本人の信仰について教えておくべきだと私は思います。

◇「負ける」と言って重要ポストを外された山本五十六

太平洋戦争が始まる少し前の一九三九年（昭和十四年）、大日本帝国の内閣は若手官僚のなかからエリートを集め、もし日本がアメリカと戦争をしたらどうなるかシミュレーションを行わせました。

シミュレーションの結果は、当然といえば当然なのですが、アメリカと戦争をしたら日本は負けるというものでした。

問題は、この報告を受けた内閣の対応です。どうしたのかというと、「ご苦労さんだった」と、一応ねぎらった後、「こんなものはいらん」と無視したのです。

嘘のような話ですが、残念ながらこれは実話です。

普通は、こうした結果が出たときに取る態度は二つです。一つは戦争を回避する努力をすること。もう一つはどうすれば勝てるのかを検討し対策を練ること。

でも、当時の政府はそのどちらでもなく、せっかくのシミュレーション結果を「無視」して開戦に突き進んでいきました。

同じようなことが軍内部でも起きていました。

当時の日本の軍隊は海軍省、陸軍省という二つの省庁に分かれ、それぞれに海軍大臣、陸軍大臣がいて、それが内閣に参加して軍と内閣の連結をやっていくという構造になっていました。

先ほど少し触れましたが、当時海軍の中枢である海軍省の次官を務めていた山本五十六は、やはり日米戦争が起こった場合の見通しを聞かれた際に次のように答えています。

「ぜひやれと言われれば初め半年や一年の間は随分暴れてご覧に入れる。しかしながら、二年三年となればまったく確信は持てない。三国条約ができたのは致し方ないが、かくなる上は日米戦争を回避するように極力御努力願いたい」

この言葉は、当時総理大臣を務めていた近衛文麿《このえふみまろ》の『近衛日記』に記されているものです。

おわかりだと思いますが、要は、アメリカと戦争をしろと言われれば、半年から一年ぐらいは暴れてみせる自信があるが、二年三年と戦争が長引いたら保証できない。だから、戦争を回避する努力をしてほしい、ということです。

真珠湾攻撃時の爆撃で艦橋の傾く米戦艦アリゾナ（写真提供：毎日新聞社）

はっきり言えば、最初は良くても結局は負けるから戦争はしない方がいい、と進言したわけです。

先の若手エリート官僚の意見と同じです。

では、山本五十六の場合は、その後どうなったでしょう。

実は彼は、連合艦隊司令長官に任命され、日本がアメリカと戦争に突入することになった真珠湾攻撃の戦略を練ることになったのです。

戦争をしたら負けると言った人を司令長官にするとは、変だと思いませんか？

でも、これには理由があるのです。

当時は、戦艦も駆逐艦も巡洋艦も、水雷艇も、日本のほとんどの艦隊が連合艦隊に所属していました。ですから、連合艦隊の司令長官というのは、一応はトップの立場です。でもそれは、あくまでも「現場」のトップなのです。つまり、山本が任命された連合艦隊司令長官というのは、現場監督なのです。

そして、ここが重要なのですが、現場監督は戦争を「するかしないか」、あるいは、「やめるかやめないか」ということに関する権限を一切有さないのです。できるのは上からの命令に従うことだけです。

戦争を「するかしないか」という決定に関わるのは、「軍令部」というところでした。

ちなみに、陸軍の場合、海軍の軍令部にあたる機関は「参謀本部」と言いました。

大日本帝国軍では、なぜか陸軍と海軍でいろいろ言い方が違うのです。たとえば陸軍のエリート士官を養成するのは「陸軍士官学校」ですが、海軍では同じようにエリート士官を養成する学校を「海軍兵学校」と言います。

細かいことを言えば、「士官」と「兵」は違うので、本来なら海軍の方も「海軍士官学校」と言うべきなのでしょうが、海軍の方は「兵」学校と言うのです。恐らくは前身を「海軍兵学寮」と言ったせいだと思うのですが。

士官というのは、英語で言うとオフィサー、兵はソルジャーです。オフィサーは、基本的には少尉以上の軍人を意味し、最初から小隊長とか分隊長などを務める幹部として養成された人ということですね。ですから、現在の警察機構でたとえるなら、士官はキャリア組、兵は現場のたたき上げ、といった感じです（事実、大日本帝国陸軍では、一般的に徴兵された人の階級は二等兵です。二等兵から一等兵、上等兵、兵長、伍長、軍曹、曹長と上がっていくわけですが、一番上でも「准尉《じゅんい》」止まり、准尉は、士官のもっとも低い階級である「少尉」よりも下です。士官学校を出た人はいきなり少尉になって中尉になり、大尉になり、少佐になり中佐になり大佐になります。士官学校からさらに陸軍大学へ行った人は、さらに出世が早く、少将、中将、大将と進み、そのなかで特に優秀な人が元帥《げんすい》になっていくわけです）。

山本五十六は、そのエリート養成校である海軍兵学校を、しかも席次七番という優秀な成績で卒業したエリート中のエリートなのです。そんなエリートで海軍省の次官を務めていた彼が、連合艦隊司令長官とはいえ、現場に追いやられたということは、降格と言ってもいい人事だったのです。

重要なのは、山本が就任した連合艦隊司令長官という立場は、どんなに偉くても作戦自体の是非を問う権利は与えられていなかった、ということです。

ここまで言えばもうおわかりだと思います。

なぜ、戦争をしたら負けると言った山本五十六が、真珠湾攻撃の戦略を練ることになったのか。要は、**戦争を「するかしないか」口を出せないポジションに追いやることで、二度と口出しできないようにしたのです。**山本があのまま「負ける」と言い続けていたら、恐らく誰かに殺されていたでしょう。それを心配され、現場に出されたとも言われています。

誰にだって程度の差こそあれ、愛国心というものはあります。自分の国が戦争に負けるのは誰でも嫌です。初めから負けるとわかっているなら、戦うようなことは絶対にしてほしくない、普通は誰だってそう思います。なかでも彼ら、国策を担う官僚であり、愛国心のある軍人です。そんな彼らが冷静にデータを分析して、シミュレーションを綿密に行い、「負ける」という結論に達したのですから、それを正直に言うのは当然であり、正しい行為です。

ところが、当時の日本では、それを言うと非国民だと言われ、重要なポストから外されてしまうのです。

それはなぜか。すでにお話ししたとおり、それは日本が「言霊」を信仰している国だからです。

言霊を信じるということは、「言ったことは現実になる」と信じることです。

ですから、悪いこと、起きてほしくないことは、絶対に言葉にして言ってはいけないのです。もしも言ってしまったら、そういう「縁起でもない」ことを言う人間はいらないとばかりに、左遷されてしまうわけです。

今、日本の近代史を教科書で学ぶ人は、きっと疑問を感じるはずです、なぜ日本は負けるとわからなかったのか、と。

当時、アメリカと日本の国力は二〇対一。これはGNPという基準がまだなかった時代なので、鉄鋼の生産量で比較した数字ですが、それでいくとアメリカと日本は二〇対一なのです。そうした数字が出ていたのに、なぜ負けるとわからなかったのか。

実はわかっていました。わかっていて無視したのです。

なぜなら、それを認めてしまったら、本当に「日本が負ける」という現実を生み出してしまうという、言霊信仰が日本を支配していたからなのです。

◇根拠のない「勝つ」が信じられていた戦前の日本

アメリカと戦争したら負ける。これは一つの予測です。

ところが、言霊信仰のあるところでは、たとえ予測であっても嘘であっても、言葉にして言うと現実になってしまうので、そういうことを言った人は、国の不幸を願う非国民だということになってしまうのです。

では、どう言っていればいいのでしょうか。

アメリカと戦争をしても絶対勝つ、と言っていればいいのです。これが言霊信仰に基づく愛国者の姿なのです。なぜなら言ったことは現実になるので、絶対に勝つと言っていれば勝つからです。そこには何の根拠も必要としません。言葉自体が言霊という力を持っているからです。

でも、**根拠のない「勝つ」は、実際には希望的観測に過ぎません。**アメリカと戦争をして勝てたらいいなという希望的観測と、アメリカと戦争をしたら国力の違いで負けるだろうというデータに基づいた分析結果は、まったく違う次元のものです。ところが、日本人は、これを混同してしまう。そこに大きな問題の原因があるのです。

でも、こうした傾向は、当然ながら戦時中はさらに激しさを増していきます。

「大本営発表」という言葉。

大本営というのは、大日本帝国陸海軍、両方に命令できる天皇直属の最高統帥《とうすい》機関のことです。その司令本部が戦果を発表していたのですが、それが「大本営発表」です。

少し前までは、マスコミがインチキな報道をするときの代名詞として、この「大本営発表」という言葉が使われたほど、大本営発表は、現実の戦果とはかけ離れたものでした。

とはいえ、最初からすべてが嘘だったわけではありません。自分たちにとって望ましい戦果が出ているうちは真実を発表していました。

たとえば、一九四一年（昭和十六年）十二月八日の「我が帝国海軍機動部隊はハワイ真珠湾を奇襲し、戦艦を撃破。多大な戦果をあげた」という大本営の発表は事実です。たしかに真珠湾奇襲は成功しました。しかし、だんだん日本が負けてくると「嘘」を言うようになっていったのです。

たとえばレイテ沖海戦では、日本軍はめちゃくちゃにやられたのですが、大本営発表は、「勝った」「多大な戦果をあげた」と嘘を言っていました。

なぜ大本営は嘘をつき続けたのでしょう。

戦局の悪化にもかかわらず、政府・軍部は国民に真相を知らせず、ジャーナリズムはしきりに〝鬼畜米英撃滅《きちくべいえいげきめつ》〟をさけんで〝必勝の信念〟を説いたが、国民の戦意はしだいにおとろえていった。

（『もういちど読む山川日本史』３１１ページ）

実は、このような嘘をついたのも、やはり言霊信仰が関係しているのです。

彼らが嘘をついた心理は次のようなものです。

「今、日本は聖戦、つまり正しい戦いをしている。正しいことをやっているのだけれど、残念ながら負けている。しかし、負けていると発表すれば、国民の士気をそぐことになるのはもちろん、日本が負けるという現実をさらにつくり出してしまう。だから嘘ではあるが、我々が得るべき未来をつくり出すために、ここは我々が希望した戦果を発表しよう。結局はそれがよりよい未来をつくり出すことにつながるのだから、これは許されることなんだ」

しかし、これはよりよい未来をつくり出すどころか、結果的に日本を滅ぼしました。そうでしょう。

今、学校で歴史を学んでいるほとんどの日本人が、なぜ日本は戦争になれば負けることがわからなかったのか、そして、なぜ大本営は負けているにもかかわらず勝ったと嘘の発表をし続けていたのかわかっていません。

これは学ぶ人の問題ではありません。使われている教科書の問題です。

日本国内では陸軍が対米開戦論をとなえ、慎重だった海軍でも、強硬意見が大勢を占めるようになった。

日米開戦

1941（昭和16）年10月、日米交渉にゆきづまって第3次近衛内閣が退陣すると、かわって陸軍の実力者東条英機《ひでき》が内閣を組織した。日米交渉はなおもつづけられたが、妥結のみとおしはほとんどなくなっていた。アメリカは日本のあいつぐ南進政策に不信感をいだき、同年11月、日本へきわめて強硬な内容のハル＝ノートを提示したので、日本はここに最終的に開戦を決定した。

（『もういちど読む山川日本史』307ページ）

これは、なぜ日本が戦争に突入したのかを書いた部分ですが、国内に戦争をすれば負けるというデータがあったにもかかわらず、戦争が選択された理由は書かれていません。

そもそも日本史の教科書には、「言霊」という言葉は一度も出てきません。

でもそれは、本来はとてもおかしなことなのです。西洋人がキリスト教を信じて行動するように、アラブ人がイスラム教を信じて行動するように、日本人は日本人の宗教「言霊」を信じて行動しています。ですから、キリスト教を理解しないと西洋史がわからないように、「言霊」がわからないと、日本史はわからないのです。

歴史と宗教を切り離すということは、本来はできないはずなのに、日本の歴史ではそれをしてしまっています。だから、日本史がわからなくなってしまっているのです。

日本人の信仰がわからなければ、日本史もわからない。そういう意味で、宗教を切り離した今の日本の歴史学は、日本史とは言えないものなのです。

実は、私たちが学校で習ってきた日本史は、そういう日本史ではない日本史を研究している学者が書いたものです。だから、いくら勉強しても日本のことがわかるようにならないのです。

本来は門外漢であった私が歴史の世界に入ったのは、このことに気がついたからでした。宗教という視点を取り入れれば、日本人がなぜあのときあんな判断をしたのか、それまでわからなかったことが理解できるようになります。私はそのことを知っていただきたくて、こうして歴史の本を書いているのです。

◇言霊の世界では現実と逆さまになっている

昔、ロシアがまだソビエト連邦という共産国家だった時代の話ですが、ソビエトをからかったジョークに次のような話がありました。

これは「サイレン」というジョークです。

あるとき、ソビエトの役人が、アメリカの工場を見学に来ました。見学をしている間に時間はちょうどお昼になり、休憩時間の始まりを告げるサイレンが鳴りました。するると、労働者たちはランチを取るために、一斉に工場を出ていきます。それを見たソビエトの役人は、顔色を変えて、アメリカのガイドに詰め寄りました。

「大変ですよ。労働者がみんな逃げていきますよ」

アメリカ側のガイドは笑って答えます。

「大丈夫、大丈夫、ちゃんと戻ってきますから」

それから一時間後、再びサイレンが鳴ります。今度は昼休みの終わりを告げるサイレンです。労働者たちはみんな自分の持ち場に戻り、また働き出します。

それを見たソビエトの役人は、再びアメリカのガイドに詰め寄りました。

「あのサイレンを是非わが国に売ってください！」

おわかりだと思いますが、これは、サイレンの意味がわかっていないソ連を揶揄《やゆ》するジョークです。

「バカだなぁ」と思うかも知れませんが、日本にもかつて同じようなジョークがありました。

このジョークのタイトルは「空襲警報」です。

アメリカの爆撃機Ｂ29が来てはバタバタと爆弾を落としていく。だから、Ｂ29が近づくと当然、それを市民に知らせるための空襲警報が鳴らされました。

空襲警報が鳴ると、Ｂ29が来て爆弾を落とす。Ｂ29が来ると空襲警報が鳴る。その繰り返しが続いたある日、一人のおばあさんが空襲対策本部に文句を言いに来ました。

「あの空襲警報を止めてくれませんか。あんなものを鳴らすからＢ29が来るんじゃないか」と。

これも工場のサイレンと同じで、考え方が逆転してしまっているのです。

でも、**現実には逆なのですが、言霊の世界では、これは逆にはならないのです。**

言葉にするから現実になるというのは、空襲警報を鳴らすからＢ29が来るというのと同じことだからです。ばかばかしい話です。でも、日本ではこれと同じことが、実はまだ行われているのです。何だと思いますか？　それは、「ガン告知」です。

日本では、初期のガンで治療による完治が充分に見込める場合は別ですが、見つかったときにかなり進行しており、シリアスな結果が予想される場合、本人に告知するかしないかということがいまだに問われています。

こうしたことが問われているのは、先進国のなかでは日本ぐらいです。なぜなら外国では、ここに疑問を差し挟む余地がないからです。

外国人は基本的に、人間というものは、自分の生命に関する情報について知る権利がある、と考えます。その人がとても弱い場合、たとえば幼い子供であるとか非常に精神的に不安定な場合は別ですが、基本的には、「私はガンですか、ガンではないですか」と尋ねた場合、医師にはそれに正しく答える義務があります。ですから、ガン告知を本人にするかしないかということはそもそも問題にならないのです。本人に告知するのが当然だということです。

日本人はここに違和感を覚えるかも知れませんが、実はそれは当然のことなのです。それは、「ガン」という病気ではなくて、「車の故障」だと考えればすぐにわかります。

たとえば、自分の乗っている車の調子が悪いので修理工場に持っていったとします。そのとき、どこがどのように故障しているのかということを、調べてわかったら、車の持ち主であり、検査料を支払う自分に偽らず教えるのは当然の義務だと思いませんか？

向こうが隠したらどうしますか？ ほとんどの人が怒ると思います。ガン告知もそれと同じことなのです。だから、ガンを本人に告知するべきかしないでおくべきか、などということは最初から問題にならないはずなのです。

◇「病気じゃない」と言うことが最大の治療法

ところが、こういう話をすると、日本人はほとんどの人がこういう反論をします。

「何も本人に言わなくても、奥さん（または旦那さん）に言えばいいじゃないですか」

大変申し訳ないことを申し上げます。井沢はなんて嫌なやつなんだと思われるかもしれませんが、夫がガンであるという情報を、奥さんだけが知った場合、その情報を旦那さんのためになるようなことだけに使うという保証がどこにあるのでしょうか。これはご主人が奥さんのガンを知った場合も同じです。

この情報を利用して、旦那を追い込んでやろうと思うかもしれないのです。あるいは、ガンということを本人に知らせずに、ガンがさらに悪くなるような行動をさせて、早死にさせようとするかもしれません。夫婦だからといって、残念ながら夫が妻のことを、妻が夫のことをきちんと考えるという保証は、実はどこにもないのです。

以前に比べると、日本でも本人に告知する割合は増えてきてはいますが、それでも医療の現場では、いまだにこの告知問題が存在していることは事実です。

私はやはり、本人に告知すべきだと思います。もちろん、幼い子供や、精神的に不安定な人、ショックで心臓が止まってしまうぐらい弱っている人は別です。

でも普通は、本人が自分の人生における責任を果たすためにも、当然知らせるべきだと思います。私もそうですが、会社の経営者などの場合、自分があと三カ月しか生きられないとしたら、いろいろ整理すべきことがたくさんあります。大きな会社であれば、後継ぎのことかも考えなければなりません。きちんと告知されれば、残された時間でそうした責任を果たすことができます。

にもかかわらず日本では、本人が動揺するといけないから、と言って医者も迷うし、世論も「伝えるべきではない」という風潮が根強くあるのです。

そうした中で、本人告知絶対反対論者の人たちが、必ず引き合いに出す伝説的な逸話というものがあります。

ある禅宗の高僧が、検査を受けたところガンだということがわかりました。周囲は告知すべきかどうか悩みましたが、そのお坊さまは禅寺でとても厳しい修行を積み、ご自身も悟りを開いたとおっしゃっていた方でした。この方ならもう生死を超越しているし、かねがね本人も、いざというときは正直に告知してほしい、とおっしゃっていたので大丈夫だろうということになり、本人に告知することになりました。

ところが、告知した三日後に、その高僧は、精神に動揺を来《きた》して亡くなってしまいました。

「私は大丈夫です。そういうことには修行の結果、全然騒ぐ気持ちなどとうにございませんから、ありのままを教えてください」と言ったので教えたのに、やはり実際の告知には耐えられなかった。だから告知するのはリスクが高すぎる、というのです。

でも、この話はどうも都市伝説らしいのです。

というのも、いろいろと手を尽くして調べたのですが、どこの禅寺の何と言うお坊さんなのかさっぱりわからないのです。それでも、告知反対論者たちからこの話が昔から根強く支持されているのは変わりません。

なぜ日本人がそこまで告知に否定的なのか、実はその深層心理を読み解くエピソードがあります。こちらは都市伝説ではなく実際にあった話です。

ある医師が、患者にガンであることを告知したところ、その患者さんが、驚いて次のように叫んだのです。

「先生！　取り消してください！」

おわかりでしょうか、恐らく日本人以外にこの話をしても理解できないと思います。

この言葉を言わせたのは、やはり言霊信仰です。

言葉にするとそれが現実になって起こる。だから、起こってほしくないことは言うなというのが言霊信仰です。ということは、医者が「あなたはガンです」と言うと、自分は本当にガンになってしまうということです。これは見方を変えれば、医師がガンだと言ったことを取り消せば、ガンという現実も消える、ということなのです。

こんな非科学的なことは現実にはないのですが、これは信仰なので仕方ありません。証明できないことを信じるのが宗教であり、信仰なのですから。

こうした信仰が日本人の深層心理の中にあるから、日本人はいまだに告知を嫌がるのです。

話がだいぶ飛びましたが、要するに大本営発表が「嘘」になっていったのも、この患者が「ガン告知を取り消せ」と言ったのと同じことなのです。

ガンであるならガンだと言い、治療することが必要です。嘘をつき、「あなたは全然病気じゃないですよ」と言っても治りません。治らないどころか、下手をしたら死期を早めることにもなりかねません。でも、**言霊の世界では、そうは考えません。「病気じゃな**

い」と言うことが、最大の治療法なのです。

ですから「大本営発表」は、結果的に国民を騙し、戦地に送り出すための嘘になりましたが、潜在的には、「なんとかこの現実を変えて日本が勝つために」という言霊信仰ならではの願いが込められたものでもあったのです。

◇不幸な記事を書いてしまうと現実になる……

言霊信仰は、戦時下の大本営発表に限らず、平時でも「報道」の大きな足枷《あしかせ》となっており、日本のマスコミをダメにしています。

どういうふうにダメなのか、そのとてもわかりやすい実例があるのでご紹介しましょう。

これは一九九七年四月三十日付けの東京新聞・夕刊に載った、ある若い記者が書いた、「記者の眼」という記事です。

「武力突入で解決か」――。ペルーの日本大使公邸人質事件で、政府と武装グループの話し合いが暗礁に乗り上げた三月末ごろから、武力突入を予感させる情報が耳に入っていた。

「ペルー政府、より強硬な姿勢に転換」「外国メディアの国外退去を計画」「現場周辺の住民に避難命令」「大統領が近く決断」「人質は限界」……。

これらの情報をもとに記事をいくつか書いた。しかし「近く武力突入」というトーンの記事を書くことはついにできなかった。いま思うと残念ではあるが、情報の多くが裏付けの取れないものだったことに加え、根底に「人質が危険にさらされる武力突入はできない」という考え方があった。

連日、現場の様子やフジモリ大統領の発言、保証人委員会や政府内部の動きをウォッチしていて、「突入」が一つの選択肢として存在することは常に念頭にあった。現場の記者同士でも「突入以外ない」と真剣に話していた。

事件発生直後にペルー入りして以来、ずっと現地で取材にあたり、テロ被害の悲惨さやテロに対するペルー国民の嫌悪感や軍部の強い態度を理解していたつもりだった。しかし「突入すれば人質に犠牲が出る」との見通しがあるなか、まさかこれほど派手な突入をやるとは考えられなかった。テロと無縁だった日本人の甘さのせいか「犠牲者が出るのを見たくない」との気持ちもあった。

外務省の現地対策本部も表向きはそうだった。同本部の大筋の見方も「事件解決は平和的だが相当先になる」というものだった。四月十六日付本紙朝刊の「取材規制強化、突入の憶測も」の記事に、わざわざ「突入の情報はない」と電話で〝アドバイス〟してくれた担当者もいたほどだ。（中略）武力突入でようやく解決した事件は、日本やペルーにとって何をもたらしたのか――。事件が解決した今も、取材を続けている。

これはご記憶の方も多いと思いますが、一九九六年十二月に南米のペルーという国にある日本大使公邸がテロリストによって占拠され、日本の大使・青木盛久氏をはじめ、大使館員やペルー政府の要人、日本企業のペルー駐在員らが人質にとられたというテロ事件の記事です。

この事件は約四カ月間に及ぶ膠着状態の後、当時のフジモリ大統領の決断でペルー陸軍のテロ鎮圧特殊部隊が武力突入、人質を解放することで決着がつきました。ペルー陸軍の中には犠牲者が出てしまいましたが、人質には一人の犠牲者もありませんでした。ですからこれは日本がペルーに対して非常に感謝し、記憶に留めておかなければならない事件です。

この記事は、事件を現地で取材していた東京新聞の若手記者（当時）が書いた反省文です。

先に申し上げておきますが、こういう記事が出ることは大変珍しいことです。日本の新聞にはこういう記事はほとんど載りません。たぶんこの記者は、これを載せた後、周りの記者から「お前、なんでそんなこと書くんだよ」といじめられたことでしょう。ですから、これを書いたこの記者も、記事を載せたデスクも私は偉いと思います。

その勇気を持って出した反省文を、日本のマスコミがいかにダメかを説明するのに用いるのは少々気が引けますが、これはとても示唆に富む文章なので、敢《あ》えて使わせていただきます。

この文章の中には、日本以外の国のジャーナリストは絶対に書かないだろうと思われる一文があります。

それは、「『犠牲者が出るのを見たくない』との気持ちもあった」というところです。

なぜこれが問題なのか、おわかりでしょうか？

問題はこれは誰の「気持ち」なのか、ということです。見たくないと思ったのは、この記事を書いた記者本人の気持ちですよね。彼が一個人としてそう思うのはわかります。私だってそう思います。

でも、見たくないと一記者が思うことと、ペルー軍が突入する、しないとは関係ありません。この人がいかに見たくないと思っても、フジモリ大統領が決断してペルー軍が動けば、突入は行われるのです。

つまり、この記者が心の底で何を考えていようと、ペルー軍の行動に対しては何の影響力もないということです。それなのに、なぜ見たくないという気持ちがあったことが、「近く突入」という内容の記事を書かなかった理由になるのでしょう。

書いてしまうと現実になるから――。これも「言霊」です。

要するに、この記者は潜在意識ではこう思っているのです。

「自分が突入という記事を書くと、それが言霊の力で現実を動かして突入が行われる。実際には犠牲者は出なかったけれど、突入したら犠牲者が出ることはほぼ確実だったのだから、突入と書くと、犠牲者を出すことを言霊の力でアシストすることになってしまう。だから、犠牲者が出るのを見たくない私としては『突入』という記事を書かなかったのだ」

◇報道すべきは一％の平和ではない！

もう一つの問題は、突入を確実視するだけの情報があったにもかかわらず記事を書かなかったということです。

この記者はそのことをこの記事で正直に告白しています。【「ペルー政府、より強硬な姿勢に転換」「外国メディアの国外退去を計画」「現場周辺の住民に避難命令」「大統領が近く決断」「人質は限界」】。これらはすべて、もうすぐ武力突入があることを示唆する情報です。そのうえで【これらの情報をもとに記事をいくつか書いた。しかし「近く武力突入」というトーンの記事を書くことはついにできなかった】と書いています。

さらに【現場の記者同士でも「突入以外ない」と真剣に話していた】というのですから、単に情報があったというだけでなく、現場の記者同士でそれが確実であることがわかっていたということです。にもかかわらず、彼は書かなかった。

単純に犠牲者が出てほしいかほしくないかと言えば、誰もが「出てほしくない」と答えるでしょう。これは人として当然の感情です。ですからこの記者が犠牲者を見たくないと思うのはいいのです。でも、そうした自分の感情と報道の内容、さらには事実を報道するか否かというのはまったく別の問題です。

「希望的観測」という言葉があります。英語で言うと、「I hope so.」、わかりやすく言えば「実際にそうなるかどうかはわからないけれど、こうなってほしいな」ということです。

この場合で言えば、犠牲者が出る危険性が高い武力突入はしないでほしいということです。

でも、それとは別に論理的予測というものがあります。英語で言うと「It will be so.」

ですね。

論理的予測というのは、「突入すれば犠牲者が出る危険性は高いが、フジモリ大統領は事態の解決のために近く決断するだろう」ということです。

ジャーナリストはどちらを書くべきかと言えば、論理的予測の方に決まっています。ところが、**日本人は言霊信仰があるために、この二つがイコールになってしまっているのです。「I hope so.」と「It will be so.」の区別がつかないのです。**

先ほどの記事の中でも、【「突入すれば人質に犠牲が出る」との見通しがあるなか、まさかこれほど派手な突入をやるとは考えられなかった。テロと無縁だった日本人の甘さのせいか「犠牲者が出るのを見たくない」との気持ちもあった】という部分がまさにそうです。情報と記者の感情がない交ぜになっているのです。

これはとても大きな問題です。

たとえば、ある人が報道記者として戦争が懸念されている国に取材に行き、そこでいろいろな情報を収集・分析した結果、「やはり戦争は起こるだろう」と思ったとします。

この場合、記者は、自分が個人的にはどんなに戦争など起きてほしくないと望んでいたとしても、「やはり戦争は起こるだろう」と、書くべきです。そして、日本人以外の記者は迷うことなく「もうすぐ戦争が起こるだろう」と書きます。

ところが日本人の記者は、言霊信仰があるので戦争が起こると書けない。そこでどのような記事を書くかというと、「僅《わず》かだが、まだ平和の可能性が残されている」と書くのです。

頭の中では九九％戦争が起こると理性的に判断していても、この記者がそうであったように、結局、はっきりと「戦争が起こる」とは書かないのです。たしかに一％は可能性があるのかも知れませんが、**報道すべきは一％の平和の可能性ではなく、九九％の戦争の危険性です。**ですからこの時点で一％の平和の可能性を報道するということは、厳しいようですが、やはりそれは「誤報」なのです。すごく嫌な言い方を敢えてすれば、記者は自分の希望的観測を書くことによって、人々をミスリードする「嘘」の情報を出したということになるのです。

このペルー大使館のテロ事件の報道も、「嘘」と言っては言い過ぎかも知れませんが、少なくとも間違った報道をしたと言えます。

Point

日本人は希望的観測と論理的予測の区別が苦手だ！

◇今なお日本の報道は言霊信仰に支配されている

この問題のもっとも厄介な点は、本人が「良心的なつもり」で書かないという選択をしていることです。

良心的なつもりというのは、要するに「自分が書くと言霊の力で起きてしまうので、起こさないために書かないという選択をした」ということです。ここまで言うのは言い過ぎかも知れませんが、自分が書かないことで少しでも悪い結果が出ないようにしたということです。「犠牲者が出るのを見たくないから書かなかった」というのはそういうことです。ですから良心的と言えば良心的なのです。

しかし、その「良心的」というのは、世界一般の報道記者の「良心」とは別物です。先ほども言いましたが、世界一般の報道記者は、取材をして起こり得ることだと判断したら、「起こり得る」と書きます。なぜなら、それが報道記者の「良心」だと考えているからです。

日本人の記者も、人を騙すつもりで事実を隠した記事を書いたというのであれば、そんな良心のかけらもない記者は追放しろと言えば済むのですが、彼らが事実を書かない理由には、やはりある種の良心が関わっているのです。そうした「世界一般の記者のものとは異なる良心」に基づいて自分が記事を書いている、ということに気づかないので、報道姿勢を改めようにもなかなか改まらないのです。

最近はずいぶん変わってきましたが、少し前までスポーツ報道でもこれと同じことが起きていました。

たとえば、あるスポーツ選手がオリンピックで金メダルを狙《ねら》える圏内におり、なおかつその選手が直近の世界選手権などで優勝しているような場合、スポーツ記者は「金メダル確実」という記事を必ず書きます。

ところが、実際に取材してみると、その選手は最近になって足を痛めてしまったため、金メダルはとても取れそうにないということがわかったとします。そんなとき、外国の記者なら「金メダル絶望。せいぜい銀か銅か」と書きます。しかし、日本でそれを書くと、言霊信仰があるので、金メダルを取れなかったとき「足を引っ張った」と言われてしまいます。そのため、情報があっても書けないということがありました。

それが少し変わってきたなと思えたのは、二〇一〇年のサッカー・ワールドカップの報道を見たときでした。

このとき、多くのスポーツ新聞やスポーツ番組が、「岡田ジャパン、〇勝三敗で予選突破は無理」と報道していたのです。結果は嬉しい方向で外れましたが、こうした望ましくないことが堂々と言えるようになったということは、大きな進歩と言えます。

とはいえ、報道全般で見るとまだまだ言霊信仰の支配は強いと言わざるを得ません。しかもそれは、**戦争や伝染病など、「誤報」になったときに大きな被害が懸念されるシリアスな話題ほど強いのが実情です。**ですから残念なことですが、私は日本の新聞は信用していません。


さて、長々と日本の報道が言霊信仰に支配されているということを述べてきましたが、私がこのことを通して何を言いたいのかというと、現在ですらそうなのですから、昔はもっとこの傾向がひどかった、ということです。そして、だからこそ日本人がどのような宗教を持っているのかということを頭に入れつつ分析しなければ、日本の歴史をきちんと検証することも、理解することもできないということです。


ところが、今は「言霊」という言葉すら知らない日本人がたくさんいます。

言葉を知らなくても、本人が自覚していなくても、言霊信仰は日本の文化の中に取り込まれているので、ほとんどの日本人が無意識のうちに影響されています。むしろ、無自覚だからこそ始末が悪いと言えます。

でも、それは知らない人が悪いのではありません。きちんと教えていない今の日本の歴史教育が悪いのです。

歴史の教科書で、我々日本人には、世界の人たちにはない「言霊」という信仰があるということを教えていれば、「だからこういうときにはついついこう言いたくなるのか」とか、「こう言ってはいけないと思うのは、このためだったんだ」ということがわかってくるでしょう。

そして、それは同時に、過去の日本人が、なぜこういう選択をしたのか、ということを理解するのにも役立ちます。

宗教を無視した今の教科書では、歴史をきちんと理解することはできません。そして歴史を理解できなければ、歴史を未来に活かすことはできないのですから、歴史を勉強するだけ無駄だということになってしまいます。

歴史の勉強を無駄なものにしないために、そして日本のよりよい未来のために、一刻も早い歴史教科書の根本的な見直しが望まれます。

キーポイント⑫

「朝鮮戦争」の報道が間違えて伝えられたワケ

なぜ、日本にジャーナリズムが育たないのか。なぜ小沢一郎は嫌われるのか。日本はまだ閉鎖的・排他的な環境で情報が発信されているのだ。

◇日本の教科書が良くならない原因

ここまで本書では、日本の歴史教科書には「通史研究者の不在」と「宗教の無視」という普通の国にはない問題があることを、いろいろな具体例をご紹介しながらお話ししてきました。日本の教科書の問題はそれだけではありません。もう一つ、大きな問題が、近現代史にあるのです。

『「反日」日本人の正体』（小学館）というかつて私が書いた本の中から　このことについ

て言及した部分を引用しますので、まずはそれを読んでください。

【「偽りの現代史」を捏造し続ける日本歴史学会の真実】

歴史教科書において最も大切なことは何か？

言うまでもあるまい。それは真実を書くということだ。

もっとも、史料の不足などの理由によって真実が確定できないこともある。その場合は、その事情を説明し「まだ確定できない」と書いておけばいい。また、それでも「誤り」を書いてしまった場合は、ただちに訂正し、誤解を与えた人々に謝罪しなければならない。それが良心的な態度というよりも、歴史記述者、研究者としての最低限の義務であり、これが守れないような人間は歴史学者の資格などない。このこと自体は、たとえどんな思想的立場の人間でも、認めざるを得ないはずだ。

ところが、日本にはそういう「歴史学者」が存在するのである。それも一人や二人ではない。むしろ歴史学界は彼等が牛耳っているとさえ言えるのだ。

日本の近現代史に存在する大きな問題が何か、おわかりいただけたでしょうか。

要は、真実を書かずにデタラメを書き、なおかつ平然とその誤解を与えた人にも謝罪しない歴史学者がいまだに日本の歴史学界を牛耳《ぎゅうじ》っている、ということなのです。

日本の教科書がなかなか良くならない原因の一つもここにあります。

そして、そのもっともわかりやすい例が、本項で取り上げる「朝鮮戦争」です。

皆さんは、朝鮮戦争がいつどのような経緯で始まったかご存じでしょうか？

少し前の資料ですが、内容は現在のものと変わらないので、朝日新聞社発行の現代用語集『知恵蔵』二〇〇三年版から引用します。

朝鮮戦争

日本の敗戦後、北緯38度線によって南北に分断された朝鮮半島で、１９５０年6月25日、朝鮮民主主義人民共和国（北朝鮮）軍が38度線を突破して南下、以後、53年7月27日の休戦協定調印まで続いた戦争。北朝鮮では祖国解放戦争、韓国では韓国動乱、あるいは韓国戦争という。韓国軍を釜山まで追いつめた北朝鮮軍は、米軍主体の国連軍の仁川上陸で中国国境の新義州まで敗走、その時点で中国軍が参戦、韓国軍・国連軍を退却させた。以来戦闘は38度線沿いに続けられ、休戦協定によって38度線と斜めに交わる軍事境界線（休戦ライン）が設定された。これが今日の南北の国境線となり、南北の分断を固定化してきた。

これを読むといくつか意外な事実がわかります。

まず「朝鮮戦争」という言い方は日本独自のもので、北朝鮮では「祖国解放戦争」、韓国では「韓国戦争」などと呼んでいること。また、戦争は正式にはいまだに終結しておらず、三八度線は事実上国境のような扱いにはなっているが、あくまでも休戦ラインにすぎないということ。

でも、この記述でもっとも重要なところは、**朝鮮戦争は北朝鮮、朝鮮民主主義人民共和国の一方的侵攻、侵略によって起こったということです。**

これはどの現代用語集にも書いてあることで、今では完全に歴史的事実として認定されていることです。現代用語集に書いてあるものでも、なかには何年か経《た》って変わるということもないとは言い切れませんが、これに関してはもう確定していると言っていいと思います。

と言い切れるのも、これが朝日新聞社が発行している『知恵蔵』の記述だからです。これは周知の事実ですが、朝日新聞社というのは日本のマスコミのなかでもっとも北朝鮮寄りの「親北派」です。

そのことを示す端的な例を挙げれば、北朝鮮による日本人の拉致《らち》事件があります。日本の新聞社のなかでこの事実を最後まで認めなかったのが朝日新聞社でした。人によっては、あれは「アサヒ」ではなく「チョウニチ」新聞だと言う人もいるぐらい有名な親北派なのです。

そんな筋金入りの親北派である朝日新聞社が出している現代用語集ですら、公式見解としては「朝鮮戦争は北朝鮮の侵攻によって起こった」と言っているということは、それぐらい事実として確定していることだ、ということです。

◇中国が派兵したのは、「義勇軍」ではない

現在は、「朝鮮戦争は北朝鮮の侵攻によって起こった」ということが歴史的事実として認められています。ところが、四十年ほど前は、正反対のことが事実とされていたのです。

次に引用するのは、大阪万博（一九七〇年）と札幌オリンピック（一九七二年）に向けて、日本が懸命に準備を進めていた一九六八年に発行された『体系・日本歴史6 日本帝国主義』（藤原彰 著・日本評論社）という、大学のテキストに使われた立派な歴史書における朝鮮戦争についての記述です。

六月二五日、三八度線全線にわたって韓国軍が攻撃を開始し、戦端が開かれた。二六日北朝鮮軍は反撃に転じ、韓国軍はたちまち潰走しはじめた。アメリカは直ちに韓国援助を声明し、早くも二七日には在日空軍を朝鮮に出動させ、一方第七艦隊を台湾海峡に出動させて中国の台湾解放を妨げた。（中略）急拠赴援した米軍も、韓国軍同様潰走し、日本を空白にして在日米軍を根こそぎ投入したが、八月末には釜山橋頭堡を辛うじて維持する状態まで追いつめられた。しかし本国からの増援軍の到着によって、戦線の背後仁川に上陸、圧倒的な海軍、空軍の支援の下に北進して、北朝鮮を焦土としながら中国国境に迫った。一一月中国人民義勇軍が参加して戦局は再び逆転し、米軍は敗北して後退し、一九五一（昭和二六）年に入ると、おおむね三八度線で、戦線が膠着状態となった。

どちらが戦争を仕掛けたのかという重要なポイントが、先の『知恵蔵』の記述とは逆に

Point

七〇年代、事実と違うことが堂々と報じられていた！

なっています。

でも、そのことを抜きにしても、この記述は明らかに嘘だと思える点があります。

まず、これが事実だとするなら、充分に準備をして攻め込んだはずの韓国軍が、なぜ「たちまち潰走」してしまっているのでしょう。

韓国がいきなり攻めてきたということは、北朝鮮は奇襲を掛けられたということです。戦術の常識からいって、奇襲を掛けられた側は、メタメタにやられてしばらくは立ち直れないはずです。それなのに、奇襲によって不意を突かれた北朝鮮は、たった一日で反撃に転じ、韓国軍がたちまち潰走している。そんなバカなことはあり得ません。

さらに、この文章ではアメリカとなっていますが、正しくはアメリカを中心とする国連軍です。しかも、その国連軍が北朝鮮を焦土としながら北上したというのですが、これもあり得ません。

アメリカ中心とはいえ、国連が援軍を出すということは、北朝鮮の侵略行為だと決議されたということです。つまり、韓国にとっては自衛のための戦いだということです。攻められた側が反撃しているわけですから、北朝鮮の都市を片っ端から破壊するようなことはする必要もないし、事実していません。

さらに、これこそが最大の嘘なのですが、反撃され、追い詰められた北朝鮮の援軍として、「中国人民義勇軍が参加」したというのですが、これは義勇軍などではありません。中国の正式な軍隊です。

「義勇軍」という言葉には、特別な意味があります。これは歴史学上の常識なので、ご存じなかった人は、ぜひこの機会に覚えてください。「義勇軍」というのは、義勇兵の集まりであり、義勇兵というのは、国家に強制されたのではなく、自分たちの意志で軍事行動に参加している兵士という意味です。ですから正規の軍人ではありません。言うなれば「ボランティア兵士」といったところです。

戦争というのは国と国とが行うものですから、兵士は国によって徴兵されます。もちろん、強制的な「徴兵」の他に、志願者を募る「募兵」によって兵が集められる場合もあります。

しかし、義勇兵といった場合、このどちらにも当てはまりません。義勇兵というのは、自らの意志で、国とはまったく関係なく、たとえば隣の国がやられているから助けようじゃないかというような場合に、民間人が兵士となることを言うのです。

ですから「中国人民義勇軍」と言っているということは、それは中国人民が中華人民共和国とは関係なく、自発的にこの戦争に参加したということです。

でも、これは嘘です。事実は『知恵蔵』にあるとおり、中国が政府として介入し、正規の中国軍を派兵しているのです。

この「義勇軍」の問題は、戦端を開いたのは北朝鮮であることが事実として認められている現在の教科書でも受け継がれてしまっています。

1950（昭和25）年6月、朝鮮民主主義人民共和国軍が南進し、大動乱に発展した（朝鮮戦争）。在日アメリカ軍を中心とする国連軍は、大韓民国を援助するために出兵したが、やがて中華人民共和国も義勇軍《ぎゆう》を送り、朝鮮民主主義人民共和国を支援した。戦争は一時、世界戦争への危機をはらむほど激化したが、翌年7月から休戦会談が開かれ、2年後の1953（昭和28）年7月、ようやく板門店《パンムンチョム》で休戦協定が調印された。

（『新日本史B』396ページ）

1950年6月、朝鮮半島では北朝鮮軍が北緯38度線をこえて韓国に侵攻を開始した（朝鮮戦争）。国際連合の安全保障理事会は北朝鮮を侵略者として武力制裁を決議し、アメリカ軍を中心とする国連軍が韓国側に立って参戦した。一方、北朝鮮側には中国軍が人民義勇軍の名で加わり、はげしい戦闘がくりかえされたが、195

3年7月、板門店《はんもんてん》で休戦協定がむすばれた。

（『もういちど読む山川日本史』322ページ）

桐原書店の『新日本史B』の「中華人民共和国も義勇軍を送り」というのは、明らかな間違いです。なぜなら、先に説明したとおり義勇軍というのは国が派遣するものではないからです。

『もういちど読む山川日本史』の記述は「中国軍が人民義勇軍の名で」としているので、一応間違ってはいないのですが、義勇軍の意味も、なぜ中国軍が義勇軍を名乗ったのかも、何も説明されていません。これでは朝鮮戦争に中国がどのようなスタンスで関わったのか理解することはできません。「義勇軍」という言葉を使う以上はきちんとした説明をすべきです。

◇歴史の真実に右翼も左翼もない

一九七〇年代の日本では、こうした嘘だらけの歴史書が、大学のテキストとして使われていました。それもごく一部の、特殊な大学で使われていたのではなく、多くの大学で使われていました。なぜなら、今となっては驚くべきことですが、当時はこの本に書かれていることが「定説」とされていたからです。

なぜ定説になっていたのかというと、この本の著者が日本の近現代史の権威だったからです。

この嘘だらけの朝鮮戦争の本を書いたのは、一橋大学の教授だった藤原彰《ふじわらあきら》（故人）という人です。

この人は、こんなデタラメな本を書いたにもかかわらず、最終的には日本学術会議の会員にもなり、一橋大学の名誉教授として二〇〇三年に亡くなっていますが、日本の多くの近現代史専門の歴史学者の師匠筋にあたることから、今でも日本近現代史の権威とされています。

非常に嘆かわしいことですが、これが日本の現実です。

この項の最初に引用した私の文章を思いだしてください。

歴史教科書においてもっとも大切なことは、真実を書くことです。ですから、もしも、不本意にも「誤り」を書いてしまった場合は、直《ただ》ちに訂正し、誤解を与えた人々に対して謝罪することが必要です。

ところが、この藤原氏は少し考えれば誰にでもわかる「嘘」を堂々と書いたうえ、それが明らかな誤りだとわかった後も、一切謝罪をしていないのです。そんな人が「権威」としていまだに尊敬を集めているというのですから、嘆かわしいと言わざるを得ません。

藤原氏が資料不足などの不可抗力によって事実誤認をしてしまったのではなく、嘘を堂々と書いたと私が確信しているのには理由があります。

まず、どちらが先に攻撃を仕掛けたのか、ということですが、実はソビエト連邦（現ロシア）の首脳は当初から、「あれは北朝鮮が先にやったことだ」ということを認めていたのです。このことを藤原氏が知り得なかったはずがありません。

さらに、藤原氏は東京大学の文学部史学科を卒業して史学研究の道へ入られた人ですが、実は東大に行く前は陸軍に所属する軍人だったのです。それも、陸軍士官学校を卒業したエリートです。最終的な階級は陸軍大尉、四年間にわたり、中国各地を転戦しているので実戦経験もあります。そんな人が、北朝鮮は不意打ちを喰らったけれど、わずか一日で立ち直り、韓国軍を撃破したという、非常識なことを心から信じていたとは到底思えません。

彼自身、そんなことが普通ではあり得ないということが、よくわかっていたからなのでしょう、先ほどの引用文には書かれていませんが、別のところで、なぜ北朝鮮軍がそんな奇跡のようなことができたのか、その理由を説明しています。

その理由とは、どのようなものだと思いますか？

これもまた、本気でそう信じていたのだろうか、と疑わずにはいられない理由です。なぜなら「金日成という天才的な将軍様がいたからだ」と言っているからです。

私は、こうした一連の文章を読んで、もしかしたら、彼がこのようなことを書いたのは、彼の「良心」の表れなのかもしれないと思いました。

どういうことかというと、彼は、陸軍士官学校を出た後、中国侵略を四年間行っています。その間には、心ならずもしなければならなかったことも多々あったことでしょう。彼の「良心」は、それを反省したいと思ったのではないでしょうか。

反省すること自体はいいのですが、この人にとっての反省というのが少し歪《ゆが》んでいて、中国共産党の言うことをすべて、それが事実であろうと嘘であろうと、とにかく全部正しいと認めるということになってしまったようなのです。

実際、北朝鮮は、「我々は韓国にやられたから反撃したにすぎない」と主張していました。

でも、それを鵜《う》呑《の》みにするというのは、やっぱり間違った態度です。彼らを認め、尊重することと、彼らの言うことをやみくもに信じることはまったく別の問題です。

彼がなぜこのようなことをしてしまったのか、本当の理由はわかりませんが、真実を書くべき歴史学者が事実ではないことを教えたことは大きな過《あや》ちです。

しかも、これは一九七〇年代ですから、それほど遠い過去の話ではないのです。その頃、一流の大学の文学部歴史学科で、このような嘘の歴史が真実であるかのごとく教えられていた、この過ちがどのような結果を招いたかというと、北朝鮮による拉致の否定でした。

今では北朝鮮が日本人を拉致したということは、誰もが知っている歴史的事実です。しかし、これも二〇〇二年の日朝首脳会談で北朝鮮側が正式に拉致を認めるまで、日本国内でも「北朝鮮が日本人を拉致しているなんてありもしない嘘だ」という親北派の文化人や政治家はたくさんいたのです。

このような批判を昔からしていたせいでしょう。私はよく「右翼」だと言われていました。最近でこそ少なくなりましたが、それでもまだ少しは私のことを右翼だと思っている人はいるようなのではっきり申し上げておきますが、私は右翼ではありません。もちろん左翼でもありません。右翼か左翼かというのは思想上の問題です。私が言っているのは、そうした思想上の問題以前のことです。「歴史の研究者なら本当のことを言わなければならない」、これは思想以前の、ごく当たり前のことです。

でも、この当たり前のことができていないのが日本の現実なのです。

◇日本のマスコミの歴史的大誤報

北朝鮮による拉致の例を出したので、鋭い読者はもうお気づきだと思いますが、こうした傾向が見られるのはマスコミも同じです。

そのマスコミの酷《ひど》さがもっともよくわかる記事をご紹介しましょう。これは、私が「日本戦後新聞史上、最悪最低の記事」と呼んでいるものです（もっとも、そういう反省をしている人はまだまだ少ないので、今の段階で私がそう主張していたということを、読者の皆さんは、ぜひ心に留めておいてください。きっと十年か二十年後には、私の主張が当たり前のことのように語られるようになると思います）。

問題の記事は、一九八二年九月十九日付けの朝日新聞の朝刊に掲載された「読者と朝日新聞」という記事です。これは読者からの質問に、新聞社が答えるというかたちのもので、このときは東京本社の社会部長、中川昇三という人が答えています。

読者からの質問は、教科書検定に関する報道が原因で、中国・韓国との間に外交問題が生じているが、その真相を教えてほしい、というものでした。

この質問の背景を少しご説明しましょう。

教科書というのは、「教科書検定」に合格したものでなければならないという規定があります。この教科書検定での合否を判断するのは、現在は文部科学省、この記事が書かれた当時は文部省です。

読者からの質問にある「教科書検定に関する報道」とは、その教科書検定に際し、検定前には、「日本軍が華北を侵略すると」とあった記述が、検定後には「日本軍が華北に進出すると」と書き換えられていたが、これは文部省の指示のもとに行われた「改ざん」だったらしいという朝日新聞の記事のことです。

しかし、その後、これは誤報だったことがわかりました。問題の場所は書き換えられておらず、もともと「進出」だったことがわかったのです。すぐに先の報道を訂正するかたちの報道がなされましたが、中国と韓国は日本に対し「歴史事実の改ざんが行われている」と抗議するという外交問題に発展してしまったのです。

これに対して、東京本社の社会部長、つまり社会部の最高責任者である中川という人が答えているのです。

ちなみに、社会部長というとベテランの社会部記者で、一応この上には局長がいますが、記者としてはトップに位置すると思っていただいてけっこうです。つまり、これからご紹介する記事は、日本を代表する社会部の記者の記事と言ってもいいのです。

中川氏の記事は、【今回の教科書問題をめぐる報道について、一部週刊誌などが、朝日新聞を含む日本のマスコミの「歴史的大誤報」などと書いており、読者の皆さんからのお問い合わせもありますので、ご説明します】という一文から始まりますが、冒頭から少し逃げ腰です。

「一部週刊誌」という言い方をしていますが、これは日本の報道の悪癖です。週刊誌、或《ある》いは雑誌が、他社のスクープ、たとえば朝日新聞がリクルート事件を暴いたという場合は、必ず「朝日新聞の報道によると――」という書き方をします。これには、まず他社のスクープを尊重するという意味がありますが、加えて、万が一であったとしてもそのスクープ記事の内容自体が間違いである可能性もあるので、どこから引用したのかを明らかにしておくという意味があります。

ところが朝日新聞は、今でもそうなのですが、他社のスクープに言及するときにその出所をはっきりと書かないのです。そして、その代わりに使うのが、この「一部週刊誌によると」という表現なのです。

たった一度だけ、例外的に朝日新聞がニュースソースの雑誌名を明記したことがあるのですが、それは二〇〇〇年に、『噂の眞相』という月刊誌が当時首相であった森喜朗さんのスキャンダルを取り上げたときのことです。これはさすがに自分たちも書かないわけにはいかないが、出所がスキャンダル雑誌として定評のある『噂の眞相』なので、さすがに間違っている危険性が高い（これも失礼な話ですが）と思ったのでしょう。初めてニュースソースを明記する記事を書いています。

ちなみに、二〇一〇年に発覚した大相撲野球賭博問題をスクープしたのは『週刊新潮』という雑誌ですが、朝日、読売以外の新聞社はすべて「週刊新潮によると」と書いていました。朝日新聞社に至っては、系列の日刊スポーツでさえ「週刊新潮の報道によると」と、きちんと書いているのに、相変わらず「一部週刊誌」と書いていました。

ですから、まずこれが問題です。とはいえ、これはこの後の問題に比べれば、それほど重大な問題ではありません。

この記事で一番重大なのは、一応自分たちの間違いを認めて謝罪した上で、なぜこのような誤報を朝日新聞がすることになってしまったのか、その理由を述べて弁明している部分です。

【今回問題となった個所については、当該教科書の「原稿本」が入手できなかったこと、関係者への確認取材の際に、相手が「侵略→進出」への書き換えがあったと証言したことなどから、表の一部に間違いを生じてしまいました】

これは、報道の素人だとなかなかわかりにくいことではあるのですが、よくも恥ずかしげもなくこんなことが言えたな、という文章なのです。

もしも外国人の方に知り合いがいたら、特に欧米人の人がいたら、ここの部分を英訳して見せてご覧なさい。彼らはまず間違いなく「Unbelievable!!（信じられない）」と言うでしょう。

なぜならこれは、特に後半の部分が問題なのですが、「証言者が嘘をついていたので騙されました」と言っているのです。

当たり前の話ですが、記者というのは、取材対象が言っていることをそのまま鵜呑みにしてはいけないのです。常に、この人の言っていることは本当だろうか、という姿勢で臨むのが取材の鉄則です。だからこそ取材には「裏を取る」という作業があるのです。

たった一人の証言者の言うことを丸呑みにして報じるのではなく、この人の言っていることは本当かということを、いろんなところで裏付け情報を取って、そうだと信じられたら書くというのがマスコミなのです。これは、世界中どこへ行っても当たり前の話、マスコミのイロハなのです。

それを、この朝日新聞の社会部長さんは、「相手がそう言ったから書きました。でもそれは間違いでした。僕たちは彼らに騙されたんです」と言っているのです。「噴飯物《ふんぱんもの》」という言葉がありますが、まさにこれは噴飯物のひどい話なのです。

その前の「当該教科書の『原稿本』が入手できなかった」というのも、記者として恥ずかしい話です。

なぜなら、自分たちの取材不足を言い訳に使っているということだからです。こんなことを、よくも社会部の責任者が堂々と書けたものだと思います。

◇小沢一郎はなぜマスコミから嫌われるのか？

しかし、こうしたことは朝日新聞だけの問題なのかというと、そうではありません。実は、問題はまだ他にもあるのです。

それは、日本のマスコミには談合組織があるということです。その談合組織とは、「記者クラブ」と呼ばれるものです。

実を言えば、私もかつてはそこに所属していたことがあるので、それがどのような問題を持っているのかよくわかっています。

「記者クラブ」とはどのようなものなのか、ご存じではない方も多いと思いますので、まず簡単に説明しましょう。

記者クラブというのは、要するに、日本の大新聞、あるいはテレビの報道機関が、たとえば財務省なら財務省の建物の一角に場所を借りて構成している独占的取材組織です。独占的と言ったのは、この組織に所属しない者は基本的に、財務省なら財務省での取材ができないシステムになっているからです。

これは、最近は批判されて少し変わってきたようですが、以前は省庁の中の一室、つまり国有財産を私企業が借りているにもかかわらず、事実上タダで使っていました。

どういうことかというと、要するに省庁はマスコミ対策として、大新聞やテレビ局といった大会社に国有財産をタダで貸し付けることによって、マスコミに規制をかけていたのです。

記者クラブでは、定期的に記者発表というのが行われるのですが、記者クラブに所属していない人は、この記者発表会場には入れないのです。そのため、雑誌、週刊誌、或いは地方新聞などのようなところは全部締め出されます。そんな閉鎖的な環境で記者会見が行われるのです。先ほど独占的と申し上げたのはこのことです。

これの最大の問題は、情報操作がしやすいということです。もっと具体的に言えば、省庁と記者クラブの間で報道に関する取引きができるということです。たとえば財務省がどうしても抑えたい情報があるとき、記者クラブに対してなんとか発表を抑えてくれないかと取引きを持ちかけるわけです。そうすると、記者クラブの方も、「わかりました。その代わり今度特ダネをくださいよ」といったようなことを言う。こうして省庁と記者クラブが癒着していくことになるのです。

この記者クラブ問題を追及しているジャーナリストに上杉隆さんという人がいます。私はこの人と『SAPIO』の誌上で記者クラブ問題について対談をしたことがありますが、彼はその中で、記者クラブのために官房機密費が使われていたという情報があることを明かしています。事実、かつて自民党の幹事長をやっていた野中広務さんという方は、これに関してははっきり「使った」と言っています。マスコミ対策費と言うと聞こえがいいので敢《あ》えてはっきり言いますが、要するに、各省庁において、税金がマスコミ買収資金として使われているということです。

でも、こんなことができるのも、すべては記者クラブというものがあるからです。記者クラブをなくしてしまえば、そういうこともできなくなります。

アメリカ、イギリスにも記者同士の親睦会としての「プレスクラブ」はありますが、それはあくまでも、親睦を深めるためのもので、みんなで草野球をやったり、勉強会をしたりする程度のもので、官庁と癒着した日本の記者クラブとはまったくの別物です。はっきり言いますが、日本の記者クラブのようなものが存在するのは、先進国の中では日本だけです。

ですから、当然のことですが、外国人記者は排他的だとしてものすごく憤慨しています。

よく自分たちが取材したい日本人を外国人記者クラブに招くという催しが行われますが、なぜあのようなことが行われるのかというと、基本的に彼らは中小のマスコミと同じで官邸の記者会見に参加することができないからなのです。そんな彼らに、たとえば総理が代わったときなどは特別に、外国人記者も取材に参加させてあげようというのが、「記者クラブの招待」なのです。

この閉鎖的で癒着の温床となっている記者クラブを廃止して、オープンにしようと言った政治家がいるのですが、ご存じでしょうか？　その政治家は、事実、十数年以上も前から、自分の会見については記者クラブは関係ないとして、自分がどんな地位にあろうと常に、どこの記者でも自由に会見場へ出入りできるようにしています。「自由に出入りしていい」と言っている政治家が、日本にたった一人だけいるのです。その政治家の名は、小沢一郎です。

ですから記者クラブの人たちは、彼のことを嫌っています。彼が総理大臣になるようなことでもあれば、すべてがオープン化され、自分たちの利権が失われてしまうからです。

なぜ小沢さんがマスコミで叩かれやすいのか、実はこんなところに理由が隠れているのです。彼らはなんとしても小沢さんに総理になってもらいたくないのです。世論調査をすると、小沢さんに総理になってもらいたくないという人は八割もいると言われていますが、大手のマスコミが結託すれば、あんな調査はどうとでも操作できます。データの改ざんなど行わなくても簡単にできます。設問の仕方を工夫すればいいのです。

たとえば、わざと直前に「政治と金の問題で最近小沢さんが何度も事情聴取されていたのを知っていますか」と聞いておいてから、「菅さんと小沢さん、どちらが総理大臣になってほしいですか？」と聞けばいいのです。このような聞き方をすれば、大抵の人は小沢さんに×をつけます。

私も報道の現場にいたからわかるのですが、残念ながら世論調査というのはそういうカラクリのもとに行われているケースが多いのです。日本の世論調査でまともなものを、少なくとも私は見たことがありません。

◇情報発信の形態が激変してきた

残念ながら、日本というのは、現状、このような情報操作が非常にやりやすい国だということは認めざるを得ません。ただ最近、ちょっとですが違ってきたなと思えるのは、やはりインターネットの普及が大きく関わっています。

たとえば、上杉隆さんは鳩山由紀夫さんが総理になったときに会見に出たことがあり、そこで「記者クラブ問題についてどう思いますか」と質問し、鳩山総理も、「やはりそれは変えていったほうがいいと思う」というような答え方をしたという事実がありました。

このことは非常に重要なことで、報道すべきことだと思いますが、翌日の新聞にはそれが一行も載っていませんでした。新聞では新総理会見というのは、必ず長々と載せます。それはほとんど省略しないのが普通なのですが、記者クラブ問題に関しては、見事に省略、というか「破棄」されてしまっているのです。一般の方の多くが「記者クラブ問題」**という問題が日本にあることすら知らないのは、こうして大手マスコミが情報をオミットしてしまっているからなのです。**

少し前までは、こうして完全に国民の耳目から隠されていた情報ですが、最近はインターネットが普及したお陰で、少しずつですが、こうした情報が一般の人々に届くようになってきているのです。

上杉さんも自分のブログを立ち上げて情報発信をしているので、そこで自分は鳩山総理にこういう質問をし、総理はこう答えたということを載せていました。

最近は、ブログに加えツイッターもあるので、そうした情報の伝達スピードもどんどん速くなっていますし、広まる範囲もひろがってきてはいます。

これはとても大きな変化です。

ところが人間というのは面白いもので、昔から情報を扱う世界にどっぷり浸《つ》かってきた人には、こうした変化が進んできていることがわからないのです。だから、これは結果的に大手新聞が自分の首を絞めることにつながっています。要するに、自分たちの言っていることと、やっていることが、もう外の世界では通用しなくなってきているのに、相変わらず旧態依然のことをやっているということです。このようなことを続けていたら、近い将来必ず大崩壊が起きます。

それがどのようなかたちで起きるのかはわかりませんが、現在生じ始めている「新聞離れ」もそうした崩壊の兆《きざ》しの一つなのではないか、と私は考えています。

ご存じの人も多いと思いますが、現在すでに、若い人で宅配新聞を取っている人は少なくなってきています。しかもこれからはｉＰａｄのようなものがさらに普及していくと考えられるので、そうなったときには、紙媒体が激減することは確実です。

ｉＰａｄのような情報ツールの最大の利点は、情報を紙にしなくてもいいということです。

現在のかたちの新聞を発行するためには、新聞社はまず紙を買うことが必要です。次に必要なのは印刷です。さらにその印刷したものを各家庭に届けるためには、輸送や配達などさらに多くの手間とコストがかかります。ところが、各自がｉＰａｄを持ち、それで情報を受け取れるとなると、こうした手間とコストが全部省略できてしまうのです。紙を買わなくてもいいし、印刷をする必要もない。運ぶ必要も配る手間もいらないのです。

すでに若い人は宅配で新聞を読むという習慣をなくしてきていますので、近い将来、「新聞」というもののかたちが大きく変わることはほぼ確実と言っていいでしょう。

高齢者の中には、そんな今時の道具は嫌いだという人もひょっとしたらいるかもしれませんが、恐らく使い方に慣れればそうした思いは消えるはずです。何しろｉＰａｄは、老眼鏡もいらないし、ゴミも出ないし、保存したいときは、いちいちハサミで切ってスクラップ帳に貼るなどということをしなくても、クリッピングというかたちで記事を貯めておくことができるのです。世の中がうごき始めたら、一気に変わっていくと私は思います。

こうした変化は新聞に限りません。本の世界でも新聞同様のことが起きると言えます。

事実、一昔前はどこの家にも分厚くて重い百科事典が本棚のスペースの多くを占めていましたが、今では本タイプの百科事典などほとんど売っていません。が、最新のものは大部分がＣＤまたはＤＶＤ一枚に収まっています。

この方向性は、もう止まることはないでしょう。

これがいかに大きな変化であるかということは、人類が有史以来、情報をどのように保存・伝達してきたかということを考えるとよくわかります。

最初人類が情報の保存・伝達に用いたのは、粘土板やパピルスなどでした。

西洋ではパピルスが紙のルーツだと言われていますが、紙とパピルスには決定的な違いがあります。それは、パピルスは折りたたむと切れてしまうので、巻物にすることはできても本にすることはできない、ということです。

紙はパピルスと違って、ちょうど鋳物をつくるときにドロドロに溶けた金属を流し込むように植物の繊維をいったんバラバラにしてから成形したものなので、軽く丈夫である上、折りたたんで本にすることが可能です。

つまり、「紙」ができたお陰で「本」というものができるようになったのです。これは中国文明が人類になした最大の貢献の一つです。

紙ができたのは紀元前二世紀頃の中国と言われています。それ以降人類は、情報を伝達・蓄積する媒体として、ずっと紙を使い続けてきたのです。その不動の「紙の時代」が、今変わろうとしているのです。

私たちは今、それぐらいすごい変わり目の中にいるのです。

◇南京大虐殺の三〇万人はあり得ない

そんな大きな変わり目にいるにもかかわらず、旧態依然のバカなことを日本の近現代史学はやっているのです。最後にもう一つだけ、近現代史をきちんと考えるという点においいて、とてもよい事例なので、南京大虐殺について言及しておきたいと思います。

南京大虐殺というのは、太平洋戦争に突入する少し前の一九三七年(昭和十二年)、当時日中戦争が繰り広げられていた南京で、日本軍が南京の中国人を殺害したという事件です。

多くの中国人が日本の軍隊によって殺された。このこと自体は事実と言って間違いないと思います。私もそれを否定するつもりはまったくありません。

しかし、問題はその数です。中国側は三〇万人の中国人が殺されたと言っているのですが、私は、これはあり得ないと考えています。

当時の南京の人口は二〇万だということがわかっています。人口二〇万人の都市でどのようにして三〇万人殺すことができるのでしょう。

それにもう一つ重大なことがあります。

それは、当時の日本人には、中国人をここまで大量に虐殺する理由がないということです。

当時の日本が目指していたのは、中国を日本の支配下に置くことです。言うなれば植民地化です。植民地支配というのは、その国を支配して、自分たちの国のためにものを生産させたり、資源を確保するのが目的です。ということは、嫌《いや》な言い方ですが、働き手は多い方がいいのです。もちろん支配の邪魔になる軍人や極端に反抗的な人間は殺した方がいいという場合もありますが、武器を持っていない一般市民を殺す必要はないのです。生かしておいて、使うべきだからです。

では、歴史上、実際に一つの都市の人間を全員虐殺した例はないのかというと、実はあります。それは、チンギス・ハーンが自分に逆らう都市の住民を女性や子供まで皆殺しにしたという例です。これは「シャーリゴルゴラの大虐殺」と呼ばれる有名な事件です。でも、この大虐殺を行った後、チンギス・ハーンはその都市が使えなくなり、這々《ほうほう》の体《てい》でその都市から退却しています。

なぜだかわかりますか？

何千人もの人間を一度に全員殺してしまったために、野ざらしになった死体が腐って悪臭が町に充満してしまったからなのです。嫌な話ですが、人間の死体の腐る臭いほどひどいものはありません。

Point　南京大虐殺の「大」は事実無根だ！

今でも死体発見の大きな要因となっているのが「異臭がした」ということだということからもわかるように、一人の人間が死んでも、放っておけばその腐敗臭はとてつもなくひどい臭いになります。それが何千人、何万人となったら、どれほどひどいことになることか。

もともとユダヤ人を「絶滅」させようとしていたナチスドイツがガス室で殺したユダヤ人の死体を、すぐ火葬（焼却処分というべきかもしれません）していたのはこのためです。

もう一つ、世界的な虐殺事件の例を挙げると、ソ連軍がポーランドという国を占領したときに、軍隊は邪魔だということで、ポーランド軍の高級将校を皆殺しにしたという事件があります。これは「カティンの森の大虐殺」と言います。

これもちょうど藤原彰的事例と言えますが、ソビエト連邦が健在だった頃は、この事件を認めることは決してありませんでした。ソ連は、あれはナチスドイツのやったことだと言い張っていたのです。真実を認めたのは、ソ連が崩壊する寸前のことです。要するに共産主義政権というのは絶対に自分の非は認めない、ということですね。

そのカティンの森の大虐殺では、遺体の悪臭問題の解決策として、これから殺す人間に自分の墓穴を掘らせています。そして、その穴のところで、一人ひとり頭を撃ち抜いて殺し、後から土だけかぶせたのです。そうでもしない限り大虐殺の後始末なんて、できないのです。

南京事件の場合、もしも本当に三〇万人もの人を殺したのだとしたら、その遺体の処理はどうしたのでしょう。南京では遺体が腐って大変な悪臭がしたという記録もなければ、日本軍が南京を退去したという事実もありません。三〇万人が穴を掘った形跡もありません。もちろん、ナチスのように遺体を焼却する設備もありません。いったい遺体はどこに消えたというのでしょう。

シャーリゴルゴラの大虐殺やカティンの森の大虐殺といった事例を知っていれば、これは当然に思い当たる疑問です。恐らく、この南京大虐殺も、真実が明かされるのは、中国共産党一党独裁体制が終わって、中国が本当に民主的な共和国になったときでしょう。

でも、中国が認めるかどうかということと、日本人が中国の言い分を鵜呑みにするかどうかということとは、まったく別の問題です。

藤原彰氏のように、いくら反省したからと言っても、「何でも中国様の言うことはもっともだ」と言うのは明らかにおかしいと、私は思います。ところが、先ほども言ったように、日本は今も藤原彰的人間の方が、歴史学者は、特に近現代史においては圧倒的に多いのです。そして、そういう人に逆らうと、私のように右翼ではなくても右翼と言われてしまうわけです。

このように見ていくと、日本の歴史学は、前近代もダメだし、近代以後もダメということになります。

この「ダメ」をなんとかしたいというのが、私の念願であり、そのためには、日本人が最初に自国の歴史を習う学校教育という場で使われる教科書の質を向上させることが、何よりも急務だと考えているのです。

第五章のまとめ

- 言霊を信じているということは、言葉には物事を実現する力があると信じているということです。戦争したら負けると言うヤツは負けることを望んでいるヤツだ、ということになってしまうのです。
- 日本人は、危機管理が苦手だと言われますが、これも言霊の弊害です。「起こってほしくないこと」だから、言霊を信じる日本人は口に出せないので、充分な対策を講じることができないのです。
- キリスト教を理解しないと西洋史がわからないように、日本史は「言霊」がわからないと、わからないのです。
- 中国が政府として介入し、正規の中国軍を派兵しているので、「中国人民義勇軍」と言っていることは間違いなのです。
- 一般の方の多くが「記者クラブ」という問題が日本にあることすら知らないのは、大手マスコミが情報を隠してしまっているからなのです。ですが、最近はインターネットが普及したお陰で一般の人々に情報が届くようになってきています。

本書は、2011年2月にPHPエディターズ・グループから刊行されたものに、加筆・修正したものである。

著者紹介
井沢元彦（いざわ　もとひこ）
作家。昭和29（1954）年、愛知県名古屋市生まれ。早稲田大学法学部卒業。ＴＢＳ報道局記者時代に、『猿丸幻視行』で第26回江戸川乱歩賞を受賞。退社後、執筆活動に専念する。独自の歴史観で、『週刊ポスト』にて『逆説の日本史』を連載中。
主な著書に、『逆説の日本史』シリーズ（小学館）、『英傑の日本史』シリーズ（角川学芸出版）のほか、『なぜ日本人は、最悪の事態を想定できないのか』（祥伝社新書）、『攘夷と護憲』（徳間書店）、『「誤解」の日本史』（ＰＨＰ文庫）などがある。

ＰＨＰ文庫　学校では教えてくれない日本史の授業

2013年２月19日　第１版第１刷
2018年５月１日　第１版第29刷

著　者　　井　沢　元　彦
発行者　　後　藤　淳　一
発行所　　株式会社ＰＨＰ研究所
東京本部　〒135-8137　江東区豊洲5-6-52
第二制作部文庫課　☎03-3520-9617（編集）
普及部　☎03-3520-9630（販売）
京都本部　〒601-8411　京都市南区西九条北ノ内町11

PHP INTERFACE　https://www.php.co.jp/

制作協力
組　版　　株式会社PHPエディターズ・グループ

印刷所
製本所　　図書印刷株式会社

ISBN978-4-569-67959-4

PHP文庫好評既刊

歴史探偵 昭和史をゆく

半藤一利 著

歴史年表の行間に潜む新事実、珍事実をちょっと渋くて少々ユーモラスな歴史探偵が徹底捜査。短編推理仕立てで激動の昭和史の謎をとく。

定価 本体六一九円（税別）

PHP文庫好評既刊

「誤解」の日本史

井沢元彦 著

卑弥呼、天智天皇、源頼朝、足利義満の死因は暗殺だった！ 歴史学者には絶対書けない、人間の本質から史料を読みとく真実の日本史。